贡斯当

论社会制度与政治

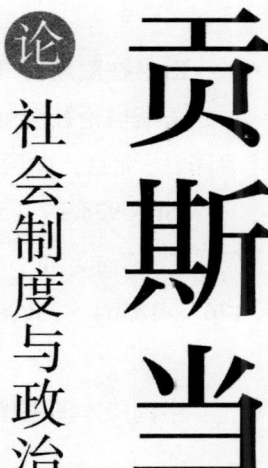

Benjamin Constant

[法国] 本杰明·贡斯当 著

石磊 编译

中国商业出版社

图书在版编目（CIP）数据

贡斯当论社会制度与政治／（法）贡斯当著；石磊编译．—北京：中国商业出版社，2016.2（2021.6 重印）

ISBN 978－7－5044－9270－8

Ⅰ．①贡…Ⅱ．①贡…②石…Ⅲ．①贡斯当（1767～1830）—政治思想—研究Ⅳ．①D095．65

中国版本图书馆 CIP 数据核字（2016）第 021799 号

责任编辑　姜丽君

中国商业出版社出版发行
010－63180647　www．c－cbook．com
（100053　北京广安门内报国寺 1 号）
新华书店经销
三河市悦鑫印务有限公司
＊　＊　＊　＊
890 毫米×1260 毫米　16 开　16 印张　210 千字
2016 年 4 月第 1 版　2021 年 6 月第 3 次印刷
定价：48.00 元
＊　＊　＊　＊
（如有印装质量问题可更换）

序

邦雅曼·贡斯当是毋庸置疑的古典自由主义思想先驱之一，他的杰出贡献在于他最早提出了对极权主义制度形态的系统批判（见《僭主政治》），并发表了经典性的自由主义政治宣言（见《古代人的自由与现代人的自由之比较》）。这些都体现在本书收入的论著中，不过，这些发表于 1813—1819 年的作品，迟至 180 多年后才第一次有了这个中译本，不能不说是一个令人难以释怀的遗憾。

（一）

哈耶克（F. A. Hayek）在论及自由主义时，曾对英国式与法国式的两种自由主义传统加以区别。前者以经验主义为基础，相信渐进的改良，相信社会的自发秩序，注重法制下的自由。后者则以建构理性为基础，视所有社会与文化现象为人为设计之产物，强调人们可能而且应该根据某一被接受的原则或计划重新组织社会结构。

哈耶克在讨论法国式自由主义时，小心翼翼地指出几个例外：孟德斯鸠（1689—1755）、贡斯当（1767—1830）和托克维尔（1805—1859）。依哈耶克之见，这几位思想家更接近于英国自由主义，而与法国自由主义传统有明显区别。

哈耶克关于英法自由主义的区别以及他对孟德斯鸠、贡斯当与托克维尔的厚爱在很大程度上反映了第二次世界大战之后自由主义者的心态。二战之后，西方自由主义思想界出于对法西斯政治的反思以及当时的理论需求，开始从新的视角思考极权主义问题，并对自由主义传统进行反思。这种反思的重要理论结果之一就是把当代极权主义与西方近代思想发展中的某些思潮联系起来。当然，在不同的作者中，当代极权主义的思想渊源也许不尽相同。譬如，哈耶克强调欧洲大陆理性主义所包含的极权主义成分，塔尔蒙（J. P. Talmon）强调极权主义民主与当代极权主义的渊源关系，伯林（I. Berlin）则注意到追求积极自由可能导致对自由的否定以及对某种超越个人的集体性权威的崇拜。

尽管不同自由主义者讨论的角度不同，批评的对象也有差异，但有一点是相同的：五六十年代几乎所有自由主义者都把卢梭（1712—1778）的学说与当代极权主义理论联系起来，大致勾勒出一条以卢梭为起点，中经康德（1724—1804）、黑格尔（1770—1831），最后发展出当代极权主义的线索。

由于自由主义者把卢梭作为极权主义的最早先驱，曾经批评过卢梭的思想家便受到他们的格外关注。伯克（1729—1797）与托克维尔在五六十年代的复兴属于此例，贡斯当的复兴也属于此例。二战之前，贡斯当在西方政治思想界并不受重视。贡斯当的名字更多地是与他的著名小说《阿道尔夫》联系在一起。当然，历史学家在描述法国大革命之后的历史时，不会忘记提及这位著名的政治活动家、自由主义派领袖，不会不描述他与拿破仑的冲突以及与斯塔尔夫人暴风雨般的爱情，但很少有人把他看作一位有贡献的思想家、理论家。

二战以后，贡斯当的地位发生了戏剧性地变化。贡斯当对自由与代议制的执著追求、对各种压制自由的制度的无情鞭挞和对卢梭以及极权主义民主的批评，都在当代自由主义者那里找到了知音。从五十年代起，几乎所有论及自由主义发展的书籍都会提到贡斯当的贡献，特别是他关于自由理念的贡献。当代自由主义大师伯林《自由四论》的导论就是以贡斯当的著名格言作为卷首语的。伯林称贡斯当的《古代人的自由与现代人的自由之比较》是讨论消极自由与积极自由两种概念的最好的文章。

（二）

贡斯当出身于瑞士洛桑一个法裔贵族家庭。先辈原是法国新教徒。南特敕令废除后，为躲避宗教迫害而逃到瑞士。贡斯当出生几天后，母亲便去世了，父亲为他提供了良好的学习条件。他接受了不止一个家庭教师的培养，并从十四岁开始接受正规的大学教育：1782年就读于德国的埃尔那根大学，1783年至1785年在苏格兰的爱丁堡大学读书。贡斯当在爱丁堡大学时期，正是苏格兰启蒙运动达到高潮的时期。贡斯当受到亚当·斯密(1723—1790)、亚当·佛格森(1723—1816)等著名苏格兰启蒙思想家的影响。在苏格兰所受的教育奠定了贡斯当自由主义思想的基础,也奠定了他对英国文化与政治制度终生不渝的推崇。

离开苏格兰后,贡斯当行踪不定地居住在巴黎、洛桑、布鲁塞尔和布斯威克。他曾在1785—1787年期间会见过法国著名哲学家孔多塞(1743—1794),并自称是孔多塞的弟子。也正是在这一时期,他开始写作他生平最重要的理论著作《论宗教》。这部著作断断续续写了一生,直到三十年后才完成。

法国大革命的爆发对欧洲思想界与政治界产生了巨大的震动,也对贡斯当的思想产生了重大影响。从某种意义上讲,贡斯当一生的理论活动都是对法国大革命的不断反思。尽管贡斯当在这一时期尚未发展出关于法国大革命的的系统理论,但他后来对大革命的许多认识都已在这个时期初见端倪。像当时许多自由主义者一样,他对革命前的旧制度表现出强烈的敌意与轻蔑。他痛恨旧制度的政治迫害与宗教迫害。他认为"旧制度是一个腐败、专断与软弱的混合体",推翻这种制度是完全合理的。他热情讴歌大革命的最初阶段,对大革命后期的雅各宾专政表现出无比憎恶。他在后来写道:"革命一般有两个阶段:在第一阶段,人们一致希望推翻所有人都不能容忍的制度;在第二阶段,运动被人为地继续,它已经不再是自然的了,它的目标是试图摧毁所有与少数人倡导的制度相反的东西。如果说理性的人们可以将革命中止在第一阶段,成功的机会就会是巨大的。这样的革命是短暂的、令人高兴的、是流血最少的。"英国革命与美国革命便属于这种类型。法国大革命在1791年以前处于第一阶段。遗憾的是，法国人未能适可而止，他们试图摧毁一切旧制度，建立一个全新的制度。结果导致雅各宾独裁那样灾难性的后果。

尽管贡斯当对法国大革命有所评价，但严格地说，在1895年以前，他只是大革命的旁观者，而不是参与者。改变这一状况的契机是他与斯塔尔夫人的关系。斯塔尔夫人是法国大革命时期著名政治家内克的女儿，是一个出色的自由主义政治活动家、文学家。贡斯当于1794年在瑞士结识了斯塔尔夫人，从此开始了长达十四年之久的充满感情风暴的浪漫关系。这一关系对贡斯当一生有深刻影响。斯塔尔夫人不仅帮助了他的政治活动，影响了他的政治观念，而且也激发了他的文学激情。贡斯当的著名小说《阿道尔夫》在很大程度上是描述他与斯塔尔夫人关系的自传性作品。1895年，贡斯当随斯塔尔夫人来到巴黎后，立即卷入法国的政治生活。他是斯塔尔夫人沙龙里的中坚人物，该沙龙不仅在法国，而且在欧洲都有巨大的影响。他与斯塔尔夫人一道，极力维护热月党人的统治，抨击反革命的保王党人以及雅各宾派从左右两方面对温和政权的威胁。从1796年开始，贡斯当相继发表了一系列政治论著。其中最重要者当属《论当前法国政府的力量和赞同它的必要性》(1796)。在这部论著中，他极力鼓吹"结束革命"。他写道，"我强烈希望结束这场革命，因为继续革命会伤害自由。这也是为什么我极力主张加强我们的共和国的原因。人类命运中所有高尚而伟大的事业都与共和国的命运联系在一起。"

拿破仑执政初期，贡斯当对拿破仑寄予很大希望，把他看做保卫共和国与革命成果的人物。在这一时期，贡斯当被任命为立法院的委员。然而，随着拿破仑日益抛弃自由主义的外衣，走向专制独裁的道路，贡斯当变成了拿破仑的反对派。他从自由主义的立场出发抨击拿破仑的独裁，被欧洲各种反对拿破仑的力量视为英雄。1802年，他被拿破仑赶出立法院，1803年，斯塔尔夫人也被拿破仑勒令离开巴黎，他们两人被迫离开巴黎，开始过流亡的生活。

在流亡期间，贡斯当以巨大的热情投入写作。1806年，他完成了一部系统讨论政治问题的著作的初稿，这部初稿后来发展为《适用于所有代议制政府的政治原则》，于1815年发表。1806年，他写作了著名小说《阿道尔夫》。1807年，他翻译了席勒的剧本《华伦斯坦》。1813年，在拿破仑政权垮台前夕，他出版了抨击拿破仑的两个小册子：《论征服的精神》与《论僭主政治》。

1814年，贡斯当随着波旁王朝的复辟回到巴黎，成为一个很有影响的政治人物。他赞成复辟，并为争取建立君主立宪制而努力。1815年拿破仑百日政变时，他先出逃，然后又应拿破仑的邀请担任议员，为拿破仑草拟了一部宪法，并于1815年最终发表了《适用于所有代议制政府的政治原则》。

拿破仑在滑铁卢被最终击败后，波旁王朝再度复辟，法国政治走向反动。正像贡斯当描述的那样，法国政治由一批极端的保皇党人控制。在会议中，人们看到的仅仅是"外省贵族的傲慢，王室贵族的无知以及追名逐利者的贪婪"。波旁王朝政权的目标是"逐步剥夺法国民族在1789年争来并于1814年得到进一步保障的所有权利"。面对波旁王朝的反动,贡斯当再次扮演了反对派的角色。从1815年至1830年逝世,他一直是法国自由派的领袖人物。他曾当选为议员,利用议会讲坛抨击波旁王朝的反动政策。他创办杂志,发表文章与小册子,阐述自由派的主张。他到处发表演讲,其中最重要者为1819年的演讲《古代人的自由与现代人的自由之比较》。这次演讲被视为自由主义的政治宣言,贡斯当在自由主义发展史上的地位与这篇演讲关系颇大。

贡斯当在有生之年亲眼看到了波旁王朝的覆灭。1830年七月革命爆发后,他以多病之躯参加了革命。他为路易-菲力浦的上台作了巨大的努力,并与基佐一道起草了宣布路易-菲力浦为国王的《告人民书》。路易-菲力浦给他的回报是任命他为国务会议中一个部门的主席,并赠给他20万法郎以偿还赌债。

1830年11月,贡斯当逝世。法国为他举行了隆重的国葬。

(三)

贡斯当在自由主义发展史中的地位主要归功于他的自由观念。自由是贡斯当的最高信仰,他毕生为自由的理想而战。他在《文学与政治杂论集》的序言中曾这样写道:

在四十年中,我为维护同一原则而战,那就是各个领域的自由，即宗教的、哲学的、文学的、实业的、政治的自由。我所谓的自由意味着个性相对于权威与大众的胜利：这里的权威指的是以专制主义方式统治的权威，而大众指的是要求少数服从多数权利的大众。专制主义没有任何权利，而多数只有强迫少数以维持秩序的权利。但是，所有不扰乱秩序的行为领域，所有只属于一个人内在世界的领域（诸如意见），所有表达不会引发暴力而伤害他人的意见的领域，所有允许竞争者自由竞争的实业领域，都属于个人，社会力量无权合法地干预。

贡斯当的自由观念有其独特的自由派特征。这一特征只有在分析贡斯当对卢梭自由观念的批评时才能显现出来。在某种意义上说，贡斯当的政治理论是对卢梭著作的不断评注与反思。他的许多观点都是直接或间接与卢梭对话或争论。惟其如此，尽管贡斯当从未有幸结识卢梭，他与卢梭的"辩论"却为人们所熟知。他被当代自由主义者视为对卢梭民主理论最有力的批评者。

应该说，卢梭理论的出发点与归宿也是自由。卢梭酷爱自由，他的最大遗憾是："人是生而自由的，但却无往不在枷锁之中。"他的政治理论的宗旨就在于"探讨在社会秩序之中，从人类的实际情况与法律的可能情况着眼，能不能有某种合法的而又确切的政权规则"，即可以既保障自由又切实可行的政权规则。

"自由"在卢梭的理论中有诸多含义，但最本质的含义就是后来伯林所称谓的积极自由，其核心是自主。卢梭在《社会契约论》中声称：自由意味着，"一个人一旦达到有理智的年龄，可以自行判断维护自己生存的适当方法时，他就从这时候起成为自己的主人。"卢梭的这种自由观念与霍布斯的消极自由观念形成显明的对比。在霍布斯那里，自由就是不受权力控制。因此，人们在社会中必须做一项最基本的选择：自由或被统治。尽管霍布斯也崇尚自由，但他坚持，为了安全，理性的人们应该放弃部分自由，过一种有权威的社会生活。卢梭的观点恰恰相反，他不仅否认自由与被统治之间存在内在矛盾，而且断言人们只有在社会与政治生活中才能过一种最完美的自由生活。卢梭以一种极其简单的方法解决了困扰霍布斯的自由与秩序问题。在卢梭看来，人们可以同时既是自由的，又是被统治的，实现这一目标的神奇方案是采纳一种独特的社会契约。这一契约的实质是"每个结合者及其自身的一切权利全部都转让给整个的集体"。这样，"我们每个人都以其自身及其全部的力量共同置于公意的最高的指导之下，并且我们在共同体中接纳每一个成员作为全体之不可分割的一部分"。在这种社会契约中，每个人全部转让了自己的天然自由，普遍意志是全体成员的共同意志。如此一来，当个人服从普遍意志时，他"不过是在服从自己本人，并且仍然像以往一样地自由"。正是基于这种社会契约，卢梭建立了他的人民主权理论。

贡斯当对卢梭学说的态度是矛盾的，正如他对法国大革命的态度是矛盾的一样。在《征服的精神和僭主政治及其与欧洲文明的关系》中，他写道："我相信，……《社会契约论》那种狡猾的形而上学，在今天只能用来为各种各样的暴政——个人的、几个人的或所有人的暴政——提供武器和借口，使之以合法形式。或通过大众暴力实施压迫。"不过在这一段下面,他又添加了一条注释:"我不希望加入卢梭的诋毁者行列,现在这支队伍已经足够庞大的了。"

贡斯当对卢梭的矛盾心理突出地表现在他对卢梭人民主权学说的讨论中。一方面,他认为,人民主权的原则,亦即普遍意志高于任何特殊意志的原则是不容质疑的。法国大革命之后,许多保守的以及反动的理论家借口人民主权原则在雅各宾专政时期导致暴政而根本否定这一原则。对此,贡斯当决不苟同。他同意卢梭在《社会契约论》中对强力与权利的区分,亦即对非法强力与合法权力的区分。他强调,"世界上只有两种权力:一种是非法的,那就是暴力;另一种是合法的,那就是普遍意志。"

然而,贡斯当从法国大革命的实践中认识到,人民主权的原则也有可能被误用来论证某种前所未有的暴政。他警告,如果没有精确的定义,人民主权理论的胜利可能成为人民的灾难。在他看来,关键的问题在于区分政治权力的权限与政治权力的归属及行使这两个问题。人民主权所涉及的仅仅是政治权力的归属及其行使方式,而决不在任何意义上使政府能够合法地享有更大的权力。主权在本质上必须是有限度的,这个限度就是个人的独立与存在。不论是民主的政府还是少数人控制的政府,政府都有不应企图跨越个人权利所要求的界限。如果跨越这一点,政治统治就会成为专制统治。正如贡斯当所说:"多数人的同意并不足以使社会的行为合法化;有些行为是不可能得到任何赞同的。"

贡斯当认为，恰恰在这一至关重要的问题上，卢梭犯了致命的错误。卢梭要求社会的"每一个体将自己的权利毫无保留地完全转让给共同体"。共同体作为一个抽象的实体，既是成员共同利益的代表，也是他们共同意志的代表。卢梭真诚地以为，这种共同意志的外化就是主权。人们在服从主权时，实质上只是服从自己。"主权，即社会，既不能损害社会成员的整体，也不能伤害他们中具体的任何个人。"

在贡斯当看来，卢梭在讨论主权时忘记了一个最基本的道理：任何主权都必须由具体个人行使。不论主权者的概念有多么抽象，一旦主权者行使自己的权力时，或者说，一旦权威的实际组织开始操作时，抽象的主权者本身无法行使这一权力，它必须将权力交给自己的代理人。这时，卢梭赋予抽象的主权者的那些属性便不复存在了。不管我们喜欢与否，当一个人将自己奉献给所有人时，他绝非像卢梭所想像的那样没有向任何人奉献自己，而是向以全体的名义行为的那些人奉献了自己。这就是说，任何政治权力不论在抽象意义上如何代表人民、如何体现普遍意志，在实际上，它必然由少数人行使，必然更多地反映少数人的利益与意志。"在所有时代、所有国家、不论是人民的捍卫者还是压迫者，都是不与人民协商而以人民的名义行事的。"

因此，贡斯当强调，企图通过民主方式来保证主权的绝对权力不侵害个人利益，只能是一种幻想。抽象的权力也许可能是高尚的、公正的、无私的，而现世的权力必然是偏私的、压迫性的，或者说是罪恶的。正是在这个意义上，贡斯当强调，任何由人行使的权力都不应该是绝对的。"任何现世的权力都不应该是无限的，不论这种权力属于人民、属于人民代表、属于任何名义的人，还是属于法律。人民的同意不能使不合法的事情变得合法：人民不能授予任何代表他们自身没有的权利。"

由于贡斯当视政治权力为一种必要的罪恶，因此他主张对权力加以限制。对政府权力的限制可能来自几方面。其一，来自宪法限制。"宪法本身即是一种对权力不信任的行为：它为权威设定了限制。假如我们相信政府具有永远正确的秉赋且永远不会走极端，宪法便没有必要设定这些限制了。"其二，政府内部的分权与制衡也有限制政府权力的作用。最后，也是最重要的，政府的权力必须有外部限制，即明确划定政府权限的范围以及个人在社会中不可侵犯的权利。对权力最根本的限制就是人民的独立的权利。"不管在任何地方，如果个人毫无价值，全体人民也就毫无价值。""公民拥有个人权利，这种权利不依赖于任何社会与政治权威。任何权威若侵犯这些权利都是不合法的。公民的权利包括个人自由、宗教自由、意见自由（包括公开表达的自由）。公民享受财产的自由以及不受任何专断权力控制的保障。任何权力都不能质疑这些权利，否则，它就会摧毁自己的信誉。"

（四）

贡斯当是最早探讨卢梭人民主权理论可能导致的实际政治

制度的思想家之一。他指出，这种理论在实际中可能会导致一种与传统君主制迥然不同的新的独裁制度。这种新制度所体现的权力是一种专断的权力、任意的权力、与合法权力完全相悖的权力。

当贡斯当鞭挞这种专断政府时，他所想到的一方面是雅各宾专政，另一方面则是拿破仑的统治。有趣的是，也许是由于拿破仑政权受到大众欢迎的缘故，贡斯当把拿破仑的独裁统治或多或少看作是卢梭人民主权理论的结果。在拿破仑统治时期，贡斯当是拿破仑独裁政治最激烈的批评者之一，他称拿破仑的统治是一种"僭主政治"。这种政治是一种非正常政治，它与古典政治学家论及的各种形式的政治通然不同，它的危害超过传统上所有形式的暴政与专制政治。他写道："我当然不是专制制度的信徒。但如果让我在僭主政治和稳定的专制制度之间进行选择，我会奇怪何不选择后者。"贡斯当把僭主政治与传统的君主制以及专制制度作了比较，他发现僭主政治具有一些不同于传统政治的明显特征。

其一，这种政治在本质上不具备任何合法性。它既不像传统君主制那样诉诸传统，也不像现代民主制那样诉诸多数的同意，它是一种赤裸裸的以武力为后盾篡夺的权力。士兵、监狱、镣铐，这些在正常制度下仅仅是不得已而使用的最后手段，在僭主政治下，却成为平常的统治方式。

其二，这种权力不受任何制约。在欧洲大多数君主制国家，君主制受到传统的制约，也受到诸多中介组织的制约，诸如等级制度以及教会组织的制约。而僭主制度则是一种没有经过任何规约的权力，它不受任何制度的限制，它带有强烈的个人化色彩，僭主个人是至高无上的，他可能桀骜不驯，也可能对人民充满敌意。

其三，它的权力是全面的、无所不在的。贡斯当在攻击拿破仑的著名小册子《征服的精神和僭主政治及其与欧洲文明的关系》中指出，僭主政治比绝对专制主义更可怕。"专制政治排除所有形式的自由；僭主政治需要这些自由的形式，以便证明它的颠覆活动是正当的，但是它在盗用它们的时候，又亵渎了它们。"如果用一个最简单的对比来概括二者的不同的话，专制主义仅仅是对人的奴役与压迫，而僭主政治则是对人性的摧残。它不仅践踏人的肉体，而且践踏、扭曲、折磨其心灵：专制政治靠沉默的手段统治，并且它留给了人们沉默的权利；僭主政治则强迫人们讲话，它一直追查到他的思想最隐秘的栖身之处，迫使他对自己的良心撒谎，从而剥夺了被压迫者最后这一点安慰。

这样做的必然后果是，人们不仅被压迫、被奴役，而且被剥夺了人的尊严，剥夺了人之所以为人的最根本的特征，使人堕落到一种非人的地步。贡斯当写道：

如果一个民族只是被征服而没有堕落，那么它的处境还有改善的可能；幸运的机会一旦出现，它不会辜负这种机会：专制政治至少给人类留下了这种机会。腓力二世的统治和阿尔巴大公的绞架都没有使勇敢的荷兰人堕落；但僭主政治在压迫一个民族的同时还要使它堕落。它要使它习惯于践踏自己过去尊敬的东西，奉承自己过去瞧不起的东西，它还使它作践自己，而且，无论僭主政治多么短命，它都会使所有的自由和所有的改良变得不可能——即使在它垮台之后，康茂德被推翻了，但古罗马近卫军把帝国拍卖了，而人民服从了买主。

贡斯当关于僭主政治的评论恐怕是西方思想史上最早讨论极权主义的文字。在贡斯当之前，伯克与梅斯特尔（1753—1821）对法国大革命作过尖锐的批评，其中亦不乏真知灼见，不乏可以引申为批评极权主义的观点。然则，就其实质而言，伯克与梅斯特尔对法国大革命的批评是保守主义的，而不是自由主义的。他们对大革命的最大不满是大革命因追求自由而摧毁了社会赖以存在的精神与传统纽带。贡斯当批评的核心不在于大革命导致过分自由，而在于大革命所追求的人民主权、多数统治扼杀了个人的自由，以集体主义取代了个体主义。在这个意义上贡斯当的学说与几十年后的托克维尔以及密尔更接近，与当代自由主义对极权主义的批评更接近。

（五）

贡斯当在分析卢梭人民主权理论以及雅各宾专制、拿破仑独裁时，看到一个十分有趣的悖论：卢梭与大革命企图摧毁所有旧观念、旧制度，建立一套全新的制度，全新的法律，全新的道德。然而，他们整个理想的基础却是对旧制度的模仿，尤其是他们关于自由的讨论打上了旧社会的深深印记。法国大革命时期多少革命者向往古希腊的制度，卢梭对斯巴达的制度推崇备至，著名的罗兰夫人青年时期的最大遗憾是她未曾生在古希腊的城邦，这一悖论促使贡斯当探讨卢梭以及法国大革命时期的理念与古代社会的关系，并提出关于古代人的自由与现代人的自由之比较的著名理论。

贡斯当曾在几部著作中概述过关于古代人的自由与现代人的自由的区别。在1806年撰写的《适用于所有代议制政府的政治原则》中，他便专章讨论了这一区别。在1813年发表的《论僭主政治》中，他更明确写道："十八世纪末的人们提出的自由是从古代共和国那里借用而来的。"这种自由在于积极参与政治权力，而不是和平地享受个人独立。然而，直到在1819年所做的题为"古代人的自由与现代人的自由之比较"的演讲中，他关于古代自由与现代自由的观点才最终形成。这次讲演引起巨大的反响，对以后自由主义的发展有很大的影响。这次演讲的影响湮没了贡斯当的其他著作。

贡斯当注意到，古代人所理解的自由主要是一种公民资格，即参与公共事务辩论与决策的权利。古代的城邦国家是一些较小的共同体。由于领土狭小，贸易不发达，特别是由于奴隶制度为自由人提供了闲暇，古代人生活的主要内容是公共生活。他们几乎把全部精力与时间投入到军事与公共服务之中。这种投入的回报是，他们在共同体政治活动中具有很大的重要性。由于城邦领土的狭小与自由人口数量有限，在古代城邦中，分享主权并不是一个抽象的概念，而是现实的制度，行使公民权力几乎是古代人的惟一职业，也是他们生活中全部乐趣的渊源。

然而，与古代人有权利参与社会团体事务并存的是：在古代人那里，没有一个明确界定的私人领域，没有任何个人权利。古代人认为个人对共同体权威的完全服从是和追求自由并行不悖的。

我们今天视为弥足珍贵的个人选择自己宗教信仰的自由，在古代人看来简直是犯罪与亵渎。社会的权威机构干预那些在我们看来最为有益的领域，阻碍个人的意志，而且，公共权威还干预大多数家庭的内部关系。年轻的斯巴达人不能自由地看望他的新娘。在罗马，监察官密切监视着家庭生活。法律规制习俗，由于习俗涉及所有事物，因此，几乎没有哪一个领域不受法律的规制。

现代人与古代人过着一种截然不同的生活，追求截然不同的政治制度。由于商业的发展、奴隶制度的取消和疆域的扩大，现代人的生活比古代人更丰富、更复杂。在古代，政治是人们生活的中心，而在现代，政治在人们生活中的地位下降了。人们必须从事生产与交换，人们愈来愈从私人生活中获得个人价值的实现，人们在政治事务中的影响由于疆域的扩大而相对缩小。

这样，在现代生活中，就出现了与古代人生活截然不同的两个现象。第一，现代人愈来愈注重个人的生活领域，或者说，强调维持一个不受政治权力干预的私人空间，强调个人权利的不可侵犯性。"个人独立是现代人的第一需求：因此，任何人决不能要求现代人作出任何牺牲，以实现政治自由。"第二，现代人愈来愈难以直接参与政治事务的讨论与决策，因而愈来愈诉诸代议制作为既保障个人对政治的影响力，又维护个人其他生活方面的手段。因此,现代人的自由便显现出几方面的特征。其一,现代人的自由首先表现为现代人享有一系列受法律保障的、不受政府干预的个人权利。对现代人而言,自由首先意味着:

> 自由是只受法律制约而不因某个人或若干个人的专断意志而受到某种方式的逮捕、拘禁、处死或虐待的权利,它是每个人表达意见、选择并从事某一职业、支配甚至滥用财产的权利,是不必经过许可、不必说明动机或事由而迁徙的权利,它是每个人与其他个人结社的权利,结社的目的或许是讨论他们的利益,或许是信奉他们偏爱的宗教,甚至或许仅仅是以一种最适合他们本性或幻想的方式消磨几天或几小时,最后,它是每个人通过选举全部或部分官员,或通过当权者或多或少不得不留意的代议制、申诉、要求等方式,对政府的行政施加某些影响的权利。

其次,现代自由意味着公民权的淡化。用一些当代评论者的话来说,如果说在古代公民权意味着专职的公民的话,那么,根据贡斯当的理论,公民权在现代只能是"兼职的公民"。这意味着,古代那种人民直接参与政治生活的情形将被减少到最低程度,人民只能以代议制的方式行使自己的主权。贡斯当在其著名的关于古代自由与现代自由的演讲中讲到:

> 在古代人那里,个人在公共事务中几乎永远是主权者,但在所有私人关系中却是奴隶。作为公民,他可以决定战争与和平;作为个人,他的所有行动都受到限制、监视与压制;作为集体组织的成员,他可以对执政官或上司进行审问、解职、谴

责、剥夺财产、流放或处以死刑……。与此相对比，在现代人中，个人在其私人生活中是独立的，但即便在最自由的国家中，他也仅仅在表面上是主权者，他的主权是有限的，而且几乎常常被中止。若说他在某些时候行使主权（在这些时候，也会被谨慎与障碍所包围），更经常地则是放弃主权。

（六）

贡斯当在自由发展史中的地位十分重要。尽管他不是一个擅长思辨的思想家，但他有文学家的敏锐，有政治家的现实感，加之他亲身经历过法国大革命以及革命后的政治动荡，因此，他的许多政治理念有独特的魅力。特别是他关于自由以及极权主义暴政的分析，尤为深刻，对后来自由主义的发展影响颇大。

贡斯当对人民主权理论的批评和对民主可能产生暴政的担忧在托克维尔那里得到更明确的阐述。当托克维尔声称"上帝可以拥有无限权威而不致造成危险"，人世间任何人都不应该拥有绝对权威时，法国大革命与卢梭在他的脑海中，贡斯当以及其他法国自由主义前辈的告诫也在他脑海中。托克维尔对多数暴政的分析、对多元主义的讴歌、对个人自由的倡导可以看到贡斯当思想的影子。

约翰·密尔从未谈及贡斯当对他的影响，但托克维尔对密尔的影响却是学术界所共知的。密尔关于自由的理论在很大程度上是为了解决托克维尔所担心的多数暴政问题。十分有趣的是：密尔的解决方案与贡斯当的观点十分接近，这就是划分一个不受政治权威与社会干预的私人生活领域;甚至某些具体表述也和贡斯当颇为接近。当然,密尔的自由理论受到德国自由主义思想家洪堡的影响,故强调个性,这一特点为二战以后的自由主义学者所诟病。这恐怕是为什么伯林等自由主义思想家在对密尔的自由理论不无微辞的同时,对贡斯当的自由理论大为赞赏的原因之一。

真正继承了贡斯当自由理论并将其升华、发扬光大的是伯林。伯林对贡斯当关于古代自由与现代自由的区分给予高度评价:"没有人比贡斯当对这两种类型的自由之间的冲突看得更透彻,或表达得更加清楚。"伯林关于消极自由与积极自由的区分直接继承了贡斯当的自由概念,并赋予更深刻、更广泛的涵义。特别是伯林关于积极自由的讨论,更是酣畅淋漓。在伯林那里,积极自由在许多方面与贡斯当的古代自由相同。但伯林强调积极自由的核心在于自主,而自主的概念又与"真实自我"与"虚假自我"之区分相关。个人也许会在某时某刻欲求某种东西。若以消极自由观视之,假如他的欲求不受外界力量的干预,他就是自由的。但若以积极自由的观点视之,他的欲求可能是出自真实的自我、高级的自我,也可能来自某种"非理性的欲动、不常受控制的欲望,也就是说,来自虚假的自我、低级的自我。"虚假的自我与低级的自我在本质上是非自我。满足这种欲求在本质上是对自主的否定,亦即对自由的否定。更有甚者,真实的自由可以外化为某种国家意志、集体意志、某种规律性。这样,某人如果被强迫服从代表真实自我的国家意志、集体意志或规律,他在表面上似乎是被迫的,但在实质上却是自由的。伯林自由观所蕴含的哲理确实是贡斯当的自由概念所无法企及的,不过,贡斯当的自由理念开自由主义辨析各种自由观念之风气,在这个意义上,其贡献是不可低估的。

目录

一、适用于所有代议制政府的政治原则 … 001
  （一）论国家及其性质 …………… 003
  （二）论权力和自由 …………… 058

二、论征服的精神和僭王政治 ………… 123
  （一）征服的精神 …………… 123
  （二）僭主政治 …………… 151

三、再论征服的精神和僭主政治 ……… 212
  （一）论革新、改革及制度的一致性
      和谐与稳定 …………… 212
  （二）对僭主政治的进一步
      思考 …………… 220
  （三）以威廉三世为例可能会引起的
      异议之辨析 …………… 227

一、适用于所有代议制政府的政治原则

看来人们已经普遍认识到，现行宪法即使已被法国人民所接受，它的某些条款也仍然有待改进。我相信，仔细研究这部宪法将会发现，它的某些条款同那些维系人类交往和热爱自由的原则并不相容。把宪法中规定的权力交给当局，让他们去改进那些决定他们权限和确定他们相互关系的条款，仍然是有益和明智的。

我在很久以前就曾提出：因为宪法是人民自由的保障，任何有关自由的东西都是合宪的，同时任何与自由没有关系的东西都是不合宪的；把一切事务都推给宪法，意味着把一切事务都转化为对它的威胁，在它周围挖掘了一圈陷阱；有一些总的原则是不能指望某种单独的国家权力加以贯彻的，但是多种国家权力联合起来，就能够解决任何与那些原则互不相容的问题。

因此，我认为，从总体上和细节上审视一下我们的宪法并不是多余的，因为，尽管它已被这个民族投票认可，但对它加以改进仍然是可能的。

对于我这里所发表的研究，读者将会经常发现，其中不仅有着和我以前的作品相同的思想，而且还有相同的语汇。从我开始有了思考政治问题的兴趣以来，已经过去快二十年了，而且我一直是抱着相同的主张，表达着相同的希望。那时我要求的是个人自由，出版自由，消除专断权力，尊重所有人的权利。现在这些仍是我满怀热情并抱着更大希望加以提倡的事情。

毫无疑问，如果我们只从表面上审视法国的处境，我们很容易相信她正处于险恶的威胁之中。大量的军队聚集起来反对我们。各民族就像他们的领袖一样，似乎被他们的记忆蒙蔽了双眼。两年前曾受着那场民族运动鼓舞的残余势力仍然试图把他们所要求的努力说成是民族的需要。但是，如果我们更密切地观察一下就会看到，这些让人惊恐的预言几乎没有什么重要意义。今天这些民族正在保卫的已不再是他们自己的故乡，他们正在攻击一个呆在自己疆界之内并且不想跨出疆界的民族，一个只是主张自己的内部独立，主张有权选择自己政府的民族，所采取的方式就像德国在选择哈布斯堡的鲁道夫时提出的要求一样，就像招降布伦瑞克王室时的英国一样，就像把王冠授予布拉甘萨公爵时的葡萄牙一样，就像选举古斯塔夫·瓦萨时的瑞典一样。一句话，就像每一个欧洲民族在某些时候做出的、通常是它历史上最辉煌的成就一样。

在人们的心灵中，有一种总是在最后才显出迹象的天然理智：如果人民是在为一项并非他们自己的事业而流血，他们很快就会对此感到厌倦。对我们来说，绝大多数法国人都有两种感情：渴望自由和痛恨外国统治。我们都知道，自由不可能从外国来到我们中间；我们都知道，一个出现在外国旗帜之下的政府，无论与我们的权利还是我们的利益都是对立的。充溢于所有人心中的这种信念，是和那些能够唤醒民族骄傲的全部记忆联系在一起的：我们黯然失色的荣耀，我们被侵占的省份，守卫巴黎门户的野蛮人和面目可憎、蛮横粗暴的胜利者，激起了每一个法国人的憎恶，每当他看到外国人的旗帜飘扬在我们的高塔之上，每当穿越我们的街道，进入我们的剧院，回到我们家中的时候，还要乞求一个俄罗斯人的宽容或者一个普鲁士人的节制，都会让他感到憎恶。到了今天，甚至就连这种宽容和节制都被弃置不顾了，现在没有一个人提起宪法或者自由。这是一个正在受到谴责的民族：它们打算惩罚那支军队的暴行。

当然，我们的敌人记忆力欠佳。他们现在恢复使用的语言，在二十三年前破坏了他们的王权。那时他们像现在一样进攻我们,因为我们想要我们自己的政府,因为我们从什一税中解放了农民,从偏执中解放了持异议者,从审查制度下解放了思想,从任意监禁和流放中解放了公民,从特权阶层的凌辱下解放了平民。然而,这两个时期之间存在着一个区别:那时他们和我们作战只是反对我们的原则,而现在他们和我们作战,反对的是我们的利益,即由时间、习俗及无数具体事务证明与我们的原则相一致的那些利益。我们那时的预感,现在已经成为我们的经验。我们尝试过反革命。我们曾经试图把它同我们所需要的保障协调起来。我们曾经固执地相信(我本人比其他一些人相信的时间更长)——一种其必要性十分明显的良好信仰。过去的日子已经证明,对自由的仇恨甚至比自我保护的本能还要强烈。我们不想侮辱苦难,我们尊重时代和不幸。但是试验已经做完,原则遭到反对,利益产生了分歧,联系已被打破。

(一) 论国家及其性质

论人民主权

我们的现行宪法正式承认人民主权的原则,即是超越任何个别意志的至高无上的普遍意志。确实,这个原则是无可争议的。在我们的时代,有许多人都在试图把它弄得模糊不清,在强化普遍意志的借口下所产生的罪恶和犯下的罪行,使那些想为政府的权力指定一个不同来源的人更加理直气壮。然而那些论证却经不起对它们使用的语汇进行简单定义的考验。法律所表达的,要么是所有人的意志,要么是部分人的意志。如果你把排他性的特权授予少数人,那么这些特权的来源是什么呢?假如它是权力,那么权力属于掌握它的人。它没有构成一种权利,而如果你承认它是合法的,那么,无论是谁把手放在上面都将是合法的,每一个人都想在轮到自己时征服它。如果你假定少数人的权力是经过全体同意而被认可的,那么这种权力就变成了普遍意志。

　　这个原则适用于所有制度——神权政治、君主政治、贵族政治……只要它们还支配着人们的头脑，它们就都是普遍意志。另一方面，一旦它们对人们头脑的支配宣告失败，它们便只剩下了暴力。简单说，世界上只有两种权力：一种是非法的，那就是暴力；另一种是合法的，那就是普遍意志。但是，一旦我们承认了那种意志的权利，即人民主权，我们就必须认清它的确切性质并规定它的确切范围，这一点至关重要。

　　没有精确的定义，理论的胜利在它的运用中就可能会成为灾难。对人民主权的抽象承认丝毫不会提高给予个人的自由的价值。如果我们认为那种主权具有它未必具有的广泛涵义，尽管有那个原则，或者正是因为那个原则，那么，自由可能就会丧失。

　　我们提出并且会记住的忠告，对于党派人士来说最不可缺少，不管他们的目的多么完美无缺，他们总是不愿意限制主权。他们自认为是主权的当然继承人，他们要管理他们未来的财产，即使它现在还掌握在他们敌人的手中。他们不信任这样那样的政府，不信任这样那样的统治阶级，但如果让他们以自己的方式组织权力，让他们把权力交给他们选出的代表，他们就会相信对它来说不存在限制。

　　如果你确信人民主权不受限制，你等于是随意创造并向人类社会抛出了一个本身过度庞大的权力，不管它落到什么人手里，它必定构成一项罪恶。把它委托给一个人，委托给几个人，委托给所有人，你仍将发现它同样都是罪恶。你会认为它是这种权力的掌握者的错误，根据情况的不同，你将逐个谴责君主政治、贵族政治、民主政治、混合型政府或者代议制度。你错了：事实上应受谴责的是暴力的程度，而不是暴力的掌握者；应当反对的是武器，而不是掌握武器的手臂，因为武器必然要做的事情就是残酷打击。对于人的手来说，有些东西的分量是过于沉重了。

　　那些真诚热爱自由却将无限权力授予人民主权的人们，他们的错误产生于他们的政治观念的形成方式。他们注意到历史上有过一小部分人、甚至某个个人掌握巨大权力所造成的严重危害。但他们愤怒地反对的是权力的掌握者，而不是权力本身，他们只想取代它而不是毁灭它，它过去是个祸根，但他们还是把它看作一种征服。他们把它授予整个社会，它必然从全社会转给大多数人，又从大多数人那里落入极少数人、经常是一个人的手中。它产生的罪恶和从前产生的罪恶一样多，于是，各种事例、缺陷、理由和证据会层出不穷地出来反对所有的政治制度。

一个建立在人民主权基础上的社会，当然没有任何个人、任何阶级应当屈从于其他人的特殊意志。但是，认为作为整体的社会可以对它的成员行使无限权力，却是错误的。

全体公民享有主权的含义是，除非得到授权，没有任何个人、任何派别、任何有偏向的联合体能够悟取主权。但是，也不能由此就认为，全体公民，或者那些被他们授予主权的人，对个人的存在能够全权处置。相反，人类生活的一部分内容必然仍是属于个人的和独立的，它有权置身于任何社会权能的控制之外。主权只是一个有限的和相对的存在。这是独立与个人存在的起点，是主权管辖权的终点。社会跨过这一界限，它就会像手握屠刀的暴君——这是他惟一的称号——一样邪恶。没有篡夺，社会就不会超越它的权能；没有派别之争，社会也不会把多数忽略不计。无论如何，多数人的同意并不足以使社会的行为合法化：有些行为是不可能得到任何赞同的。无论某些权力何时作出这类行为，都与权力的来源没有多大关系——不管它自称是一个人还是一个民族，都没有用处。假如它是整个民族，那么，除了在它压迫下的公民之外，没有什么东西是更合法的了。

卢梭忽视了这个真理，他在《社会契约论》中所犯的错误，经常被用来作为自由的颂辞，但是，这些颂辞却是对所有类型的专制政治最可怕的支持。他给契约下的定义留给社会及其成员的印象是：每个人应当把他的所有权利毫无保留地全部让渡给共同体。为了某种抽象存在的利益而放弃我们的全部存在，将会造成什么后果呢？为了消除我们的疑虑，他告诉我们，主权者，即社会，既不能损害社会成员的整体，也不能损害他们中具体的任何个人。既然每个人都作出了完全的奉献，所有人都享有同样的地位，因此，没人愿意让这种地位加重他人的负担。既然每个人都把自己献给了整体，他不会再把自己献给任何具体的个人。每个人都能从伙伴那里获得相同的权利，因为他已经为了他们的利益而放弃了权利。因此，他失去了一切，但又会获得这一切，这失去的一切将汇集成更大的力量来维护他所拥有的东西。然而，卢梭忘了，他赋予了所有上述专有属性的这个抽象存在——他称之为主权者——是产生于这一事实：它是由无一例外的所有个人组成的。但是，一旦主权者必须使用他所拥有的权力，或者换句话说，一旦必须开始运作实际的权力组织，那么，由于主权者不可能亲自行使主权，他必须把它委托出去，结果便是所有那些属性将会荡然无存。由于以全体的名义实施的行为，必定——不管我们喜欢与否——是由一个单独的个人或极少数人支配的，因此当一个人把自己奉献给全体时，他并不是把自己奉献给了抽象的人，相反，他是让自己服从于那些以全体的名义行事的人。由此可见，我们做出了全部奉献之后，并不能取得与全体平等的地位，因为某些人会从其他人的牺牲中获取独享的利益。认为没人愿意让别人承担更多的义务，这不是实情，因为有些社会成员的地位高于一般人的地位。认为所有的社会成员都能得到他们所被弃的同一权力，这不是实情，不是他们中的所有人都能既有所失，又有同样的所得，而且他们做出牺牲的结果是——或者说可能是——创造了一种能够从他们那里夺走一切的权力。

卢梭本人也被这些后果所震惊。他这样制作出来的巨大的社会权力对他产生了强烈刺激，他不知道该把这种令人恐怖的力量托付到谁的手中，除了设法让它不可能运转之外，他找不到其他办法去对付这种主权所必然造成的危险。他宣布主权不能被转让、被委托或被代表。换句话说，这等于是宣布它不可能被行使。实际上这意味着他刚刚宣布的原则已被摧毁。

让我们再来看看，专制政治的信徒在根据同一原则出发时，对他们的目标是多么地直言不讳，因为那是一个有力支持着他们的原则。霍布斯极为聪明地把专制政治归纳为一种体制，接着，他又认为主权是没有限制的，以便肯定一个单独的个人实行专制统治的合法性。他说，主权是绝对的，这是一个在所有时代都得到承认的真理，甚至对那些煽动叛乱或发动内战的人也给予了承认：他们的目的不是要消灭主权，而是要把它转移到别处去行使。民主政体是全体人掌握绝对主权；贵族政体是某些人掌握绝对主权；君主政体是一个人掌握绝对主权。人民出于对君主的爱戴而交出了绝对主权，于是君主便成为它的绝对拥有者。

显然，霍布斯赋予人民主权的这种绝对性，是他整个体系的基础。绝对一词使整个问题走了样，给我们带来了一系列新颖独特的含义，它是这位作者诡辩而离弃真理之路的出发点，是他在动身时给自己提出的目标。霍布斯要证明的是，由于人所制定的惯例并不足以保证能被人们遵守，因此需要有一种强制性权力迫使人们去遵守。社会必须保护自己不受外来侵略，因此需要一支共同的军队从事共同防卫。人们各有所求，因此需要法律来规范他们的权利。霍布斯从第一点得出结论说，君主拥有绝对的惩罚权；从第二点得出结论说，君主拥有绝对的宣战权；从第三点得出结论说，君主是绝对的立法者。再也没有什么事情能比这些结论更为荒谬的了。君主确实有惩罚的权力，但只能针对犯罪行为；君主有宣战的权力，但只能用于社会受到攻击的时候；君主有制定法律的权力，但只能用于这些法律需要制定并合乎正义要求的时候。因此，这些属性根本没有绝对或任意的含义。民主政体确实是把权力授予全体之手，但只限于共同安全所需要的那种权力；贵族政体授予少数人的也是同一种权力；君主政体是把同一种权力授予单独一个人。人民可能会出于对一个单独的个人或少数人的爱戴而放弃自己的权力，但这些人的权力就像给他们授权的人民的权力一样也是有限的。由于让一个单词毫无道理地挤进句子结构，在它的压力下，霍布斯那令人心寒的整个体系便土崩瓦解了。反过来说，无论是什么制度——下面我们就要看到——只要使用绝对一词，那么，无论是自由、和平还是幸福，都是不可能的。平民统治只能是一种暴政，而君主的统治不过是更为集权的专制。

一旦主权不受限制，个人在政府面前将无处可逃，即使你声称要让政府服从普遍意志，那也是徒劳。总是他们在支配着这种意志的内容，而你的所有戒备全都无济于事。

卢梭说，人民既是君主又是臣民。但实际上这两种关系经常混淆不清。权力为了迫使作为主权者的人民表达权力命令它所要表达的意志，可以很容易地压迫作为臣民的人民。

没有什么政治组织能够逃脱这种危险。你可以随心所欲地分割权力，如果权力的整体不受限制，那些被分割的权力只需结合在一起即可，人们仍然无法破除专制政治。对于我们来说，问题不在于我们的权利不应在未经彼人同意的情况下受到此人的侵犯，而是任何权力对我们的任何侵犯均应受到禁止。行政机构应当诉诸立法者的权力，这还不够，立法者不可批准他们合法范围之外的行为。行政权没有法律的支持无权采取行动，这并不能说明什么问题，除非这种法律支持也受着限制，除非规定存在着一些立法者无权为之制定法律的对象，或者换句话说，主权是有限的，存在着无论人民还是它的代表都无权拥有的意志。

这就是我们必须阐明的；这是至关重要的真理，是我们必须确立的永恒原则。

世上没有不受限制的权力，不管是人民的权力，还是那些自称人民代表的人的权力，不管是拥有什么称号的国王的权力，还是——最后——根据统治方式不同而表达着人民意志或君主意志的法律的权力，都要受到权力得以产生的同一范围的约束。

公民拥有独立于任何社会政治权力之外的个人权利，任何侵犯这些权利的权力都会成为非法权力。公民的权利就是个人自由、宗教自由和言论自由，包括公开表达自己的自由、享有财产及免受一切专断权力侵害的保障。没有任何权力能够对这些权利提出异议而又不会败坏自己的声誉。

人民的主权并非漫无边际，既然它的意志并不足以使它的随便什么愿望都能合法化，因此，真实或自以为真实地表达了那种毫无疑问，仅有对主权的抽象限制是不够的。我们必须为政治制度寻找基础，以此来组合不同掌权者的利益，这样，他们最明确、最持久、最稳定的利益就会保持在他们各自属性的限度之内。然而首要的问题仍然是主权的权能和界限的问题。在能够理清头绪之前，我们必须确定它的性质和范围。

其次，即使不像哲学家们经常做的那样，对真理的作用加以夸大，我们也可以确信，某些原则一旦得到清晰而完整的证明，它们就有可能成为自身的保障。普遍的看法是这些原则是在即将得到认可的证据基础上形成的。如果人们能够认识到世界上没有不受限制的权力，那么任何时代都不会有人敢于要求这样的权力。经验已经证明了这一点。例如，我们不再会不加思索地认为生与死的权利属于整个社会，因而没有一个现代政府想要行使任何此类权利。古代共和国的暴君在我们看来远比现代历史上的统治者更肆无忌惮，在一定程度上就是由于这一特定的原因造成的。一个单独个人的专制，其绝大多数恶行的依据，往往就是全体的无限权力说。

因此，对主权加以限制既是现实的，也是可能的。使这一点得到保证的，首先是那个使公认的真理合法化的力量——舆论。其次，权力的分散与制衡将使它得到更为严格的保障。

但是，你必须从承认这种有益的限制开始做起。如果没有这种基本的警觉，一切都是徒劳。

把人民主权置于正义的限度之内，你不必害怕什么。你可以依靠个人，也可以依靠集体，从专制政治那里收回它命令你同意给它的表面支持，因为你可以证明，就算这种同意千真万确，它仍然缺乏能给任何事物以支持的权力。

如果没有合法的证据，人民没有权利攻击任何一个无辜者，也没有权利像对待罪犯一样对待任何一个被告。人民没有权利侵犯言论自由、宗教自由、司法保护及其保护形式。因此，没有一个专制君主、没有一个议会能够声称已经得到人民授权去行使这种权利。因此，一切专制政治都是非法的，没有什么东西能支持它，更不用说它所求助的民意了。事实上，它以人民主权的名义所要求的权力，并不是那种主权的一部分，它不仅是对现有权力的非法置换，而且是创造了一种根本就不应存在的权力。

论立宪君主制的王权的性质

我们的宪法在确定大臣的责任时，把大臣的权力与王权作了明确分离，君主不可侵犯、大臣各负其责的简单事实就表明了这一分离。不可否认的是，在这种情况下，大臣们确实在一定程度上拥有一些真正属于他们的权力。如果仅仅把他们看做被动而盲目的执行人，他们的责任就显得荒诞不经，那就不如干脆说他们只对君主负责并严格执行他的命令。但是，宪法要求他们对国民负责，而且规定，在某些情况下君主的命令不能成为他们的借口，因此，他们显然不是被动的执行者。大臣的权力虽然出自王权，却是与后者真正分离的存在，而负责任的权力和神授权力之间有着本质上的重大区别。

由于这种区别业已得到我们宪法的支持，我想我必须根据另一些思想背景来谈谈它。其见解对我来说具有重大意义的人们已经发现，我在1814年宪章颁布之前发表的一本著作中所作的概述，是清楚而有益的。我确实相信，它是一切政治组织的关键。

王权（我指的是国家元首的权力，无论他碰巧被冠以什么称号）是一种中立的权力，而大臣的权力却是能动的权力。为了解释这个区别,让我们给那些早已众所周知的政治权力作一下界定。

行政权、立法权和司法权是三种各领一方但必须在整体运作中进行合作的权能。当这些权能的职责被混淆,以致相互交叉、抵触和妨碍的时候,你就需要一种能够使它们回到恰当位置上去的权力。这种力量不能寓于三种权能的任何一种之内,不然它会帮助一种权能而破坏其他两种权能。它必须外在于任一权能,在某种意义上说,它必须是中立的,以便在真正需要它的时候能够采取恰当的行动,以便它能够保持或恢复秩序而又不致引起敌意。

立宪君主制在国家元首身上建立起了这种中立的权力。国家元首所真正关心的不是让这三种权能的任何一种推翻其他两种,而是让它们互相支持,互相理解,协调行动。

迄今为止,只能在政治组织中看到这三种权力。

在君主立宪的政体中,我相信我能划分出五种不同的权力:(1)王权;(2)行政权;(3)长期代议权;(4)舆论代议权;(5)司法权。

长期代议权寓于世袭制议院中;舆论代议权寓于选举制议院中;行政权被授予大臣;司法权属于法庭。前两种权力制定法律,第三种权力负责法律的普遍实施,第四种权力在个案中运用法律。王权处于中间位置,而且高于其他四种权力,是一个上级权力,同时又是一项中介性权力,它无意打乱平衡,相反,它对保持平衡具有强烈的关切。

由于人们并不总是按照他们十分清楚的利益行事,因此必须采取预防措施,使国家元首不能在其他权力的位置上发挥作用。严格地说,君主专制政体和君主立宪政体的区别就在于这项预防措施之中。

我们不妨看看英国的制度,因为从抽象观念转向事实总是有助于我们的思考。

没有世袭制的上议院和选举制的下议院的参与,就不可能制定任何法律;没有大臣的签字,就不可能实施任何法令;除了独立的法庭，没有任何人能够进行宣判。有了这些预防措施，就能看出英国制度使用王权的方式：它被用来结束其他权力之间任何危险的冲突并重建和谐。万一行政权的行为带来了危险，国王将会罢免他的大臣；万一上议院被证明有害，国王将会册封一批新贵族，以迫使它进入一个新方向；万一下议院被证明行为险恶，国王可以行使他的否决权解散下议院；最后，万一司法权因对个人行为过度使用严厉的普遍惩罚而造成破坏性后果，国王将使用他的赦免权以淡化它的决定。

以往的所有宪法几乎都有一个通病，就是没能创造出一种中立的权力，并将本应成为能动权力的权力放在了权力之总和的位置上。一旦这些权力同立法权结为一体，那么，只应裁决案件的法律，就会裁决一切。如果没有限制，结果就是专横和暴政。于是就有了长期国会的滥用权力、意大利各共和国的国民议会的滥用权力，以及国民公会在其不同存在阶段的滥用权力。同样是这些权力，一旦和行政权结为一体，就会产生专制政治。因而就有了导致罗马的独裁统治的僭主政治。

总起来说，罗马是一个必须有中立权力调节各种能动权力的良好范例。在这个共和国，我们可以看到，在人民和元老院的摩擦中，每一方都在寻求保护措施。但是，由于它一成不变地让这些措施站在自己一方，于是每一种保护措施都成了反对对方的武器。因为人民的起义使城邦面临毁灭的威胁，他们便创造出独裁者，即忠于贵族阶级的执政官。尽管那个阶级实施的压迫使平民感到绝望，但独裁并没有被废止。他们采用了保民官制度，一种不折不扣的大众权力，于是人们再次相互为敌，不过他们每一方都加强了自己的地位。百人团是贵族政治，部族则是民主政治。没有元老院的支持就颁布的平民表决，对贵族来说仍然具有强制性。元老院法令虽然只是出自贵族，对平民来说也仍然是个束缚。因此，每一方都在轮番攫取并滥用本应托付给一双中立之手的权力，只要能动的权力拒绝放弃它，拒绝使它成为一种分离的权力，上述后果就无法避免。

对迦太基人的情形也可以做如是观：你可以看到，他们先后创设了Suffetes（迦太基的执政官）以确保对元老院权力的限制；创设了百户法庭以限制执政官；创设了五户法庭以限制百户法庭。孔狄亚克说，他们为了强行限制一种权力，便创设了另一种同样需要加以限制的权力，因此滥用权力的情况依然如故，而他们却认为他们正在克服权力的滥用。

我已经说过，君主立宪制为我们提供了对所有合法自由来说都是必不可少的中立权力。在一个自由的国家，国王是一个远离并高居纷坛众说之上的存在，除了保持秩序和自由以外没有其他关切。他绝对不能回到那种常见的地位，当然也就很难产生置身那种地位所能产生的一切激情，很难发觉能够再次置身那种地位的任何前景，因此必定会册封一些被授予临时权力的执行人。这种庄严雄伟的王权一定会使君主的精神趋于平静，使他的灵魂得到休养，像这样的感觉几乎是任何处于次等地位的人所无法体味的。可以说他是浮于人间忧虑之上。这的确是政治组织的一件杰作，没有它，就不可能有什么自由，它在纷乱的争斗中创造了一个安全、崇高、公正的神圣领域，给那些争斗留出了没有危险的活动空间，规定它们不能超越某种界限，如果某些危险变得显而易见，它就会以合法的宪政手段去消除危险，而且没有任何专横的痕迹。如果我们把君主的权力降低到行政权的水平，或者把行政权提高到王权的水平，我们就会失去这种巨大的好处。

如果你混淆了这些权力，有两个重大问题将会变得无法解决：一是行政权本身的罢免问题，二是责任问题。

行政权事实上要依赖于大臣们，但是，能够罢免行政权的权力，在君主专制政体下却有可能成为它的盟友，在共和国那里则有可能成为它的敌人。只有在君主立宪政体下，这种权力才能上升为行政权的法官。

例如，在君主专制政体下，我们可以看到，除了颠覆以外没有罢黜行政权的更好办法，而颠覆手段往往是一种更为可怕的罪恶。尽管共和国一直都在尝试采用更易为人接受的措施，但那些措施也经常产生同样暴烈无序的后果。

克里特人发明了一种合法的造反行动，由此可以废黜所有的执政官，有几位作者对此备加赞赏。在雅典，法律允许每一位公民杀死任何企图剥夺共和国自由的执政官。罗马的帕布利阿斯·瓦利略·帕布里克拉法也是为了同一目的。佛罗伦萨人有他们的执政团，或者说是为应急而设立的特别委员会，它被授予了全权，拥有普遍罢免的权利。然而在所有这些制度下，罢免行政权的权利多少都有些放任自流，任凭掌权者的摆布，不管是谁抓住了它，实际上都不是用来摧毁暴政，而是用来实施暴政。由此产生的后果是，获胜的一方并不满足于罢免权，它还要诉诸暴力，由于它这样做的时候并不经过审判，结果往往是谋杀，而不是正义的行动。

在佛罗伦萨的暴风骤雨中诞生的执政团，把它的血统保持得太纯正了。它对受托掌握权力的人们作出的判决就是死刑、监禁、放逐，因为它没有其他手段剥夺他们的权力。于是，在把佛罗伦萨推入无政府状态之后，它成了美第奇家族权力的主要工具。

这里缺少的就是一种本身没有任何危险，却总能给执政团带来好处的宪政权力，就是说，它是这样一种权力，它只限于剥夺议会成员的权力，而不能对他们进行指控、监禁、掠夺和放逐，他们虽然无法保住权力，却不致遇到危险。

君主立宪制解决了这个大难题。为了更明确地证实这些思想，我要请读者听听我对现实的看法，这种现实能够在英国的君主制那里找到。英国的君主制创造了这种中立的中介性权力：从行政权中分离出来的王权。行政权可以被罢免，但没有人会受迫害。国王用不着为了罢免大臣而指控他们有什么过失、罪行或阴谋，他可以罢免他们，但不会惩罚他们。因此，所有必做的事情都能做得到，而没有什么非正义。此外，确凿无疑的是，由于这个办法是正义的，它在另一个方面也是有用的。无论什么制度，假如它给大权在握的人留下的选择余地，除了他们自己的权力就是断头台，那就堪称罪大恶极。

罢免行政权和惩罚其成员，同解散代议制议会和起诉它的成员，两者有着同样的区别。如果这些措施中的前者被后者所取代，我们就没有理由怀疑，不仅议会的政治存在会受到危胁，而且它们的成员的生存也都会受到威胁，他们将被那种危亡感逼得发疯，国家也会面临滔天的罪恶。行政权的情况亦复如此。假如你用对它的控告权取代不加任何控告的罢免权，你将激起它的恐惧和愤怒。议会解散后的议员和罢官之后的大臣应当重返普通公民的位置，这两项反对滥用权力的重大保护措施，因其是和平的，因而也是有效的。

类似的考虑也可用来说明责任问题。

世袭的君主能够而且必须不对任何人负责。他是金字塔尖上一个独立的存在。他的权利既属于作为个人的他，也永远属于他的世系，从他的祖先到他的后裔，这使他有别于自己的所有臣民。当一个家族被授权统治一个庞大民族，排除其他所有家族，独自承受继承的风险时，把一个人说成神圣不可侵犯也就不足为怪了。

君主本人不是不愿接过其大臣们的责任。但是，与琐细的行政管理和局部的权力行使相比，他有更为珍贵的东西需要去保卫。他的尊严是一种家族世产，因此他可以放弃内阁，退出斗争。但是只有在权力由此而变得神圣不可侵犯时，你才能把它同责任相分离。

定期更换的共和制权力就不是一种超然的存在。它决不会激发想像力。它没有权利纵容自己的错误，因为它是靠游说得到了它所占据的位置，因而它没有比自己的权威更为珍贵的东西值得去保卫，内阁的组成与它的人相同，它总是要向其展示自己的团结，因此一旦内阁遭到攻击，它立刻就会妥协。

使最高权力神圣不可侵犯，就要使大臣们对自己应当做出的服从加以判断。的确，他们要想拒绝服从，就只有辞职。但在这种情况下，舆论就会成为最高权力和大臣之间的仲裁者，而且，舆论天生就同情那些看来是出于良知而牺牲了自身利益的人。世袭君主国不会出现这种棘手的问题，君主为崇拜气氛所包围，使人无法把他和他的大臣相提并论，而他那永恒的尊严也能阻止前任大臣的追随者反对新内阁的努力。但是，在共和国里，人们就可以在最高权力和前大臣之间作出比较。这种比较会导致后者产生成为最高权力的欲望，而且这种打算不会遭到任何实质上或形式上的反对。

在不承担责任的共和国权力和承担责任的内阁之间，后者会总揽一切，而前者很快就会变得无足轻重。它不承担责任，这一事实将迫使政府只能通过其部长采取行为，否则就一事无成。那么，内阁之上的权力顶点是什么呢？君主政体能够防止其他人去侵占，因为它确立了一个牢固而无可争议的顶点，其他人无论怎么迷恋也够不着它。但共和国就根本不会发生这种情况，那里的所有公民都有可能接近最高权力。

试想一下1795年宪法推出的一个神圣不可侵犯的督政府和一个能动而干劲十足的内阁。我们能够长时间容忍六个无所不为的人背后站着五个无所事事的人吗？共和制政府需要一种比世袭君主更绝对的权力用以驾驭它的部长，因为它面临的危险是，它手中的工具可能会变成它的敌人。但是，为了行使这样的权力，它必须对自己的行为负责，因为，假如一个人不能保证人们不受服从的后果的危害，他就不会得到人们的服从。[1]

结果是，共和国被迫让最高权力承担责任，而这种责任接着会变得虚幻不实。

仅仅依靠那些一旦垮台就会造成对外关系中断、国家内部机制停止运转的人来履行的责任，将是永远得不到履行的责任。有谁愿意为了给某个人的权利平反，为了给十个、百个、千个分散在三万平方里的地域上的公民的权利平反，就把整个社会掀个底朝天？专断权力将一如既往，没有补救措施，因为那些补救措施总是让人感到，它比有节制的罪恶更令人厌恶。那些罪犯将会逃脱惩罚，或是因为他们让权力导致腐败所起的作用，或是因为那些准备控告他们的人不愿由于这样的控告而导致宪政结构毁于一旦。因为，对触犯个别法律的行为加以惩处，势必会危及为所有法律提供保障的东西。于是，弱者与智者，唯利是图者与谨小慎微者都将发现——尽管出于不同原因——必须圆滑地对待那些不值得信任的行政权保管人。责任成了空谈，因为它被树得太高。最后，由权力的本质所定，只要可以不受惩罚地滥用，它就会受到更多地滥用，直到给人造成的烦扰逐渐积累到令人难以容忍的程度，责任才会得到落实，但它的矛头将直指政府首脑，其结局很可能是政府本身的毁灭。

我不想在这里讨论能否通过一种新的组织去补救共和制度中关于责任问题的缺陷。我唯一想证明的是，要履行责任，必不可少的首要条件就是把行政权从最高权力中分离出来。立宪君主制完成了这一伟大目标，但是如果这两种权力混淆在一起，这一优点就会丧失殆尽。

毫无疑问，在自由的制度下，内阁权力是行政权的惟一所在，君主只能通过他的大臣这一中介提出动议，他决不能在大臣并未向国民承诺责任的事情上发号施令。只有涉及到任命权的时候，才能由君主独自做出决定，这是他不容置疑的权利，但是，只要涉及直接行动，甚或只是提出一项动议，则应由大臣以其权力出面，以使争论或抵制不至危及国家元首的声誉。

有人宣称，英国的王权与臣权绝非如此截然分明。他们引用了一个偶发事件：君主的个人意志降服了大臣们的意志，拒不允许天主教徒与其他臣民分享同样的权利。然而，这里有两点被混淆了：一是维护现存事物的权利，那本来就属于王权，应当把它理解为——我已说过的——中立的专有权力；二是动议创设尚不存在的事物的权利，它是属于臣权的权利。

在这个事件中，只有一个维护现存事物的问题，因为反天主教徒的法律仍在全面实施，尽管人们对其执行不力。现在，没有王权的参与，哪一项法律也不可能被废除。我不想在此讨论在这个特例中行使这一权力是好是坏。我确实感到惋惜，那种出自良心的考虑虽然令人

一、适用于所有代议制政府的政治原则

敬重，但它们在原则上是错误的，在应用中是灾难性的，它可能促成英国国王采取令人难以忍受的粗暴措施。但是我们这里所要说明的只是，在维护现存事物时，王权并未超越它的限度。为了使这一点更有说服力，让我们颠倒一下前提：假设反天主教徒的法律从未存在过。这样，君主的个人意志将不可能强迫任何大臣提议颁布它们，而且我敢说，在我们的时代，英王很难找到一个准备提出这种建议的大臣。于是，同一个例子也证实了王权与臣权之间的区别，而这个例子一般是被用来混淆这一区别的。前者的中立性和完全专有性是显而易见的；同样显而易见的是，在两者当中，只有后者是能动的：因为，如果后者拒绝行动，前者将找不到强迫它行动的手段，也不可能在没有后者的情况下采取行动。还请注意，在这种情况下，王权所带来的只有好处而没有弊端。事实上，英王会发现，如果他的内阁拒绝采取行动，他想提出违背国民精神和宗教自由的法律动议，会面临一个不可逾越的障碍；同时，如果同一个内阁企图阻止王权提出符合国民精神和有利于宗教自由的法律动议，也不会起什么作用，国王可能将不得不撤换他的大臣，而此时没有人愿意挺身向舆论挑战并鼓动人们与开明观点对抗，但却会有许许多多的人自愿成为大众意志的代言人，并将得到全体国民的支持与赞同。[2]

  我不想否认，在一幅更为活跃而能动的君权画面中，存在着一些颇具诱惑性的东西，但制度是更多地取决于时代，而不是取决于人。作为文明进步的结果，君主的直接行动不可避免地会变得更为微弱。放在其他时代能够使我们欣羡和感动的许多事物，放在今天就是完全不可接受的。试想一下法国国王在橡树下为自己的臣民主持正义的情景，你可能会被那个场面所打动，你可能会把威严而又无真地主持正义的慈父般行为视为神圣。但是，在今天，如果没有法庭的参与，我们在一次由国王主持的判决中会看到什么景象呢？对所有原则的侵犯，对所有权力的混淆，对所有等级都强烈盼望的司法独立的破坏。在记忆和诗歌中是不可能产生立宪君主制的。

在自由的制度下，君主们拥有高贵、完美而庄严的王权。赦免权属于他们，这几乎是一项神授性质的权力，它可以修正人间正义的失误，或者过分固执的苛刻，因为那同样也是错误。册封权属于他们，可以向功绩卓著的公民授予永久性荣誉，使他们跻身于集荣耀和最高政治职能的庄严于一身的世袭制地方显贵的行列。司法人员的任命权属于他们，以确保社会享有公共秩序，确保无辜公民的安全。解散立法议会的权力属于他们，以便在国民代表脱离正轨时保护国民，并要求他们做出新的选择。大臣的任命权属于他们，由于有了这项权力，只要大臣们恪尽君主赋予的职守，全体国民都会向君主表示感激。最后，恩德、恩宠、恩赐的分配权属于他们，在这里，王权可以用一言一瞥来酬谢某项报效国家的功绩，可以为君主国提供一座用之不竭的知识宝库，这个宝库能把所有的利己心转而为他所用，使他从其他人的雄心壮志中受益。

这当然是一项伟大的事业，它需要非凡的天赋和强烈而高贵的使命感。只有阴险狠毒的顾问们才会向一位立宪君主提出不受限制或不受束缚的专制权力的目标，使他心向往之，或者扼腕惜之；那将是含义不清的权力，因为它不受限制；那将是岌岌可危的权力，因为它滥用暴力；它将使君主和人民同样面临灾难性的后果：前者必将误入歧途，后者或是忍受折磨，或是走向堕落。

论解散代议制议会的权力

有些问题，所有的开明人士都认为早已得到解决，因而不愿再去谈论。但是，令他们大为吃惊的是，一旦需要从理论走向实践，这些问题就会再次引起争议。人们不禁要说，人类的头脑只因担心证据被实际运用，才会接受证据。

有些人反对解散代议制议会的权力，根据我们的宪法法案和英国宪章，那是授予最高权力拥有者的一项权力。然而，不管什么样的政治组织，只要不把这种权力授予国家元首，它一定会变成以蛊惑人心为能事的肆无忌惮的乱党；除非是专制政治，它以权力的行动取代合法的王权，使议会蜕化成一个又聋又哑的被动工具。

毫无疑问，大国如果没有众多强有力的独立的各级议会，就不可能存在自由。但是，那些议会并不是毫无危险，为了自由本身的利益，有必要采取一些万无一失的措施以防止议会的失误。

议会倾向于毫无节制地扩大法律的数量，这本身就是一个无可救药的缺陷，除非让他们面对无条件解散和以新成员重组议会，以此遏制他们鲁莽的冒进。

法律的扩张迎合了立法者的两种天然癖好：行动的需要，和自以为不可或缺引起的快感。只要你给一个人安排一项特殊任务，他很可能做得宁滥毋缺。负责在通衢大道上抓捕流浪汉的人，往往喜欢向任何旅行者寻衅滋事。当间谍一无所获时，他们会虚构情报。在一个国家设立一个部用来监视阴谋家、窃听他们不断的密谈也就够了。立法者们瓜分着人类的生活领域，其方式一如亚历山大的将领们根据征服者的权力瓜分世界。可以说，法律的扩张是代议制政府的通病，因为在那些国家，事事都要通过法律手段来决定；缺少法律则是不受限制的君主制国家的通病，因为在这些国家，事事都是由人来定夺。

法律的轻率扩张，在某些时期会使最高贵的东西——自由本身——丧失信誉，使人们只能在最悲惨、最低贱的奴役中寻求庇护。

确切地说，否决权是约束代议制议会轻率举动的直接手段，但是，过于频繁地使用这一手段会激怒仍然握有权力的他们。所以解散议会便是唯一有效的补救办法。

如果不对代议制权力施加限制，人民的代表将不再是自由的捍卫者，而是暴政的候选人，而且，一旦暴政得以建立，很可能会证实一切都更为可怕，因为暴君更为众多。只有在国民代表服从约束的制度下，包括国民代表在内的全体国民才是自由的。

一个既不受约束、也无人能控制的议会，是一切权力中最为盲目运作的权力，其后果是最无法预见的，甚至在它自己的成员看来也是如此。它那些仓促的越轨行为最初好像不那么值得重视。例如，我们目睹了对所有领域的入侵，即时法律的激增，让自己一味被冲动所左右，甚至故意强化这种冲动，讨好最为亢奋的那部分人民的欲望，对自己所遇到的抵抗或疑心的非难心怀怨恨；有时它反对国民精神，坚持自己的错误，有时党派精袖只留院并存但要离开上议院，而册封贵族只是为了生活？一个没有任何职责的世袭贵族阶层与身负重任的终身地方行政官并存，它会变成什么呢？这正是法国贵族在革命前最后几年的情形，也正是这一点为它的灭亡做好了准备。贵族身份仅仅被看作是一种高雅的装饰，没有任何明确的作用；拥有贵族身份的人沾沾自喜，没有这种身份的人们则脸上无光，但是他们共同失去的是实际的手段或力量。贵族显赫的地位几乎只有消极的作用：它所体现的与其说是既得利益阶层的明确优势，不如说是对平民百姓的排斥。它毫无节制地惹是生非。它不是一个能让人民遵守秩序、维护自由的中介机体。它是一个没有根基的团体，在社会机体中没有固定的位置。一切事物——甚至包括它自身成员的开明与个人优势——都在使它遭到削弱。观念的进步使它脱离了封建制度，这令人依稀感到，这是个已经坍塌大半的制度。

在我们的世纪，贵族需要紧紧抓住由宪法明确规定的特权。这些特权对贵族以外的人们几乎无伤害，却给拥有特权者以更大的力量。如果我们使用贵族这一名称来指代上议院，那么它不仅是一种荣誉，也是一项职责。它将更不易遭受攻击，更易于得到保护。

此外还要注意，如果上议院不是世袭的，则必须建立一些更新其成员的程序。它应当由国王任命吗？一个由国王任命的上议院，能够证明在力量上足以平衡由大众选举而产生的另一个议院吗？在世袭贵族中，那些获得任命之后立即享有独立地位的贵族，将会由于这一地位而变得强劲有力。在人民的心目中，他们有着与仅仅是王权代表的人不同的特征。希望两院——一个由国王任命，一个由人民任命——没有根本差别（因为终身入选与其他性质的人选几无不同），这意味着让一种权力去抗衡另一种权力，而在这两种权力之间确确实实需要一个媒介：我指的是国王的权力和人民的权力。

我们一定要相信经验。我们看到，在大不列颠，世袭贵族同高度的公民自由及政治自由和谐共存，所有出类拔萃的公民都可以得到它。它没有世袭制中那种唯一真正令人厌恶的特性：排他性。任何公民，从被授予贵族爵位那天起，都可以享受最古老的贵族世家所享受的同样权利。英国王室的非长子后裔要回到民众的行列，他们构成了贵族与国民之间的联系，就像贵族本身构成了国民与王室之间的联系一样。

有人还会说，为什么不限制世袭制议院成员的人数？那些提出这种限制的人，没有一个考虑到它可能产生的后果。

世袭制议院是一个人民无权选举、政府无权解散的机构。如果那个机构的成员人数受到限制，其内部就可能形成朋党，虽然它没有政府或人民的赞同和支持，但却永远不可能被推翻，除非制度本身和它同时被推翻。

英国议会史中的一个非常时期可以用来说明这种看法的重要性。1783年，英国国王解散了他的顾问诺斯勋爵与福克斯的联盟。几乎整个议会都是那个联盟的同党，而英国人民却持有不同的看法。国王通过解散下议院求助于人民，绝大多数人民开始支持新内阁。但是，我们可以设想一下国王不能解散这个联盟会给上议院带来什么好处。显然，假如王权没有册封足够数量的新贵族的权力，这个联盟尽管遭到国王和国民的反对，也仍会保持对局面的控制。

限制贵族或者上院议员的数量，有可能创造出一个可以同时向君主和臣民挑战的可怕的特权阶层。但任何犯下这个错误的制度很快就会土崩瓦解。因为必须相信，如果君主的意志和人民的意志保持一致，那就不应受到违抗；如果有些事情必定无法依靠制度措施来做到，也会通过置制度于不顾而做到。

有些人反感地认为，整个贵族阶层将会由于新贵族的激增而贬值。我的回答是，准一符合君主利益的解决办法，就是不要贬低围绕在他身旁并给他以支持的这个整体的尊严。万一他背离了这一利益，经验将会使他迷途知返。

论代议制议会的选举

现行宪法保留了选举团，只有两项改进。其一是规定这些选举团要通过年度选举填补空额；其二是取消政府任命选举团主选官的权力。为国民及时提供代表机构的必要性不允许我们修订或更改《宪法法案》中这一至关重要的部分。但是，它无疑是法案中最不完善的部分。选举团虽然终身当选，但仍然面临着被解散的威胁，具有旧式选举议会的所有缺点，[3]却没有一点它们的优点。这些议会发源于平民大众，设立于应当进行任命之时，可以认为它大体上令人信服地代表了那些选举人的意见。但恰恰相反，这种意见只能缓慢而片面地渗入选举团内部。它从来不会打动多数，等到它成为选举团的意见时，已经逐渐变得不再是人民的意见了，因此，选举团中的少数成员能对它们的选择性质产生消极影响。选举国民代表的会议的人数，必须使其限于能够维持秩序的数量。在英国，候选人或是高居讲坛之上，或置身于公共广场之中，或是在聚集着一大群人的平地上，向围绕着他们的选民高谈阔论。我们的选举团则人数寥寥，形式拘谨，并且严格要求保持沉默。提不出任何激动人心的问题，甚至提不出能使个人私利受到片刻压抑的问题。任何热情都不可能存在。问题在于，庸人只是在身不由己时才会表现出公正，而除非让他们聚在一起相互作用，他们很难身不由己。一个人只能由于巨额财富或鼎鼎大名而吸引成千上万公民的注意。依靠几个至交，就能赢得两三百人集会上的多数。为了能被人民选中，一个人必须拥有其日常环境以外的支持者。若是想让几个选举人选自己，只要不去树敌就够了。优势被不利的一方占尽，机会甚至反对天才。因此，我们中间的那些国民代表经常证明，他们在许多事情上落后于舆论。[4]

如果我们希望有一天能在法国充分享受代议制政府的好处,我们必须采纳直接选举制度。正是直接选举,从1788年起,给英国下议院送来了所有最开明的人士。人们很难找出一个英国人以政治天才著称却没有获得当选的荣誉——除非他不愿为此而游说。

只有直接选举才能赋予国民代表实实在在的力量,使其深深植根于舆论之中。用其他办法任命的代表,到处找不着认同他的声音,没有哪个阶层的人民会承认他的勇气,因为他们的选票在一系列迂回曲折的事件中,或是改变了性质或是没了踪影,已使他们丧失了信心。

对于那些担心法国人天性急躁,不愿受法律束缚的人,我的回答是,我们之所以那样,是因为我们从来没有养成控制自我的习惯。选举也就是支持一切与良好秩序有关的事物。正是由于毫无益处的防范措施,混乱才会发生和加剧。在法国,我们的大型场面,我们的节日庆典,总是士兵和刺刀林立。人们不禁会想,三位公民聚会,似乎也需要两个士兵隔在他们中间。在英国,两万人的集会中也不会出现一个士兵。他们每一个人的安全都托付给全体人的理智和利益,民众则感觉到肩负着社会稳定与个人安宁的重任,因而认真地履行着自己的责任。此外,有可能通过一种比英式选举更为复杂的体制,把更持久的平静注入人民权利的行使过程。在不止一个领域颇有名气的一位作者,即雄辩的作家、足智多谋的政治家、自由与道德的坚定支持者内克先生,曾在他的一部著作中提出一种似乎得到普遍赞成的选举制度。在每个地区,由一百名被同类人指定的有产者,向全体有投票权的公民提出五个候选人,由公民在五个人中作出选择。这种办法将用来取代那些我们迄今一直在尝试的办法。所有公民将因此直接参与任命自己的代表。

不过,这种制度有一个缺陷:假如你给一百个人优先权,一些在他的地区享有显赫名声的个人,可能会发现自己被排斥在名单之外。这一排斥将足以使投票人丧失信心,他们被召来在五个候选人中间进行选择,可能会找不到他们实际需要并使他们称心如意的人物。

我希望，在给人民留下最后选择机会的同时，也要给予人民最初的主动权。我希望，在每个地区，享有投票权的全体公民应该先提出一个五十人的初选名单，然后，由一个一百人参加的会议负责从这五十人中推举出五个人，再由全体公民从这五个人中做出选择。

采用这种方式，被委以提名权的一百人就不能为他们对某个候选人的偏爱所左右，不能只为这位候选人提名一些不可能当选的竞争者。不要认为这种危险是想像出来的：我们已经见过五百人团采取这种紧急措施强行组成督政府。这样的提名权经常是与除名权相等的。

我建议作出修改以减少麻烦：（1）提名候选人的会议必须在已被大众认定的人们之中选择候选人，因为他们已在他们的公民同胞中享有一定程度的信誉和威望。（2）如果一个声望卓著的人在最初名单中获得了多数选票，百人选举团将很难做到对他不予提名；另一方面，如果他们自做主张地在人民出于忠诚或猜疑而表明自己的选择之前拟定一个名单，如果没有合法暴力支持这个名单，将有可能导致人民排斥它所提出的人选。

只是出于对普遍看法的尊重，我才准备对直接选举做出妥协。在英国见识过争夺选票的表面混乱之后，我才清楚这些混乱场面被夸张到什么程度。确实，我看到了伴随着辩论、骚动、激烈争吵的选举，但也看到当选的机会落在了家产殷实、才具超群的人身上；选举一旦结束，一切都恢复正常。来自下层社会的选举人，不久前还固执得难以驾驭，现在重新变得勤劳、驯顺乃至令人尊敬。他们满意地行使了自己的权利之后，更容易服从权力，服从社会地位优越者的行为准则，他们这样做，是因为他们知道自己只根据自己的利益行事。选举结束之日，前一天的兴奋便荡然无存。人民继续他们的劳动，但是公益精神已经受了有益的震动，这对它的重新振奋是必要的。

有些开明人士出于同我的观点所依据的动机截然相反的动机，对保留选举团加以谴责。他们感到遗憾的是，选举不是由一个单独机构完成的，对他们用以支持这种遗憾心情的论点给予驳斥是有益的，因为它们看上去不无道理。"人民",他们宣称,"完全没有能力向国家权力机构的各个部门指派那些品行和才具最为合适的人。没有必要让他们作出任何直接选择。一定不能在基层设立选举机构,选举机构必须从上层建起。选择不能从基层开始,那里的选择必定总是低劣不堪,但如果从上层开始,肯定总是适得其所。选举人最为关心的实际上永远是维护秩序、公共自由、制度稳定、思想进步、正确原则的恒定性以及法律和行政管理的逐步改善。如果让人民指派公仆去从事某些工作,这样的选择通常都会很糟。"[5] 如果涉及到最高行政官,下级选举机构本身做出的选择确实有限。杰出人物不时被指派履行职责,说到底不过是一种机遇。只有熟知所有立法的目标及一般目的的人,才有能力作出任命立法机构的决定,他们对局势和舆论的现状了如指掌,仅仅扫视一下国土的不同部分,就能肯定地指出那些才干、道德与知识的精华之所在。如果一个民族在没有中间环节的情况下任命其主要代表,而且众多人口散布在广袤的疆域之内,这种做法必然迫使它把自己分区划片,这些区划相隔的距离不容它们相互之间进行交流或取得一致,结果就是局部的选择。所以必须从选举权的一致性中寻求选举的一致性。

  这些推论的根据是一种极为夸张的普遍利益、普遍目标、普遍立法乃至什么东西都有普遍性的观念。如果在特殊利益之间没有协商可言,普遍利益究竟是什么东西呢?除了必须就其共同目标达成妥协的所有局部利益的代表之外,还有什么别的普遍利益吗?普遍利益当然与特殊利益不同,但这绝不意味着它们反对特殊利益。常言道,一人有所得,他人必有所失,这不过是特殊利益相互结合的结果。普遍利益与它们的区别,恰如一个肌体和它的局部的区别一样。个人利益就是个人有所关心的事情。局部利益就是同局部有关的事情。正是这些个人,这些局部,组成了政治肌体。所以,这些个人的利益和局部的利益必须得到保护。如果它们全都得到了保护,人们将会由于这一事实而摒弃每一种可能对他人造成伤害的个人利益。真正的公共利益只能从这里产生。这种公共利益无非就是在个人利益之间确定一种使彼此不相损害的互惠条件。由国家的一百个地区任命的一百名代表,带进议会的只是特殊利益,即他们所代表的选民的一己之见。这一立场对他们是有用的。由于必须共同决策,他们很快就会意识到各自做出牺牲是不可避免的。他们会试图缩小这些牺牲的范围,而这正是他们的任命方式的优势。共同事务需要他们团结在一起,而局部的选择越多,实现普遍目标所需要的代表就越多。如果你颠倒了自然秩序,如果你把选举机构放在建筑物的顶端,它所任命的人将会发现,对于需要他们评判的公共利益问题,他们根本就茫然无知。你让他们代表有关各方进行协商,他们却对各方的需要不是无知,就是蔑视。一个局部的代表是那个局部的工具,这是适得其所;他不应在没有首先捍卫他的任何权利的时候就放弃它们,无论它们是真实的还是虚构的;他应该是他所代表的局部利益的保护人,因为,尽管每位代表都偏袒自己的选民,但是当他们每个人的偏袒行为协调一致时,却会使所有人享有公正的好处。

  尽管议会是由各个局部的代表所构成,但已经过分倾向于发展一种脱离国民的合作精神。代表们住在首都,远离任命他们的那部分人民,与他们所代表的行政区的习俗、需求及生活方式失去了联系。他们对这些事情变得不屑一顾、漠不关心。如果像某些人希望的那样,把这些公共工具从所有的地方责任中解脱出来,永远凌驾于他们公民同胞的选举权之上,被某个机构挑出来安置在宪政大厦之巅,那将会发生什么事情呢?

  国家越大,其中央权力越强,一个单独的选举机构就越是不可取,直接选举就越是必不可少。一个十万人的部落也许可以授予元老院任命其代表的权利,联邦制共和国也许仍然可以这样做,至少它们的内部管理没有任何风险。但是,任何倾向于统一、倾向于取消国家不同地区所任命的代言人的政府,都意味着创建这样的团体——它们的思虑大而无当,为了献身于普遍利益而对个人利益漠不关心。

这绝对不是由元老院任命人民代表的惟一害处。

这种制度首先破坏了代议制政府一个最大的长处，即政府在不同社会等级之间建立的经常联系。这种优势只能是直接选举的成果。正是这种选举，要求掌握权力的等级持续关注下层社会。它为财产拥有者中最贫穷者的选举权安排了一种正义而慷慨的回报，以及对压迫的惩罚，迫使财富掩饰其傲慢，迫使权力节制其行为。我们不应轻率地放弃这一幸福与和谐的日常源泉，也不应该鄙视善意背后的动机：它最初可能是出于私利，但结果却成为名副其实的美德。

有人抱怨说，富人们都集中在首都，农业地区却被没完没了的捐赋榨得民穷财尽，它们把这些捐税给了首都，却永远得不到任何回报。直接选举会驱使土地拥有者回到他们的土地上去，而如果没有直接选举，他们都想离开自己的土地。只要人民的选举权对他们没用，他们的精打细算就会全都用于从自己的土地上获取尽可能高的收成。直接选举则建议他们进行某种更为高尚的精打细算，一种明显对依附于他们的人更有用处的精打细算。没有民众选举，他们所需要的只是信任，这就使他们向中央权力周围集结。而民众选举则使他们需要民众中的声望，促使他们扎根于自己领地的政治生活，回到产生民众声望的发源地。

我们间或会听到有人赞扬封建制度的有益影响，因为它使领主保持着他在仆从中的地位，并能使他全部领地上的财富得到平等的再分配。民众选举有着同样的好处，却不会继承它的弊病。

人们经常谈论要鼓励和尊重农业劳动。他们想指望随兴而致的颁发奖赏和舆论认为是并不公正的各种勋章来做到这一点。如果给农业各阶层以重要地位，事情将会简单得多，但是，这种重要地位不是靠命令创造出来的，它必须以人民的愿望和抱负为依据，使人民从中能够看到回报。

再者，由元老院任命的代表职责倾向于引起腐败，或者至少会削弱那些追求这一显赫职责的人的声誉。

对于为了感动民众而必须进行的游说和努力，无论把它们说得多坏，这种行为的结果都不会比竭力巴结一小撮掌权者的行为更为有害。

孟德斯鸠说，"在元老院游说是危险的；在一个贵族团体内是危险的；但在人民中却不会这样，人民的本性就是感情用事。"

如果一个人率领一大群人做事，他只能在光天化日之下进行，羞耻心会使公开的行为有所节制；当我们在几个人面前折腰，向其中每个人请求一点好处时，我们就会匍匐在阴影里，而权贵们实在是太愿意享受我们卑贱的乞求和谄媚的央告了。

有时候，人们惧怕一切能够显示能量的事物。在暴政感到立足不稳时，受奴役的人仍然有望从中得到好处。这是文雅、恭顺、藏而不露的才华及个人品质备受赞扬的时候，但是，那实际上是道德启蒙的时期，它使藏而不露的才华扬名于世，使个人品质在家庭情感中找到回报，使文雅和恭顺获得要人的赞赏。那些引人注目、令人尊重的人，那些有资格得到人民的崇敬、忠诚与感激的人，会成为众望所归之所，而这些更有活力的人也会表现得很有节制。

人们总以为平庸就意味着平静，然而，平庸只有在不起作用的时候才意味着平静。当大批庸人有机会聚集在一起并得到一定的活力时，他们的平庸所到之处，甚至会表现得比天才本身在被激情冲昏头脑时还要狂躁、还要妒嫉、还要暴烈。惟有开明能够消除虚荣，从而平息激情，节制私情。

我提出的一些反对选举的理由，也被选举团用来同样强烈地反对直到最近还被我们的议会所使用的改选办法，幸好我们的现行宪法刚刚废除了它。我说的是定期引进三分之一或五分之一的做法，因为在代议制机构中，新来者总是发现自己是一个少数。

议会的改选，目的不仅是防止国民代表形成一个与人民相隔离的阶层，而且还为可能出现在两次选举之间的舆论变化提供可信赖的解释者。假如选举组织得井然有序，新当选者将会比上次选举中的当选者更为忠实地代表舆论。

当前舆论的代言人处于少数地位，而代表过时舆论的人却处于多数地位，这难道不荒唐吗？稳定性无疑是必要的，更新期决不应当一次接一次过于频繁。过于频繁的选举是荒唐的，因为舆论根本无法在两次选举之间变得更为知情。再者，我们还有一个体现着恒定性的世袭制议院。我们不要把冲突因素引入体现改良的选举制议院，保守精神与进步精神的斗争发生在两个议会之间，要比发生在一个议会内部更有益处，这样就不会出现咄咄逼人的少数，它在一个议会内部形成的狂热，会在另一个可以批准或否决其决议的议会的冷静面前烟消云散。不正当的做法与威胁恫吓不再是控制多数的合适手段，在必须作出裁决的法官眼中，那只会让人名声扫地。

改选三分之一或五分之一的做法，无论对于全体国民还是对议会本身来说，都有严重的弊端。

即使仅能提名三分之一或五分之一，也仍然可以激发起一切希望，它并未带来多样性的机会，只是一个激发所有野心的机会，遇到的困难会引起这些野心更多的嫉妒与敌视。人民像为总改选而激动一样，也为这三分之一或五分之一的选举而激动。新入选者在头一年受到压制，不久后他们就会成为压制者，这个真理已经被连续四次的经验所证实。[6]

我们这个缺少制衡机制的议会给我们留下的回忆，不断地使我们感到焦虑和困惑。我们认为自己看到了一个能在任何议会引起混乱的因素，在我们看来，在任何全部改选的议会中，这个因素会起到更强大的作用。然而，这种危险越真实，我们就越是要对自己采取的预防措施的性质多加小心，我们只能采取那些已经证明有效，而且肯定成功的措施。

我们的现行宪法所允许的不受限制的连选连任，既充分体现了三分之一或五分之一改选的唯一好处，又消除了它的所有害处，而我们以前的所有宪法都犯下了排斥这一做法的错误。

无论从哪个方面说，不能连选连任都是一个极大的错误。不间断地连选连任的机会，只会提供有价值的回报，在一个民族中产生大批令人难忘和肃然起敬的名字。任何个人的影响力都不会被令人反感的制度所破坏。在既定时刻，那种影响力无论以什么方式存在，对于这一时刻本身都是必要的。我们不要再用嫉贤妒能的律法排挤天才了，以这种方式疏远杰出人物，将得不到任何好处。大自然希望杰出人物在人类制度的首席就座，宪政的艺术恰恰就在于把他们安排到那个位置上去，无需他们为了得到它而扰乱公共安宁。

　　没有任何事情比人民代表在任期届满后遭到强行排斥更妨碍自由同时更有利于混乱了。让人民代表不能连选连任，就意味着让许多软弱之辈去取代他们，这些人为了在退休之后得到一些补偿或者安度余生，希望尽量少树敌。如果你为无限制的连选连任设置障碍，你就会挫伤他们理应施展的天赋和勇气，你就为懦夫和蠢货准备了慰藉和成功，你就把心口如一的人和厚颜无耻效力于宗派的人或自鸣得意地效力于专断权力的人，放在了同一条水平线上。孟德斯鸠认为，[7.]终身制官员有这样的优点：他们用不着像那些注定要重返普通公民行列的人在权力终结之前那样，不时地表现出优柔寡断和软弱无力。如果重新当选并非必然的话，它也会提供同样的优点：树立道德形象符合政治家自身的利益。只有精打细算的人才能取得持久的成功，但是为了达到这个目的，他们需要时间。

　　此外，在公共事务中，诚实、勇敢、经验丰富的人真是多得数不胜数，以致我们可以任意拒绝那些已经受到普遍尊重的人们了吗？新的天才会不断出现，人民的意向是欢迎他们。不要在这个方面给人民强加任何限制，不要在每次选举中强迫人民选择那些仍旧只关心自己的财产、只想为自己赢得名声的人，还是效仿伟大的榜样吧：看看美国，在那里，人民的选举一直围绕着国家独立的缔造者进行；看看英国，在那里，不间断的连选连任所造就的光辉灿烂的名字，已经成为一笔公共财富。这是忠诚的国民和那些有能力获得长期尊重的人们的幸福。

最后，我们的新宪法由于取消了一直向国民代表支付的薪俸，代之以适当的补贴，因而开始接近理想的原则。它使那些需要具备最高贵精神的职责摆脱了一切对个人利益的算计，从而会使下院的地位上升到我们的宪政体制所希望的高度。任何与代表职责有关的薪俸，很快就会成为代表们的首要目的。候选人把那些庄严的职责，仅仅理解为扩充或确定他们的财富、交通工具、金融利益的机会。选民本身则会沉湎于一种党派之爱，不由自主地去支持那些想要成家立业的新郎、想让儿子到首都受教育或想让女儿在首都出嫁但又手段有限的父亲。债权人选举他们的债务人，富人选举自己的亲属，他们更愿意用国家的而不是自己的开支来帮助他们。任命一旦颁布，人们必定维护已经到手的东西：手段变成了目的。思想在变通或沉默中终结。

向人民的代表支付报酬，并不意味着会使他们对认真履行职责感兴趣，而是仅仅意味着会使他们对继续担任这些职务感兴趣。

我还有其他一些考虑。

我不赞成履行公职要有雄厚的财产资格。事实上，允许赋闲的收入是相对的：只要一个人具备基本的生活条件，那么他所需要的只是一个升华的灵魂，其他均属多余。然而，比较理想的状况是，担任代表职务的人，一般而论即使不是来自富裕阶层，至少也应来自小康之家。他们的起点更好，他们受到的教育更完备，他们的精神更自由，他们的智力更有利于启蒙。贫困像无知一样怀有偏见。如果你们的代表得不到薪俸，你们就把权力交给财产，但也要给合法的例外留下一个公平的机会。亚里士多德说，以这样一种方式把你们的制度和法律结合起来，使官职不能成为谋取私利的目标，否则大众将会嫉妒这种荣誉和利益——本来他们几乎感受不到显要职位对他们的排斥，因为他们更喜欢专注于自己的事情。如果所有的预防措施同时发挥作用，执政官们就不会受到贪欲的诱惑。穷人将会感到，更为可取的还是赚钱的职业，而不是难以胜任且没有报酬的职位，富人将会担任官员，因为他们不需要物质回报。

这些原则并不是对现代国家的所有事务都适用——有些事务要求超出一种任何个人财富的财富——但是，没有什么东西能够妨碍它们对代表职责的适用性。

迦太基人早已划分了这种区别：所有民选官员都没有报酬，但其他官员都有薪俸。

我认为，在无财产者没有政治权利的政体下，国民代表没有任何薪俸是合乎自然的。如果把穷人排除在国民代表之外，只有富人有权代表国民，却又把他们作为穷人对待，为他们支付薪俸，这难道不是一个令人憎恶的荒唐矛盾吗？

野心引起的腐败，远不如卑劣的自私自利产生的腐败那么可恶。野心可以同许多襟怀坦白的品质并行不悖，如忠诚、勇敢、无私、主见，贪婪却不能与这些品质中的任何一种并存。让有野心的人远离官位是不可能的，但我们至少可以从他们中间清除那些贪得无厌之徒。这样，我们就会使竞争者大量减少，那些被排除的人将真正是最不值得尊重的人。

但是，有一个条件对于无报酬的代表职位来说是必不可少的：它们必须是举足轻重的职位。没有人希望履行轻微得无足挂齿、而一旦他们停止履行这种轻微职责反而会蒙受耻辱的无薪职责。确实，在这样一种政体下，根本没有代表职务也许会更好一些。

论财产条件

我们的宪法没有就行使政治权利所要求的财产资格作出规定。因为这些权利已经授予了选举团，因此它们已被掌握在有产者手中。但是，如果这些选举团被直接选举所取代，那么一定的财产限制是必不可少的。

没有人会认为，无论处境如何，居住在一国领土上的所有个人都是那个国家的成员。我在这里谈论的不是古代世界奴隶与自由人的划分，也不是现代国家贵族与平民的划分。最纯粹的民主政体规定了两个阶级：一个阶级包括外国人和没有达到行使公民权利的法定年龄的人；一个阶级由达到法定年龄的人并出生于该国的人组成。因此就有了一个原则，它可以认定那些聚居在同一领土上的个人是不是国家的成员。

这个原则很明确，为了成为共同体的一名成员，必须要有一定程度的思维能力，并与共同体的其他成员有着共同的利益。低于法定年龄的人被认为不具备那种程度的思维能力，外国人被认为不会被那种利益所左右。证据就是，前者只有在达到法定年龄时才能成为这一政治共同体的成员，后者可以因为居住、财产或他们亲戚的原因而成为共同体的成员。人们假设上述两个条件能够给前者提供必需的思维能力，给后者提供规定的利益。

不过，这项原则还需要进一步扩展。在我们的现代社会，在本国出生并达到法定年龄，并不是对行使公民权的资格给予认可的充分理由。由于贫困而永远处于依附地位的人，以及迫于贫困而不得不天天辛苦劳作的人们，对公共事务既不会比儿童们有更多的见识，对国家的繁荣也不会比外国人更为关切，他们对这些事情的主要内容一无所知，只是间接分享着它们的好处。

我不想以任何方式非难劳动阶级。作为一个阶级，它的爱国心绝不逊于其他阶级。它经常准备做出最光荣的牺牲，而且它的贡献更令人钦佩，因为它并没有得到财富或荣誉的回报。不过我相信，激励一个人勇敢地为国捐躯的爱国主义，和能够使一个人充分理解国家利益的爱国主义，是截然不同的。对于法律所规定的出生地和年龄的条件，必须用进一步的条件加以补充。这个条件就是获得思维能力和判断能力所不可缺少的闲暇。只有财产能使人们具备行使政治权利的能力。

有人会说社会的现状是：由于有产者和无产者以无数不同的方式混杂在一起，分不清彼此，这就至少给后者提供了一部分与前者相同的利益和财产；工人对和平与安全的需求并不比有产者更少；从权利和实践上说，有产者不过是所有个人中间的那些共同财富的分配者，秩序与和平将有利于一切才能和资源以及一切个人财产的发展，这对所有人都有好处。

这些说法的缺陷是它证明得太过头了。如果这就是结论，那就没有理由拒绝给予外国人公民权。欧洲的商业往来使得让和平与幸福主宰所有国家成了绝大多数欧洲人的利益所在。推翻一个帝国，不管多么理所当然，都会损害那些通过金融投机把自己的命运与那个帝国绑在一起的外国人，就像损害它自己的居民——无论他们是不是有产者——一样。这已经被事实所证明。在最残酷的战争中，一个国家的店主们却会经常表现出这样的愿望——敌对民族不要遭到毁灭，有时甚至还为这个目标做出努力。然而这种不明确的考虑，并不足以把外国人提升到公民的地位上。

需要注意的是，无产者的目标只是想得到一些财产：一切你能允许的手段都会被用于这个目标。如果除了你应当给予他们的运用其才能与勤奋的自由之外，你再给他们加上你不该给予他们的政治权利，握在绝大多数人手中的这些权利不可避免地会被用于侵占财产。他们将使用这种不正当的手段而不是遵循人间正道——劳动——去追逐财产。这将成为他们堕落的根源，对国家来说则是动乱的根源。一位著名作者早已无懈可击地指出，如果无产者享有政治权利，可能出现三种情况：他们可能会完全随心所欲，从而对社会造成破坏；他们可能会受到一个或一群掌权者的操纵，从而成为暴政的工具；最后，他们可能会在权力追逐者的率领下，一起成为宗派工具。所以，你需要财产资格，而且，你既需要选举人具备财产资格，也需要那些符合条件的被选举人具备财产资格。

凡有代议制议会的国家，至关重要的就是应该由有产者组成那些议会，而不管它们如何去组织。一个单独的个人，可以凭他的突出业绩感召大众，但是，政治团体为了维持大众的信任，需要享有与他们自身责任明显一致的利益。一个民族总是期望汇集在一起的人们接受他们自身利益的引导。无疑，多数有产者是热爱秩序、正义和保守的。所以这些人会发挥有益的作用，这不仅是因为那些真正属于他们的品质，更是由于人们普遍认为那些品质确实属于他们，人们认为他们深谋远虑，以及他们唤起的对自己有利的先人之见。在立法者当中安排无产者——尽管用心良好——引起的有产者的焦虑，会使其阻挠他们的所有议案，会使最贤明的法律也受到怀疑并因此而遭到违抗，而与此相反的制度却会赢得大众的舆论，即使它是处在某些方面有缺陷的统治之下。

在我们的革命时期，有产者确曾与无产者沆瀣一气，制定了一些荒谬的破坏性法律，原因是有产者害怕无产者被授予权力。他们希望自己的财产能够得到宽恕，他们还担心会失去曾使人们唯唯诺诺的东西。在这种情况下，他们会效仿那些想要得到却从未得到过任何东西的人们的暴戾。有产者的错误或罪行是无产者的影响造成的后果。

但是，如何规定财产资格才算公平呢？

在财产上可以做这样的限制，使拥有者只是表面上的有产者。有位作者曾对这个问题作过令人赞赏的论述，他说：不管是谁，只要土地收成的总量不足以维持一年的生计，而且并非被迫地去为别人扛活，他就不是一个地道的有产者。由于他的财产数量不足，他发现自己仍然处于靠薪金维持生活的阶层。有产者主宰着他的生活，因为他们可以不让他干活。只有当他拥有了能够摆脱外部意志而独立生存的必要收入时，他才能够行使公民权。降低财产条件是虚幻不实之策，提高财产条件则是不公正的。

不过我认为，任何一个在一块长期租借的农场上拥有足够收入的人，都应被视为有产者。就目前法国的财产状况来说，不可能被驱逐的农民与仅仅吃地租的公民——表面上的地主——相比，更算得上真正的地主。保证前者拥有与后者相同的权利是公正的。有人会反对说，一旦租期结束，农民就会失去地主的地位，对此我的回答是，任何一个有产者，随时都可能由于什么意外而丧失他的财产。

有人会注意到我讲的只是地产，大概他们还会争辩说，还有其他几类财产，地产只不过是其中之一。宪法本身承认这个原则，因为它为之授权的代表不仅来自土地，也来自工业。

我必须承认，如果这项条款带来的结果是让地产和工业财产平起平坐，我将毫不犹豫地谴责它。

工业财产缺乏地产的若干优点，而恰恰是它们构成了保守精神——此为政治联合体所必需的——那些优点。

土地使事物所具有的性质，影响着人类的品德与命运。耕作者献身于这项稳定而进步的职业，由此养成了规律性的习惯。冒险活动是道德混乱的主要根源，但它从未影响过耕作者的生活。任何中断对他来说都是毁灭性的；任何冒失行为都必然会造成损失；他的成就是缓慢的；他不能靠鲁莽的碰运气的行为加速或增进成就；他靠天而不是靠人吃饭。所有这些因素赋予了他冷静的品质，给了他安全感与秩序感，使他依恋于这份同他的生计与安宁息息相关的职业。

工业财产只能靠它带来的实际收益或收益前景影响人类。它很少为人类生活注入稳定性。与土地相比，它的人为因素多而恒定因素少。它常常是由偶然成交的行为所构成。它的成就来得快，但是冒险活动在其中扮演着更为重要的角色。工业财产缺乏一种必要的成分，即培养习惯和很快需要一致性的缓慢而稳健的进步。它不会让一个人独立于其他人，恰恰相反，它把他置于对其他人的依赖之中。虚荣，这个盛产政治骚乱的因素，经常对工业家造成伤害，却几乎从未给农民带来烦恼。后者平心静气地算计着四季的流转、土壤的禀性、气候的特征；前者算计的是富人的幻想、傲慢与奢侈。一个农场就是一个微型的祖国，一个人生于斯，长于斯，在围绕着农庄的树木中得到养育。从人的想象、回忆和道德的角度看，工业财产根本不值一提。人们会说，我祖先的牧场、我父亲的小屋如何如何，但决不会说我父亲的铺子和作坊如何如何。地产的各种改进离不开接受改进的土壤，它们是它的一部分。工业财产则不在乎改进，它需要的是增长，而这种增长可以随人们的兴致的变化而变化。

关于他们的知识素养，耕作者远比工匠优越。农业需要的是能够使人据以作出判断的一系列观察与经验，因此，农民那种准确可靠的判断力给我们留下了深刻的印象。工业职业则往往受劳动分工所限，都是些纯粹的机械操作。

土地把人和他所生活的故乡连结在一起，在他周围设置了屏障，通过利益培养了他的爱国精神。在政治关系上，一旦财产权的价值降低，土地的优点和工业的缺点便会同时增强。工匠如果流离迁徙，他几乎一无所失，小土地所有者却可能由于背井离乡而倾家荡产。不同类型的财产对有产者下层的作用尤其值得注意，因为正是这些阶层构成了真正的多数。

先不论地产有什么卓越的道德意义，仅仅是它为所有者带来的地位，就足以使它有利于公共秩序。拥挤在城镇的工匠们会受到各种帮派的摆布，而把农民召集到一起对他们进行煽动，几乎是不可能的事情。

亚里士多德认识到了这些真理，他着重强调了农业阶级和商业阶级各自具有的特点，他的选择是偏爱前者。

毫无疑问，工业财产提供了巨大的好处。工商业利用信用，创造了一个捍卫自由的新手段。地产保证制度的稳定，工业财产则能确保个人的独立。

因此，商人的活动和财富使他们所居住的国家备加繁荣，拒绝给予他们政治权利，既不公正，也是一种轻率行为，因为这样做会促使财富对抗权力。

而且，只要我们深入思考一下，就很容易看出，这种排斥的做法不会影响那些难以排斥的工业家。实际上几乎所有这些工业家同时也是地主。至于那些除了勤劳便一无所有的人，他们由于任何制度都无法克服的必然性，注定要去从事机器般的劳动，他们被剥夺了任何自我教育的手段，而且能够出于最纯洁的意图，让国家去承受他们不可避免的错误所造成的后果。这些人必须受到尊重，他们必须得到保护以反抗一切由富人带给他们的不幸，使他们摆脱一切强加于他们的劳动的障碍，使他尽可能从自己的勤奋劳动中获得好处。但是，一定不能带领他们进入一个命运并未向他们发出召唤的新领域，他们在那里的参与是毫无价值的，他们的热情预兆不祥，他们的无知充满危险。

然而，我们的宪法决意要表明它对工业的过分关切，为其设立了特别代表。不过，它明智地把那个阶级的代表数额限定为代表总数的约二十七分之一。

有些作者以为他们能够划分出第三种财产。他们把它叫做知识，并且煞费苦心地捍卫这一主张。他们争辩说，一个在自由职业界出类拔萃的人，比如一位律师，他对自己栖身的故乡的强烈依恋，一点也不逊于地主。后者转让家产要比前者出让名声容易得多，前者的财富寓于他所赢得的信任之中。那种信任的基础就是他多年的工作、见识、能力以及所提供的服务，就是人们在困境中养成的向他求助的习惯，就是他对当地情况的了解，那是他长期以来积累的经验。迁徙他乡会使他们丧失这些优势。他会因为身处异乡不为人知这一事实而变得一无所有。

不过，被称为财产的知识，只是一些意见而已。如果允许任何人把它分配给自己，无疑人人都会声称拥有这种财产，由此政治权利将不仅会变成一种社会特权，而且会成为一种才华的证明，而否认自己有这样的才华，确实是一种罕见的无私与谦逊。如果必须授予这种知识财产是别人的意见，那么这种意见就必须靠它的必然结果——成功与财富——来证明自己。拥有财产将是任何杰出人物的天然命运。

此外，还有一些更为重要的问题需要考虑。自由职业如果想证明自己对政治讨论的影响不具破坏性，它可能比任何其他职业更有必要与财产联系在一起。这种职业在许多方面都值得称道，但在它们的优点中，未必总是包含着将切实可行的公正同观念相结合的优点，而这种公正原则是评价人们的实际利益所必需的。在我们的革命中，我们曾看到文学家、数学家、化学家沉湎于夸夸其谈的见解之中，人们很难否认，他们在其他方面确实见多识广，值得尊敬，但他们一直离群索居。有些人已经习惯于想入非非；另一些人则只关心精确的证据；第三种人通过观察再生与死亡的自然规律，对事物采取了超然的立场。他们殊途同归，全都鄙视对事实的思考，鄙视触手可及的真实世界，像空想者一样分析社会状况、像几何学家一样分析激情、像物理学家一样分析人类的苦难。

　　如果连上等人都难逃这些错误，那么，等而下之的候选人、失败的妄想者还有什么过失会出乎我们的预料呢？遏制受到伤害的自尊、遏制令人痛苦的虚荣、遏制那些怨恨、焦虑和因发觉自己被遗弃而对社会不满的原因、遏制所有那些对似乎没有公正鉴别力的人加以仇视的原因，是多么刻不容缓！一切知识活动无疑都是高尚体面的，它们都应受到尊重。我们的第一特性，我们特有的品质，就是思想。谁能运用思想，谁就有资格得到我们的尊敬，这同成功与否完全无关。谁侮辱或拒绝思想，谁就是放弃了人的称号，自绝于人类。然而，每一门科学都赋予探索者的个人精神一种偏执的方向，事实证明这在政治事务中是危险的——除非它能受到制衡，这种制衡的力量只能在财产中找到。惟有财产能在人与人之间建立统一的联系，财产能防止他们轻率地牺牲他人的幸福与安宁，因为他们自己的幸福与安宁也会面临那种牺牲，因为他们要为自己考虑，财产将重新确立他们和联合体其他成员之间的众多关系和共同利益，迫使他们从完全异想天开的理论和完全不着边际的高谈阔论中走出来。

　　我们不应认为这种预防措施仅仅有助于维护秩序；事实上它对于保护自由也至关重要。有些科学有时候会稀奇古怪地结合在一起，在政治动乱时期能使人们着迷于一些不可能兑现的自由观，在另一些时期则使人们对专制统治逆来顺受。学究们很少受到非正义权力的折磨，权力所憎恨的只是思想，它非常喜欢把科学当成统治的工具，把精湛的技艺看作被统治者的娱乐方式。因此，有些人从事的研究事业同生活的实际利益毫无关系，这使他们免遭权力的压迫，权力从不把他们视为敌人；这样的人通常都不会遭受压在其他阶级身上的滥用权力之害。

论代议制议会的辩论

我们应该把一项重要改进归功于现行宪法——恢复议会中的公开辩论。

共和八年（1799）的宪法禁止议会中的公开辩论；《钦定宪章》开了禁，但施加了许多限制，只许两院中的一个进行公开辩论，同时用一种无法给予合理解释的神秘气氛笼罩着另一个议院的所有审议。我们又回到了简单的观念。我们知道，我们集会就是为了相互理解，要做到相互理解就必须说话，而且，代表们无权与他们的选举人争长论短，因为选举人有权了解自己的利益正在如何被处置。

在即将对我们发生效力的宪法中，有一条用心良苦但却受到批评的详细规定，它极有助于保证使公开辩论产生有益的结果。这就是禁止书面发言的规定。我同意，这更像是一条行政规定而不是宪法条文。滥用书面发言已经对我们议会程序产生了如此大的影响、造成了如此严重的扭曲，令人感到幸运的是，它终于得到了矫正。

只有当演说者不得不大发议论时，才能产生真正的辩论。被刚刚听到的论证所打动的每一个人，自然会对它们做出评价。那些论证甚至会在他不知不觉中刻入他的脑海。他无法把它们从自己的记忆中消除。他现在遇到的看法，将会融入并修改他已经持有的看法，促使他回答从不同观点提出的同一问题。

如果演说者只是朗读他们在默默的研究中写出的东西，那就不再是辩论，而是阐发。他们不再倾听，因为他们听到的东西无论如何都未必能改变他们打算说的话。他们会等着发言者结束发言，然后再去占据他的位置。他们不会评价发言者所捍卫的观点,他们计算着他占用的时间,认为那是有意拖延。这样就没有了讨论,每个人都在重复着已经遭到驳斥的反对意见。每个人都把他并未预期的事情搁置起来,所有可能打破局面的事情都已提前完成。发言者接踵而至,但没有交流;即使他们还有相互辩驳,也是偶然现象。他们好像是行进方向相反的两支军队,擦身而过却难得相互看上一眼,甚至不愿抬眼相望,因为害怕偏离已经不可改变的既定路线。

在仅由书面发言构成的辩论中,这既不是惟一的,也不是最令人忧虑的缺陷,还存在着另一个更为严重的缺陷。

在我们中间对井井有条的秩序和自由最具威胁性的事情,既不是夸大其辞或者谬误,也不是无知,尽管我们并不缺乏这些毛病,毋宁说,它是哗众取宠的需要。这种需要堕落成一种暴戾,是更加危险的毛病,因为它并非产生于人类的本性,而是一种社会产物,是一种古文明和一个大都市留下的人工产品。所以,它不会自我约束,不像那些天然的激情一样能够自行消耗殆尽。情操阻止不了它,因为它与情操毫不沾边。理性对它一筹莫展,因为它并不打算被人说服,而是要去说服别人。甚至疲劳也不能使它平静下来,因为身体力行的人注意不到自己的感觉,只想看到它在其他人身上产生的作用。见解、雄辩、情感,一切都变成了手段,人本身则转化为自己虚荣心的工具。

在一个有这种倾向的民族中,必须以力所能及的手段,尽可能地剥夺使属人拥有产生任何影响的机会。我说任何影响,是因为我们的虚荣心很低贱,而且无拘无束:它渴望一切,但又能被一点点东西所满足。看看它提出来的要求,你会认为它贪得无厌。但是,看到它墨守着最微小的成就,你又会羡慕它的俭朴。

现在,让我们把这些真理应用于我们的正题。你希望我们的代议制议会保持理性吗?那就让那些想在议会中出人头地的人拿出天赋来。多数人都会寻求理性的庇护,这倒无伤大雅。但是,如果你向那个多数开放了一种任何人都能有所斩获的行当,那就没有人会打算放弃那个好处。每个人都将纵情于雄辩滔滔的时刻，陶醉在名扬遐迩的关头。任何能够制作或者能够捉刀制作书面发言的人，都是想要表明他的合法存在。议会变成了学院，但区别在于，那种学究式的夸夸其谈却在决定着公民的命运、财产甚至生命。

我实在不愿列举那些令人难以置信的证据，以展示这种出现在我们革命最悲惨时期的欲望。我看见代表们到处寻找发言的题目，以便他们的名字不至于在方兴未艾的伟大运动中被淹没。一旦找到题目，写好发言，那么，结果如何对他们来说是无关紧要的。禁止书面发言，我们将在我们的议会中开创原来一直缺乏的局面，就是说，沉默的多数为出类拔萃之辈的优势所倾倒，不得不在一种无力进行交流的地位上聆听他们的发言，而且变得更为开明，因为谦恭已不起作用，也变得更为理性，因为它保持了沉默。

大臣们出席议会，极有助于表明他们参加辩论是多么具有合理性。大臣们自己也要讨论行政管理所必需的法令，他们将提供惟有通过实际统治才能积累起来的实际知识。反对党看上去将不再势同寇仇，坚持己见将不会演变为冥顽不化。政府会听从理性的反对意见，修改已经批准的建议，解释含糊不清的构想。权力将能够恰如其分地向理性表示敬意而不致受到危害，并能运用理性的武器保护自己。

然而，当大臣们不是以大臣的身份参加议会，而只有经国民选举才能成为议会成员的时候，我们的议会是不可能达到代议制度能够达到的完美程度的。让内阁与代表互不相容，是我们过去的宪法所犯下的一个极大错误。

如果人民的代表经常被排除在权力运作之外，我们有理由担心，他们会把权力看作自己的天敌。反过来说，如果大臣们能被接纳进议会当中，那么，雄心壮志将会引导他们只反对人，而尊重制度。因为他们的攻击目标是个人，他们对整个议会并没有多少危险。没有一个人想要打碎一件他有望加以利用的工具。对同一个人来说，如果行政权总是让他难以企及，他就会试图削弱它的力量；如果这种力量有可能在某一天为他所有，他反而会善待它。

我们在英国就可以看到这样的例子，内阁的敌人在内阁的权势中看到了自己未来的权力和力量：反对党对待政府的特权一如对待自己的遗产，而且尊重目前仍被敌人使用的手段，因为将来自己也可能去使用。如果宪法使各党派生出这样的认识，即每一派只有无视宪法才能得到另一派的地位，那就是一个极大的罪恶。不过，只要行政权凌驾于立法权之上，对立法者来说行政权总是象征着障碍而决不象征着希望，就会发生这样的事情。

我们不能一厢情愿地认为，可以在一个我们指望能够保护自由利益的政治组织中消除党派之争。因此，重要的是尽力使那些党争不至于变成祸害，而且，由于它们必定有获胜的机会，所以必须事先预测并削减它们胜利的后果。

如果大臣也是议会成员，那么一旦犯了过失，他们更容易受到抨击。无需控告他们，只需质问他们就够了。同样，如果他们是无辜的，他们为自己辩护也更为容易，因为他们随时都能解释他们的行为动机。

如果我们在无需把权力联合起来的情况下，也能把个人联合起来，那我们就能组成一个和谐一致的政府，而不是组成两个武装起来的兵营。

另一个结果是，一个无能的或不被信任的大臣不可能保住他的权力。在英国，如果大臣发现自己处于少数地位，实际上就等于丢掉了他的位子。

论立法创制权

我相信，关于立法创制权的宪法规定，其含义一直受到普遍的误解。《钦定宪章》几乎否定了曾经授予两院的全部立法创制权，后来又出现了多少有点非法的进展：代表们自称有权公开提出议案，而大臣们则宣称他们才应当拥有这一特权；当某个议案得到接受时，笨拙而繁琐的规则又在阻碍它的进展。总而言之，在1814年宪法中，创制权只是一种不充分的手段，而且与宪法的本意相反，它总是处在这样的危险之中：被某些更为严苛的宪法解释排挤掉。

另一方面，在我们的《宪法法案》中，两院的创制权同英国国会被授予的创制权之间只有一个区别：国家元首不必行使否决权，它被代之以沉默。然而，当舆论要求采纳人心所向的措施时，一个代议制政府能够仅以长久的沉默来作出反应吗？难道这就是一个接受舆论监督的政府的特征吗？因此，创制权实际上正在全面归还给国民的代表，因为每当他们认为方便的时候，他们就会重新提出议案，这是他们曾经拥有、却被《钦定宪章》第21条剥夺了的权力。

我对立法创制权的看法丝毫未变：在我看来———一年前我就这样看———它是国民代表的权力中一个必不可少的组成部分。毫无疑问，不能不把它给予大臣们。它确实是他们表达政府意愿的特权，正如它是代表们表达人民意志的特权一样，但是，必然要发生的是，政府几乎永远不会去使用这种特权。占有两院席位、跻身于代表行列的大臣们，将会以这种身份根据国家的形势和需要提出议案。政府会感到，对于自己的尊严来说，等待要比抢先行动更得体。只要它提出立法动议，实际上是在听候两院的裁决。而等待两院的动议，它则会成为两院的裁决者。

在初始阶段，我们应当让我们的宪法机制有机会通过惯例和习俗得以确立和简化。在预测这些惯例和习俗方面常会面临重重困难；因缺乏经验而导致的悬而不决一旦引起不满，它们就能被制造出来。我们应当坚信现行宪法会尽到作用。不能让它毁于轻率的修改，我们应当看一下已有的事物是否真的没有给我们带来同样的好处。宪法在接受实践检验之前，其形式不过是一纸空文，只有实践能够显示它们的作用，确定它们的意义。我们不止一次地借口重建而拆毁建筑。从今以后，我们应当利用那种只有通过实践才能获得的知识，遵循中庸之道，调动聪明才智，在那位最慷慨、最强大的同盟——时间——的帮助下，循序渐进地满足我们所有的局部需要。

论申告大臣不值得公众信任

在去年提出的有关责任问题的方案中，有一项动议认为，如果大臣的管理失误使国家安全、王室尊严或人民自由受到威胁，但又没有直接触犯任何成文法，那就应当用一种外表较为温和的程序来取代正式控告。这个动议就是授予代议制议会申告大臣们不值得公众信任的权利。[8]

我要首先指出，事实上，只有在大臣们失去议会多数支持的时候，才能提出这种申告。如果我们有了我们所需要的、而且是任何立宪君主制都必不可少的东西——我指的是一个步调一致的内阁，一个稳定的多数和一个独立于那个多数的反对派，那么，任何大臣都不可能在没有得到绝对多数选票的情况下保住他的位置，除非要求人民进行新的选举。此时，新的选举将会成为那位大臣所受信任的试金石。因此，我在用以取代控告的这种申告里面，只看到对一个不言而喻的事实的陈述，舍此无它。另外，我相信，这种申告很可能被经常采用，因为它不像正式控告那么庄严，看上去也没有那么严厉。如果你担心控告本身可能被用得太多，那是因为你假定议会喜欢宗派活动。但是，如果议会确实喜欢宗派活动，它更有可能去诽谤大臣，而不是控告他们，就像不必申告——其实这对他们毫无损害——也能诽谤他们一样，而诽谤既不需要什么调查，也不需要什么证据，简言之，那纯粹是在发泄报复欲。如果议会不喜欢宗派活动，为什么我们应该发明这样一个在此处无用、用在别处又充满危险的办法呢？

其次，如果大臣受到控告，一个法庭就要受命进行审判。这个法庭将通过它作出的无论什么判决，在政府与人民代表之间重建和谐。但是，没有哪个法庭能够对那种令人生疑的申告作出判决。这种申告是一种敌对行为，由于没有确定无疑的必然结果，它的潜在影响会更可悲。这等于是国王与人民代表迎面相对，而你却失去了一个巨大优势——拥有中立权力在他们之间进行仲裁。

再者,这种申告是对王室特权的直接攻击。它对国王的选择自由提出质疑。控告就不是这样。大臣们可能成为罪人,但不能说在他们成为罪人之前,国王任命他们是犯了错误。当你控告大臣时,你攻击的只是大臣本身,而当你申告他们不值得公众信任时,等于是君主也受到了控告——既包括他的意图,也包括他的判断力,这是在立宪制政府中绝对不能发生的事情。

立宪君主制中的王权,其本质就是归它所有的任命权的独立性。国王决不以他自己的名义行事,他被置于一切权力的顶峰,又创造了一些权力,节制了一些权力,以这种方式指导政治生活,调整政治生活,但不参与政治生活,他的不可侵犯性正是派生于此。因此,我们必须使这个特权保持完整和受到尊重。他的选择权决不能受到挑战。议会决不能自称有权拒绝,如果它一意孤行,那就意味着任命权的结束。

但愿我不会被人指责为热衷于绝对权力。我希望王权拥有无尽的活力,受到无上的崇敬,这对人民的安宁和王权的尊严都是不可或缺的。

让议会的审议保持充分的自由。让新闻摆脱一切障碍,给它们以帮助、鼓励和启蒙。让反对派享有毫无顾忌地进行讨论的权利。不允许使用违宪手段剥夺内阁享有的多数。但是,不要为它规定一条一旦开放就会使它一意孤行的道路。得到提议的申告权,根据情况的不同,或是会成为没有结果的手段,或是成为一件党争的武器。

我还要补充的是,对于大臣本身来说,尽管有时会受到控告——或许是轻描淡写的控告——但也比随时面对含糊其辞的申告要好得多,在申告面前保护他们将会难乎其难。大臣的辩护人为他进行辩护的一个重大理由,就是这样一个简明的短语:控告他!

我已经说过,但我再重复一遍:大臣是否享有信任或是否引起了怀疑,要看多数人是支持还是抛弃他。这就是合法的途径,是宪法精神的体现。寻求其他途径是毫无意义的。

注释：

[1] 个人的这些基本权利不一定会由于所有权力联合在一起而受到公开侵犯。但这些权力的联合必将能够支配与那些不容侵犯、不可剥夺的权利不相违逆的一切。因此，在英国，国王与两院的联合能够导致他们认为必须由政府和行政当局进行合法干预的一切变革。……英国贵族有一句格言，"我们不想改变英国法律"，这要比"我们不能改变英国法律"——假如他们真这样说的话——更为合理。人们由于不想改变法律而拒绝这样做，那可能说明它们有着内在的好处，或是不宜进行直接的变革。但是，如果出于我所无从理解的神秘的不可能性而加以拒绝，那就令人不可思议了。

宪政很少产生于人们的意志，是时间产生了它们。它们几乎是在不知不觉中逐渐形成的。有些情况使制定宪法变得必不可少，但此后便没有什么必不可少的事情了。应当给时间和经验留出余地，这两种改革的力量将会指引你运用业已合法掌握的权力，去改善已经做到的事情，并完成尚未完成的事情。（《宪政反思》，159—166页。）

[2] 我这里谈到的英国大臣对国民舆论的尊重或关切，不幸仅适用于他们的内政。如果战事再起，他们就不再以任何借口、任何理由对那些以最温和的方式表达出来的最明确、最真挚的和平意愿作出反应，这就再清楚不过地证明，只要涉及大陆事务，这个内阁既不会征求人民的意见，也不会顾及人民的理性和利益。

[3] 非常奇怪的是，一种有点混乱的直觉总是在提醒人们注意我在本章阐述的这个真理，尽管这种直觉从未得到明确表达；而正是因为从未得到明确表达，它才容易导致危险的错误。

因为许多人都模糊地感到王权实际上是一种中立的权力，权限受到约束，没有什么不可接受的特权，于是人们便得出结论认为，授予它这些特权并无害处。由此，中立便遭到了破坏。

如果有人建议授予大臣们凌驾于个人自由之上的专断权力,那么人人都会反对这一建议,因为臣权的性质总是涉及到所有人的利益,如果授予他们这种专断权力,则危害立见。不过人们却习惯于把这种权力授予国王,因为他们被认为是公正无私的,正是由于这种让步,他们就会以公正为借口去摧毁公正。

任何专横的权力都与王权的性质背道而驰。因此,往往就会出现这样的局面:要么专断权力成为臣权的特性,要么国王本身不再保持中立而变成一个更为可怕的大臣,因为他把他所具有的不可侵犯性同那些他决不应当具有的特性融为了一体。在这种情况下,那些特性将会打破一切和平的前景和一切自由的希望。

[4] 我这里指的不是党派问题,在这方面,在动荡时期,学问并没有力量。我这里谈论的是政治经济学问题。

[5] 显然,我在这里使用责任一词并不是指法律责任,而是指意见的责任。

[6] 共和四年(1796)有三分之一被清除。共和五年(1797)有三分之一被驱逐。共和六年(1798)有三分之一遭否定。共和七年(1799)有三分之一获胜并造成破坏。

[7] 专制政治的信徒也会宣称国王并不仅仅是个人,但他们却由此推断说国王可以为所欲为,他的意志可以替代法律。我认为,一位立宪国王不仅仅是个人,但这是因为,如果没有大臣,国王不可能做任何事情,而他的大臣如果撇开法律,也同样不能做任何事情。

[8] 有人责难宪法规定的控告与审判大臣的形式太费时间,我想,没有必要在这里回答这种责难。如果有人发现审理那些最为复杂的案件并宣布那些掌握着国家命运的人们的去留荣辱,40天的时间间隔还算太长,那他肯定是个草率行事的人。

论市政权力、地方当局和一种新型的联邦制

宪法没有论及市政权力,也没有论及法国各地地方当局的组成。

一旦恢复了和平与安宁——这是改进我们内部组织所必不可少的——国民代表们必须关注这一问题。确实，这是继国防之后最值得他们注意的事情。因此，在这里讨论它并没有离题。

对我们的事务进行管理是我们大家的事情，也就是代表们的事情。只与几个人有关的事情，只能由那几个人来决定；只与个人有关的事情也只能由那个人单独决定。只要普遍意志偏离了本分，它就不应比个人意志更受尊重，这一点无论我们重复多少遍都不能算多。

让我们想象一下有个由一百万人组成的民族，它被划分为人口不等的公社。在每个公社，每个人肯定都有些只和他自己有关的利益，所以，那类事情肯定不能由公社管辖。他还会有一些与公社其他居民有关的其他利益，而那些事情就属于公社的权限。同样，这些公社将有一些只和自己的内部组织有关的利益，以及一些可能涉及整个地区的利益，前者将纯粹由公社考虑，后者将关系到整个地区，等等，直到那些由构成该民族的一百万人中的每个人共有的普遍利益。显然，只有对这最后一种利益，全体居民或它的代表才拥有合法管辖权。假如他们干涉地区、公社或个人的利益，那就是越权。同样，地区干涉了公社的特殊利益或公社侵犯了某个成员的纯粹个人利益，都是一回事情。

国家权力、地区权力和公社权力，每一种权力都必须恪守本分，这一点将指引我们确立一个我们认为十分重要的真理。地方权力至今仍被视为行政权的一个依赖性分支。恰恰相反，尽管它肯定不会侵犯后者，但也肯定不是看它的眼色行事。

如果我们把小团体和国家两者的利益都托付到同一双手中，或者说我们让前者的保管人成为后者的代理保管人，那么各种不同类型的危害就将接踵而至，就连那些看上去互相排斥的危害也将共生并存。法律的执行将经常受到阻碍，因为法律的执行者同时又是那些他们管理着的人们的利益的保管人，他们会牺牲本应由他们执行的法律而去关照他们受托保护的利益。再者，被管理者的利益也将会经常受到损害，因为管理者将总是渴望取悦上级权力，而且这两种罪恶一般总是同时出现。普遍性法律的执行情况会很糟，局部利益也难以得到保护。只要反省一下我们已经见识过的不同宪法中的市政权力组织，任何人都会确信无疑，为了使法律得到贯彻，由行政权做出某些努力是必不可少的，同时在市政权力一方，也总是会存在着无言的反对，或至少是消极抵制。头一种权力不断受到的这种压力和第二种权力的默默抵抗，永远是造成解体的紧迫原因。我们仍然记得行政权抱怨——在1791年宪法统治下——市政权力与它的长期对立；而在共和三年（1795）宪法统治下，地方行政机构却是呆头呆脑、软弱无力。事实上，在头一部宪法统治下，地方行政机构的官员根本就无人服从行政权；而在第二部宪法统治下，地方行政机构的依赖性却又如此之强，以致了无生气、心灰意冷。

只要你把市政权力的成员变为行政权的下级代理，那就必须给予行政权罢免他们的权利，这样一来，你的市政权力就完全可能成为一个十足的幽灵。如果你把他们交由人民选举，这种任命只能用于给它提供一副承担公众使命的外表。这将把它置于同上级权力对立的地位，并强加给它一些没有机会完成的责任。人民选出自己的管理者，却只能眼看着自己的选择归于无效，并将不断受到一种异己力量的伤害，这种力量打着普遍利益的幌子，却在损害本应完全不受普遍利益支配的个人利益。

在行政权看来，提出罢免理由的义务，是一种幼稚可笑的走形式过程。由于无人能够判断它的动机，这种义务会促使它不得不让那些被它选中罢免的人名声扫地。

在行政过程中，市政权力必须在司法秩序中占据正义与和平的位置。它是一种仅与受其管理的人有关的权力，或者说，它是由他们授权的代表，负责那些仅与他们自己有关的事务。

有人会反对说，被管理者将不愿意服从市政权力，因为它周围并不具备足够的力量。我的回答是，他们将会服从，因为这符合他们自己的利益。密切联系在一起的人们，有着一种不致引起相互伤害、不会导致相互疏远的既得利益，所以在遵守当地的规定时，人们几乎会说那是遵守家规，他们对此已经习以为常。最后，如果公民的违抗给公共秩序带来麻烦，作为公共秩序看护人的行政权就会进行干预，而且它将通过完全不同于市政管理者的直接代理人进行干预。

至于在其他方面，有人过分地把人们想象得天生不喜欢服从。在没有被惹恼或被激怒的时候，人们的天性确实是服从。在美国革命的初期，从1774年9月到1775年5月，国会不过是来自不同地方的立法者的代表团，与自愿和它站在一起的人们相比，并没有任何其他的权力。它既不能支配法律，也不能颁布法律。它只限于向各地方议会提出建议，地方议会则有不予理睬的自由。来自国会的声音没有任何强制力。不过，它得到了欧洲的任何政府都没有得到的衷心服从。我援引这一事实不是把它当做一种类型，而是把它当做一个楷模。

我要毫不犹豫地说：我们必须给国内行政大规模引进联邦制，不过那是一种与我们迄今已知的联邦制截然不同的联邦制。

联邦制这一名称，一直是指政府间的一种联盟，它保留各政府间的相互独立，仅仅是对外的政治关系把它们结合在一起。这种制度极其有害。一方面，联邦国家声称对它们本来没有管辖权的个人或领土拥有管辖权；而另一方面，在同市政权力的关系上，它们又装模作样地维护一种不应当存在的独立性。这样的联邦制意味着对内的专制统治及对外的无政府状态。

一个国家的内部制度与它的对外关系密切相关，要想把它们一分为二，让后者服从这种联邦关系中的最高权力，同时给前者留下充分的自由，这是荒诞不经的。一个准备和其他人一起进入社会的个人，既有权利、也有利益和责任收集其他人的个人生活情况，因为其他人是在按照自己的个人生活对地履行义务。同样，希望同另一个社会结盟的社会，也有权利、责任和利益熟知对方的内部制度。事实上，在他们之间必须建立一种相互的影响，因为它们的制度原则可能会决定它们如何履行各自承担的义务，或者说可能会决定国家的安全，例如在发生侵略的情况下。因此，每个局部的社会、每个集团——即使是它的内部组织——都必定或多或少地处于对这个总联盟的依赖状态。但同时，各个集团的内部安排则必须保持完整的独立性，因为这对总联盟没有影响，就像个人生活中丝毫不对社会构成威胁的那部分生活必须保持自由一样，在集团的生活中，所有不损害整个集合体的集团生活都必须享有同样的自由。

这就是在我看来有益而且有可能在我们中间建立起来的联邦制度。如果我们不能建立这样的制度，我们将永远得不到一种和平而持久的爱国主义。人们对出生地的眷恋，特别是在今天，是唯一真正的爱国主义。我们到处都可以找到社会生活的快乐，唯有习俗和记忆却不能再造。因此，人们必定依恋那些给他们提供了记忆和习俗的地方，而且，为了达到这个目的，至关重要的就是在不损害普遍利益的情况下，尽可能地承认他们在家乡、在社区中的政治重要性。

如果政府对这一趋势不加抵制，大自然就会赞成它们进入这一趋势。只要权力之手一时放松控制，人们对出生地的热爱之情就会从废墟中再生。最小的社区的执政官也喜欢为之润色。他们精心保护古老的纪念物，几乎每个村庄都有一位喜欢详细叙述它的乡村编年史的学者，而且人们都怀着崇敬的心情听他叙述。这一切会使居民们模糊地感到他们正在组成一个国民团体，并以特殊的契约联合在一起——尽管这是虚幻的，却让他们兴高采烈。人们感到，假如他们这种天真而有益的倾向不受妨碍地发展下去，他们也许很快就会使它成为一个社区的荣誉，一个城镇的荣誉，一个省份的荣誉，同时也会成为一种快乐和一种美德。对当地习俗的依恋吸收了一切无私、高贵和虔诚的情感，把它变成一种造反的方式是个令人哀叹的做法。所有的利益都被聚集到首都，在那里，所有的野心家都可以大显身手，其余的人则都停滞不前。个人迷失在违反常情的孤立之中，对他们的出生地茫然无知，切断了与过去的所有联系，被迫生活在匆匆忙忙的现实之中，像原子一样被撒向广阔无垠的平原，没有任何地方能让他们感到自己还有个祖国，对他们来说，整个祖国已变得无关紧要，因为他们的感情在祖国的任何地方都找不到寄托了。

论宪政国家的武装力量组织

所有国家——特别是现代大国——都存在着一支力量，尽管它不是一种宪政力量，但实际上却是一支最可怕的力量：武装力量。

在探讨它的组织这一难题时，人们首先会被无数光荣的回忆和不尽的感激之情弄得无所适从，它们萦绕在我们心头，使我们赞叹不已，心驰神往，难以自制。当然，我们能够回想起立法者们始终对军事力量感到的不信任，我们能够证实欧洲的现状加剧了一直存在的危险，我们能够表明军队——无论它们的基本成分是什么——很难不去本能地养成一种与人民精神截然不同的精神，但我们并不希望不公正地对待那些光荣地保卫过我们民族独立的人，那些以不朽的功绩为法兰西自由奠定了基础的人。当敌人敢于进犯一个身在自己版图之内的民族时，这些公民就会变成奋起抵抗的士兵。他们是公民，他们确实是第一流的公民，是他们把我们的边疆从玷污了它们的外国人手中解放了出来，是他们把那些向我们挑战的国王们打得一败涂地。他们已经获得了荣耀，他们将会再次获得新的荣耀。一次比二十年前遭到他们严惩的那次侵略更不正义的侵略，将会唤起他们作出新的努力，获得新的成功。

然而，特殊的环境与武装力量的常规组织毫无关系，而正是后者稳定的常规状态，才是我们打算讨论的问题。

一副慈悲心肠的梦想家们，经常塞给我们一些解散常备军的书面计划，我们应当从否定这种空想的计划开始。即便这种计划言之有理，它也永远不会得到落实。我们著书立说，不是为了发展空洞的理论，而是——如果可能的话——为了确立实用性的真理。我们首先应当想到，现代世界的形势、民族之间的关系，简言之，即现存事物的性质，使所有政府和所有民族都感到有必要保持一支领取薪金的常备军队。

《论法的精神》的作者并没有根据这些关系阐述这一问题，所以他未能解决问题。他首先认为，军队必须来自人民，并与人民有着相同的精神，为了让它具备这种精神，他建议，那些应征入伍的人应该家境殷实，足以为他们的行为进行担保，而且他们的服役时间应该只有一年。这是两个对我们来说根本行不通的条件。如果有一支常备军，他希望立法权有能力随意解散它。但是，由于这支部队掌握着国家最为实质性的力量，它会毫无怨言地服从一个纯道德的权威吗？孟德斯鸠阐明了事情本应如何圆满，但却没有提供实现这种状态的手段。

如果自由在英国已经保持了一百年之久，那是因为国家内部并不需要军事力量。这种环境——特别是一个岛国——使英国的榜样在大陆国家行不通。制宪会议与这个几乎无法克服的困难进行了斗争。会议认为，把一百万惟命是从的战士交给国王控制，在他任命的指挥官率领下，将会对任何宪法构成威胁。结果，制宪会议把纪律标准放宽到这样的程度：任何根据那些原则组织起来的军队，还不如一个群龙无首的议会更像一支军事力量。我们最初的失败纠正了制宪议会的错误，法国不可能长期遭受失败，它需要经历史无前例的斗争。但是武装力量已经变得比以往更为可怕。

只有当一个民族局限在一片狭小版图之内时，才可能有一支公民的军队。在那种情况下，军队能够服从，而且会理智地奉献他们的服从。他们驻扎在祖国的心脏，驻扎在自己的家乡，驻扎在他们所熟悉的臣民和统治者中间，他们的头脑在某种程度上只有服从的意识，但是，一个庞大的帝国使这种观念变得完全不切实际。它向军队要求的服从，将把他们变成没有头脑的被动工具。只要他们变成那样的人，他们就会丧失所有那些先前能够启发他们进行判断的参照目标。只要一支军队——不管它的构成如何——发现自己到了外国人面前，它就会成为一支既能尽心效力又能造成巨大破坏的力量。把汝拉的居民派往比利牛斯，把瓦尔的居民派往乎日，那些人将按照纪律的要求与当地人隔离开来，眼中只有他们的指挥官，而且只认识这些人。土生土长的公民将会成为遣往他乡的士兵。

所以，在国家内部使用他们，说明国家本身面临着重重麻烦，由此，一支强大的军事力量就会危及自由，正是这一点曾使许多自由的民族遭到了毁灭。

他们的政府为了维护国内秩序而采用了仅仅适合于对外防御的原则。在领土之外，政府有充分的理由要求军队被动服从，然而，在把胜利的军队带回国内之后，他们却继续要求士兵们同样惟命是从以反对自己的同胞。这是两个截然不同的问题。为什么不去要求向一支外国军队进军的士兵们运用他们的理智？因为那支军队的旗帜就表明了它的敌对意图，而这样的证据无需任何检验。但是，对于公民来们说，这种区别就不复存在了。军队缺乏理智在这里有着完全不同的性质。国际法甚至禁止交战国使用某些武器。那些被禁止使用的武器是就各民族之间而言，就统治者与被统治者之间而言，则必须禁止使用军事力量：一个有能力奴役整个民族的工具，用来对付个人犯罪就过于危险了。

武装力量有三个不同的目的。第一是抵抗外国人。为了实现这个目标而把军队部署在尽可能靠近外国人的地方，也就是把他们部署在边境上，这不是自然而然的事情吗？在没有敌人的地方，我们不需要对敌人进行防御。

武装力量的第二个目的是镇压发生在国内的个人犯罪。受命镇压这些犯罪的力量必须完全不同于边防部队，美国人认识到了这一点，在他们辽阔的国土上，没有一个士兵会出现在维护公共秩序的场合，每一位公民都有义务帮助地方行政官履行他的职责，但是，这种义务的缺陷是把可憎的职责强加给公民。

在我们人口众多的城市中，我们的日常生活、我们的商业活动、我们的职业活动和我们的娱乐活动，使我们的关系复杂多样，执行这种法律将会令人不胜其烦，或者更确切地说，是不可能的。也许每天都会有一百个公民因为拒绝帮助逮捕一个人而被逮捕。因此，必须让那些自愿领取薪俸的官员们执行这些令人悲哀的职责。毫无疑问，设立一批人专门追捕自己同胞是件不幸的事。不过，这与强迫所有社会成员向他们看不到正义何在的措施提供帮助、从而使他们的灵魂遭受摧残的罪恶相比，还是一个较小的罪恶。

我们在这里已经有了两种武装力量。第一种由部署在边境，由确保对外防御的士兵们组成。这些力量分布在不同单位，指挥官们只听命于中央权力，这样安排是为了遭到进攻时易于在一个统帅的指挥下统一行动。武装力量的另一部分则用于维持治安。第二种武装力量将不会表现出一个庞大军事建制的危险，它散布在全国各地，它不可能聚集一地，除非它想让四处的罪犯全都逍遥法外。这个团体将很清楚自身的功能是什么，它的用途是追捕而不是作战，是监督而不是征服，决不会体验到胜利的狂喜，指挥官们的名分决不会使它僭越职责，在它的眼中，国家的一切权威都是神圣的。

武装力量的第三个目的是镇压骚乱和暴动。旨在镇压普通犯罪的团体不足以担当此任。但是为什么要动用边防部队呢？难道我们没有由公民和有产者组成的国民警卫队吗？如果这支国民警卫队显得同情叛乱，或者在提醒叛乱者承担合法义务时犹豫不决，那么，我对民族的道德与幸福将会产生极为悲观的看法。

请注意，使一支对付个人犯罪的特殊力量成为必需存在的那个理由，并不适用于公众犯罪。镇压犯罪时的麻烦不是攻击、格斗或者危险，而是在罪犯手无寸铁的时候对他们进行监视、跟踪、用十个人对付一个人，以及拘留和逮捕。但是，在镇压比较严重的骚乱、叛乱和煽动暴乱的集会时，热爱自己国家宪政的公民们，将会像一切热爱宪政的人一样迅速提供帮助，因为他们自己的财产和自由要靠宪政来保护。

有人大概会说，裁减军队，只把它们部署在边境地区，结果将会怂恿邻近的民族攻击我们。这种裁减当然不能过分，总要保留一个武装的中心，围绕着中心的国民警卫队训练有素，将被召集起来抗击外国的进攻。如果你们的制度是自由的，你就用不着怀疑他们的热情。公民们在真正拥有一个国家之后，需要保卫国家的时候他们并不迟钝，他们将会立刻挺身而出保卫自己的独立，因为他们在独立中享受自由。

在我看来，这就是统辖一个宪政国家武装力量组织的原则。让我们满怀感激和热情欢迎我们的保卫者。但是，不要让他们在我们看来是一名士兵，要让他们成为和我们一样的人，成为我们的兄弟。一切军事精神，一切被动服从的理论，一切令敌人对我们的士兵感到惧怕的东西，都应当抛在每个自由国家的边境之外。这些手段对于防备外国人是必要的——即使并未处于战争状态，我们也总是对他们至少有点不信任。但是，公民——即使他们有罪时——却拥有外国人并不拥有的不可剥夺的权利。

（二）论权力和自由

论大臣的责任

关于大臣的责任问题，现行宪法所确立的原则既完全适用又十分全面，它也许是唯一一部做到这一点的宪法。

如果出现了以下三种情况，大臣们就应受到控告和起诉：（1）由于滥用或误用他们的合法权力；（2）由于他们的非法行为损害了与特定个人并无直接关系的公共利益；（3）由于侵犯个人的自由、安全与财产。

我在三个月前出版的一部著作[1]中谈到，由于最后这项罪行与大臣们被合法授予的权力无关，因此他们在这个方面应与普通公民同等对待，交由普通法庭判决。

毫无疑问，一个大臣由于一时冲动而夺去一位妇女的生命，或者盛怒之下杀死了一个男人，就不应把他作为大臣采取特殊的方式予以起诉，而应作为普通法的一名触犯者，接受他的罪行所适用的普通法的惩罚，而且要采取普通法规定的方式。

被法律宣告有罪的任何案件，与绑架案或谋杀案毫无二致。大臣犯有非法侵犯公民自由或财产的罪行，与他大臣职务的身份无关，因为他的权力没有给他非法侵犯任何个人自由或财产的丝毫权利。他是所有其他罪犯的同类，必须像其他罪犯一样受到起诉和惩办。

必须指出，我们任何一个人都可能侵犯个人自由。如果我愿意，我可以雇上四个人在街角等着我的仇人，把他拖进某个隐秘的藏身之处，使他成为我的囚犯而不为人知。大臣未经法律授权而杀死公民，犯下的是同样的罪行。他的大臣职务与他的这种行为毫不相干，而且绝对改变不了这种行为的性质。另外，他的大臣职务也没有授予他无视法律并违反正规程序逮捕公民的权利，如果他犯下这种罪行，那就和谋杀、绑架或者任何其他个人犯罪没有什么两样。

毫无疑问，大臣的合法权力为他实施非法行为提供了更为方便的手段。但是，他的权力的这种用途不过是一种附加的罪行，就像某个人伪造对大臣的任命，以便把他的意志强加于后者的助手一样。这样的人事实上是在模仿一种职责，行使他并不拥有的权力。同样，决定采取非法行动的大臣也是在装成得到授权的样子，其实他从来没有被授予这个权力。因此，就所有那些使平民个人成为牺牲品的罪行而言，他们必须能够采取合法行动反对那些大臣。

普通法庭就这种性质的控告进行判决的权力一直受到质疑。人们各持一端、争执不下，有的认为法庭慑于权贵的淫威而缩头缩脑，有的认为把所谓的国家机密交给这些法庭会有诸多不便。

最后这个问题产生于过时的观念。它是这样一种制度的残余：在这个制度下，人们认为国家安全有赖于专横措施。由于无法证明权力的专横干预具有正当性——因为它完全缺乏法律所需要的事实和证据

——于是，保密被说成是必不可少的。当一名大臣下令非法逮捕和拘禁一位公民时，如果他的辩护人推说采取这种行动的原因是只有大臣本人才知道的秘密，即使不会危及公共安全也不能透露，那真是太容易了。在我看来，我不知道有什么公共安全会不保护个人。我相信，如果公民看到权力带来的是威胁而不是保护的话，公共安全才会格外遭受损害。我相信，专断权力才是公共安全的真正敌人。如果专断权力是包藏在朦胧气氛中，那只能加剧这种危险，公共安全只能存在于正义之中，正义只能存在于法律之中，而法律只能存在于明确的程序之中。我相信，任何公民的自由对整个社会机体都是十分重要的，对他采取任何制裁措施的理由，均应告知他的天良。我相信，这是所有政治制度的主要的、乃至神圣的目标；由于没有一部宪法能够在其他目标中找到它的完全合法性，因此到其他目标中去寻求可靠的力量和持久性是徒劳的。

当有人说法庭对罪犯过于宽大时，可以认为那是由于革命曾把它们推进了一种变动不居、俯仰由人和惊恐不安的状态。政府不明确自己的权利，使自己的利益受到威胁，使自己成为党争的不幸产物和党争激起的仇恨情绪的可悲的继承人。这样的政府既不可能建立也不可能忍受独立的法庭。

我们的宪法规定，从现在开始任命的所有法官今后一律不得罢免，这就给他们提供了已被剥夺了太久的独立地位。他们将会发现，对大臣进行审判就像对其他被告审判一样，不会遇到任何宪法障碍，不会受到任何威胁。而且，从他们的安全感中将会同时产生公正、温和以及勇气。

这并不意味着在大臣们可能侵犯自由的时候，在公民们成了牺牲品却又不敢发出抱怨的时候，国民的代表们已经没有权利和义务做出反应。允许指控大臣危害国家安全或荣誉的同一规定，使我们的代表也有权在大臣们企图实行专横统治时对他们提出指控，因为专横统治与任何政府的安全和荣誉都是完全背道而驰的。公民有权要求避免自己成为牺牲品,我们不能否定他的这项权利,但我们也必须看到他所信任的人们应当能够接手他的案情。这种双重保证既是合法的,也是必须的。

我们的宪法默认了这一点。有待解决的只是把它和大臣本身也应得到的保障合法地融为一体,因为大臣们比普通平民更容易受到攻击,不管他们的感情是否受到伤害,都应得到法律及其形式的公正而充分地保护。

这种情况完全不同于危害公共利益——这与平民个人没有直接关系——的非法行为,也完全不同于大臣们滥用被合法授予的权力。

许多非法行为只对普遍利益有害。显然,只有立法议会才能控告并起诉这种行为。任何个人都不可能从对它们的起诉中获得好处,也没有权利那样做。

更为显而易见的是,大臣们是否滥用了授予他们的合法权力,也只能由人民代表去判定;同时,只有一个被授予特别权力的特别法庭,有权宣布滥用权力的严重程度。

此外,我们的宪法十分明智,它允许我们的代表可以就所有方面的问题提出控告,并且给予了应当宣布判决的法庭以自由裁量权。

从事一场非正义的或毫无意义的战争,可以有许许多多的方式:莽莽撞撞、三心二意或粗枝大叶地进行指挥;谈判时要么毫不通融,要么弱不禁风;用持着各种名义的冒险行动、居心叵测地算计或者欺瞒诈骗去破坏信誉。如果这些危害国家的方式都要由法律——载明或者详加说明的话,有关责任的法规将会变成一部历史和政治专著,即使如此,它的法律规定也只能适用于过去,大臣们很容易为规避未来的责任找到新的途径。

即使在普通法领域一丝不苟地忠实于对法律的字面解释的英国人,难道不是也没有把要由大臣们承担责任的罪行标示得一清二楚,而是仅仅含糊其辞地使用了一些既不能指明罪行的程度,也不能指明罪行的性质——诸如"重罪"或"轻罪"之类——的字眼吗?

我们可以认为，这是把大臣们置于一个非常不利的危险地位。当我们为普通公民要求最细致入微的保护和法律条文的保证时，大臣们却面临着一种由起诉人和法官行使的专断权力。而且，这种专横是不可避免的；它的缺陷必须由庄重的程序、法官的威严和适度的惩罚加以弥补。但是必须确立这样的原则：最好在理论上承认那些在实践中不可避免的事情。

一个大臣拥有的权力，可以使他无需背离任何成文法的规定就能犯下重大罪行，以致我们都来不及事先准备好宪法手段去制止罪行并惩办和罢免罪犯（因为剥夺犯罪大臣的权力比惩罚他们更为重要），只有到宪法之外去寻求那些手段。不得不强词夺理或藐视程序的人们将会变得恶毒、狡诈而狂暴。如果他们看不到任何出路，他们就会另辟蹊径，那将更加便捷，但也更加混乱、更加危险。现实中有一种你用尽浑身解数也难以逃避的力量。假如只把特定的法律适用于大臣们，而这些法律又根本不能涵盖他们的全部行为和他们的一般行政意向，实际上就是掩护他们避开了所有法律，由于那些法律规定既拘谨呆板又不切实际，他们将再也不会受到审判。他们将会受到无情地对待，因为他们令人忧虑，因为他们会犯下罪行，会引起怨恨。

有关责任的法律不可能像普通法一样详尽无遗，那是一种政治法律，它的性质和应用方式会不可避免地包含自由裁量的成分。我认为这是一条原则，但这决不意味着我是专断权力的支持者，能够证明这一点的就是我刚才提到的英国人的例子。不仅自由在他们中间已经持续了134年而没有引起灾难或风暴，而且他们所有的大臣，虽然面对着一种不确定的责任，不断受到反对派的谴责，却只有极少数人被送上法庭，而且根本没有一个人被判处刑罚。

我们的记忆想必不会误导我们。我们一直像挣脱了镣铐的奴隶一样狂乱而暴烈。但是我们今天已经成了一个自由的民族。如果我们想继续做这样的民族，如果我们勇敢而真诚地组织起自由的制度，我们很快就会像一个自由的民族一样平静而明智。

我要继续表明，正如宪法要求的那样，对大臣的起诉必须委托国民代表进行。但是，我想强调指出现行宪法相比先前所有宪法的一个优势：控告、起诉、听证及裁决都可以公开进行，而在过去，这些庄严的程序都是——尽管没有规定，但至少是允许——秘密进行的。

我们在得到授权的人们身上能够发现，他们始终想把自己包裹在神秘气氛之中，在他们看来，这种神秘气氛能够增强他们的重要性。因此，我将重申我在另一部著作中提出的赞成公开控告的观点。

有人宣称，这样的公开会使国家机密任由鲁莽的原告处置，大臣的荣誉会由于不顾后果的控告而频频受害，最后，即便这些控告被证明是毫无根据的，仍会给舆论造成危险地震荡。

然而，国家机密并不像骗子们喜欢宣称的那样丰富，只有无知的人才会相信这种事情。保密只在一些并不多见的临时环境下——例如一场特殊的军事远征，或者危机时期加入某种决定性的联盟——才是必需的。在所有其他情况下，当局希望保密只是为了采取行动时不至遭到反对，而在大多数情况下，当局在采取行动之后会后悔没有听听可能富有启发意义的反对意见。

对于那些真正需要保密的事情，涉及责任问题的讨论并不会导致泄密。事实上只有在引起争议的目标已经公开之后，才会发生这样的讨论。

媾和与宣战的权利、部署军事行动的权利、谈判的权利、缔约的权利，都属于行政权。只有在战争实际发生的时候，大臣们才能开始对那场战争的合法性负责。只有在远征成功或失败之后，大臣们才能就此奉召答辩。只有在签订了条约之后，条约的内容才可以受到检验。

因此，讨论只会出现在已经公开的问题上，它们并未泄露任何事实，只是从不同的视角评价已经公开的事实。

大臣的荣誉完全不需要把针对他们的控告笼罩在神秘气氛之中，恰恰相反，调查绝对应该在光天化日之下进行。一个在秘密状态中为自己辩护的大臣从来不能完全辩明自己无罪。控告也不可能始终不为人知，传播控告内容的冲动必然会导致那些提出控告的人透露控告内容。但是，以这种语焉不详的谈话方式透露控告内容，必定会使人受激情的推动，想当然地认为事情极为重大。真相没有机会反驳。你不能制止控告者讲话，只能做到对他置之不理。大臣们的敌人以保密为借口掩盖真相，目的是提出他们想要提出的任何不诚实的控告。如果国民的代表机构针对受到指控的大臣的行为作出全面而公开的说明，使全体国民消除偏见，也许会证明国民代表机构的节制与大臣的清白。秘密讨论将会听任控告悬而不决，如果控告只是被某种诡秘的调查所否定，国民代表机构恐怕就会背上纵容、软弱甚至同谋的名声。

同样的论点适用于你担心将给舆论造成的震荡。一个权势人物受到控告，不可能不唤醒舆论或激起好奇心。要避免这种结果是不可能的。必须做的事情就是给舆论以信心，但不满足好奇心就不可能使舆论有信心。遮挡公众的目光以使他们看不到危险，并不能驱除危险，完全不能：危险正是在夜幕笼罩之下发展起来的。目标在黑暗中看上去会更大。在阴影里，万物似乎都是那么巨大而又充满敌意。

空洞的演说、虚幻的控告，自会感到厌倦，只有靠舆论的审判和打击，它们才能自惭形秽并最终消失，只有在专制统治下，或在不受宪法制约的煽动行为中，它们才会引起危险。在专制统治下，尽管专制，它们仍不停地流传，为每一个反对派所采用；在煽动行为中，无论谁控制了它们，以其如簧之舌征服了群众，谁就会成为绝对的主人，因为就像在专制统治下一样，那里的所有权力都被联合并混淆在一起。它是另一种名义下的专制统治。但是，当权力得到平衡并且相互制约的时候，话语就不可能产生这样迅速而极端的影响。

在英国，下议院里也有这种大吵大闹、惹是生非的人。怎么样呢？他们喋喋不休，却没有人听，他们只好闭嘴。使议会保持自身尊严的共同利益，也教会了它不用扼杀自己成员的声音就能约束他们。公众本身也知道如何判断激烈的夸夸其谈和没有事实根据的控告。让议会自己教育自己，它必须那样做，打断它只会阻碍它的进步。如果你非要那样做，就请看看它的直接后果吧。让法律去制止混乱，但是显而易见，公开性是预防混乱的绝对可靠的手段。它将把多数国民争取到你这一边，否则你就只能去压制他们，甚至要和他们对抗。这个多数会帮助你。你有理由接受帮助，但是为了获得这种帮助，你不应让它懵然无知。你必须使它开明起来。

你真的希望一个民族保持安宁吗？那就尽你所能向它阐明它的自身利益之所在。它知道得越多，它就越会准确而平静地进行判断。它会由于受蒙蔽而震惊，会被自己的担心所激怒。

宪法准予为大臣们提供一个特别法庭。它利用贵族制度，在那些没有受害者个人到场控告大臣的案件中，让贵族充当大臣的法官。事实上贵族是惟一的法官，他们的判断力是充分的，他们的公正性是可以信赖的。

起诉大臣实际上是行政权与人民权力之间的一场审判。为了解决这种审判，必须求助于一个法庭，它的利益不同于人民和政府两者的利益，但又通过其他利益和两者统一在一起。

贵族兼备了这两项条件。它的特权使享有这些特权的个人从人民中分离了出来。他们不必重返普通人的地位，因此，他们的利益不同于人民的利益。但是，贵族的人数之多，成了他们大多数人参政的永久性障碍，因此，多数贵族的利益也不同于政府本身的利益。同时，贵族关心人民的自由，因为，一旦这种自由遭到剥夺，贵族本身的自由与尊严也会荡然无存。同样，他们也关心维护政府，因为，一旦政府被推翻，贵族本身的地位也将随之土崩瓦解。

由于这种独立和中立的特性，贵族院便恰到好处地成了大臣们的法官。贵族们所处的地位自然会使身居此位的人们产生一种保守精神，他们深知国家的最大利益所在，能够通过自己的职务接触大多数行政秘密，另外，他们从自己的社会地位中得到了一种严肃感，这都会使他们的调查完备无缺，使他们的态度温和舒缓，使他们早就具备一种关切，要让成文法得到精巧的衡平法的协助。

国民代表受命监督权力的使用，监督公共行政的行为，多少了解一些谈判的细节，因为大臣们在谈判结束时有义务向他们作出报告。他们在决定大臣们应予褒扬还是贬斥、宽容还是惩罚时，可能也会像贵族那样堪当其任。但是，国民代表仅在有限的一段时间内任职，而且需要取悦他们的选举人，总是不满于他们的平民出身和不稳定的地位。这种境况使他们处于既要建立声望又要寻求支持的双重依赖状态。此外，他们经常被要求成为大臣们的反对派，而正是由于这个原因，他们可能会成为大臣们的控告者，但却不知道怎样成为大臣们的法官。

至于普通法庭，它们能够而且可以审判大臣们针对个人的伤害罪，但是，他们的成员更适于审判司法案件，几乎不适于审判政治案件。他们对外交、军事联盟、财政运作等方面的事务只有一知半解的认识，他们对欧洲的形势也只有残缺不全的了解，他们的研究仅限于成文法法典，他们在习惯性责任心的驱使下，只是死抠这些法典的文字，只要求把它们最刻板地付诸实施。法律体系的缜密精神同那些重大问题的性质大相径庭，因为那些问题必须从公共的、民族的、有时甚至是欧洲的角度加以考虑，而在这些方面，贵族有理由宣布他们的裁决是合乎他们的教养、他们的荣誉和他们的良心的最高裁决。

因为事实上，宪法授予贵族的酌处权不仅是为了确定罪行，而且还要进行惩处。事实上，可以证实大臣们有罪的罪行，既不是由一项单独行为也不是由一系列积极行为所构成，其中每一项都可能需要一部精密的法律。那些难以言传、法律根本无从把握的微妙之处，可能会加重或减轻这些罪行。任何要为大臣的责任制订一部像刑法那样精确而详尽的法典的企图，必然都是异想天开。贵族的良心就是能够胜任的法官，而这种良心应该有能力自由地宣示罪行以及对罪行的惩罚。

我一直希望宪法能够规定，永远不让令人耻辱的惩罚落在大臣们头上。带来耻辱的惩罚具有普遍的缺陷,如果让它们落在先前地位显赫的人们头上,甚至会让人感到更加遗憾。如果法律妄称自己有权分配荣耀与耻辱,它就是在愚蠢地侵犯舆论的领地,而后者也倾向于宣布自己为至高无上。总会使法律受到损害的斗争就会出现。特别是在必然使舆论产生分裂的政治罪行的案件中,这种斗争必定发生。当我们命令人们受权威的指使去表示尊重或蔑视时,他们的道德感就会削弱。这种敏感而微妙的感情如果受到暴力的戕害而屈服,那么最终的结果是,一个民族将不再知道什么是蔑视,什么是尊重。

把令人耻辱的惩罚施于那些身居官位时受到尊重的人,将会预先降低几分他们的身份。大臣受到有辱身份的惩罚这种景象,在人民看来是对仍然掌权的大臣的贬低。

最后,人类的本性就是要迫不急待地践踏垮台的大人物。切莫怂恿这种倾向!一个大臣倒台之后,对他的罪行的所谓仇恨,往往不过只是一种对不幸者的残存的嫉妒和蔑视。

宪法没有限制属于国家元首的赦免权。因此他可以为受到指控的大臣行使这一权利。

我知道,这句话在不止一个敏感的心灵中引起了警觉。有人认为,君主在命令他的大臣实施犯罪行为之后接着又给予赦免,这是以免于惩罚的保证来鼓励奴颜卑膝的大臣焕发热情,鼓励野心勃勃的大臣肆意妄为。

为了评价这个反对意见,有必要返回立宪君主制的首要原则:不可侵犯性。不可侵犯性的前提是君主不可能错误行事。很明显,这个前提是一个法律上的虚构,它并不认为高居王位上的那个个人真正摆脱了人的特性与弱点。然而,人们感到,这个法律上的虚构既有利于秩序,也有利于自由本身,因为,如果没有它,君主和党派之间就可能出现长期的混乱与冲突。所以,人们必须尊重这个虚构的全部意义。如果你一时放弃了它,你会再次陷入所有那些你力求避免的危险之中。但是,如果你以君主的意图为借口,限制他的这项特权,你肯定就是放弃了这个虚构，因为这等于承认他有可能希望去做些什么恶行，由此你就摧毁了使他在舆论看来具有不可侵犯性的那个前提，立宪君主制的根本原则将会受到攻击。根据这个原则，我们可以只面对正在掌权的大臣本身。他们在那里对这一原则负责。君主则处在与世无争的神圣境界。你的关切，你的疑虑，绝对不会触及到他。他没有针对大臣的目的，无需对他们示弱，也不存在对他们的纵容，因为他实际上不是一个人，[2] 而是一个超然于风暴之上的抽象而中立的权力。

有人可能会把我据以考虑这个问题的宪政观点指责为形而上学，替他们着想，我很乐意回到实际应用和道德规范的地面上来，我将进一步指出，拒绝给予国家元首赦免被指控的大臣的权利，还会造成另外一个麻烦，一个由这种限制王权的动机所产生的更为严重的大麻烦。

君主确实有可能由于爱好不受限制的权力而唆使他的大臣密谋反对宪法或自由。结果，密谋被揭露，罪犯被起诉和判刑，判决被公诸于众。如果你否认君主有权阻止人们去打击为他施展其野心的人，如果你迫使他批准对他们的惩罚，你是在做什么呢？你是在迫使他在政治责任与最神圣的感恩图报的责任之间进行选择。热忱虽然不合常理，但仍然是热忱，没有一个人可以忘恩负义地惩罚他已经接受的忠诚。因此，你是在迫使君主采取怯懦而不光彩的行动。你使他陷入了良心的自责，你使他自惭形秽，你使他的人民看不起他。这就是英国人强迫查理一世签署斯特拉特福德伯爵的死刑判决时做的事情，不久，名声扫地的王权毁于一旦。

如果你想同时维护君主制和自由，那就勇敢地和大臣们进行斗争以促成对他们的罢免。但是对于君主，不仅要把他奉为至尊，还要尊重他这个人。要尊重他的内心情感，因为这些情感总是值得尊重的。他的一些错误，宪法要求你忽略不计，你就不必疑神疑鬼。尤其不要迫使君主苛待盲目信从的仆人以补救错误，因为这可能会变成罪行。

请注意，如果我们是一个民族，如果我们有自由选举，这些错误就不会带来危险。大臣们即使不受惩罚,也将被解除武装。要允许君主为了大臣们而行使他的特权。赦免将得到保证,但罪行也要公布。罪犯将失去他的权力,因为当多数人要控告他的时候,他很难再继续管理国家;他也不可能通过新的选举为自己找到一个新的多数,因为在那种选举中,舆论将会取代议会中提出控告的多数。

反过来说,如果我们不是一个民族,如果我们不能进行自由选举,我们的所有预防措施都将是徒劳的。我们将永远用不上已经准备好了的宪法手段。当然,我们可以继续以恐怖时代的残酷暴力来夺取胜利。但是,我们绝对不会对大臣进行监督、控告或判决。一旦他们被罢免,我们只会急匆匆地宣布他们不受法律保护。

一旦一个大臣被宣告有罪,不管他是否服从判决,也无论他是否受益于君主的赦免,他都必须受到保护,以免受到所有那些由胜利的各方以各种借口对失败者发出的各种迫害。那些党派为了证明他们的迫害措施有理有据,总是喜欢显得极度焦虑。他们十分清楚,这些焦虑毫无根据,而且由于人们会由衷地怀念垮台的权力,这会使人更受敬仰。然而,怯懦的后面隐藏着仇恨,人们为了无耻地迫害一个毫无还手之力的个人,会把他当做恐怖活动的目标。但愿法律能给所有这些过时的严酷行为设置一个不可逾越的障碍,并在判决罪犯之后把他保护起来。我希望能够做出规定,不使一个大臣在接受了处罚之后还要被流放、监禁或被赶出家门。我想不出还有什么事情比长期放逐更加令人屈辱,这种行为既贬损了国民,又腐蚀了国民。任何具有高尚情感的人都会同情受害者。对大臣的处罚受到舆论的赞许之后,如果合法的处罚被任意加重,大臣会发现公众对他充满同情。

有了这些安排,大臣们可能会常被谴责,有时被控告,但却很少能被宣告有罪,而且几乎不会有人受到惩处。乍一看,这个结局会使有些人感到不太满意,他们认为,对大臣的罪行要和对个人的罪行一样,应当给予明确而严厉的惩罚,这是严明的正义要求,有着绝对的必要性。我不同意这种看法。在我看来,责任必须首先保证两个目标：剥夺犯罪大臣的权力；通过国民代表的监督，通过适用于分析所有行政行为的公开辩论和出版自由，使国民保持活力，即保持一种为了维护国家宪法而追根究底的精神和习惯性的关切，一种对公共事务的不断参与，总而言之，一种政治生活的生机感。

因此，这里的责任问题并不像在日常环境中那样，不是为了确保无辜者永远不受威胁和罪行决不能不受惩罚。在这种性质的问题中，罪与非罪很少是截然分明的。重要的是对大臣的行为必须能够很容易地展开严谨的调查，同时，如果证明他们的罪行并非十分可憎，不仅不应得到法律的宽恕，而且不应得到比成文法更为宽容的普遍良知与衡平法的宽恕，那就应该允许他们采取足够的措施以避免这种调查的后果。

把这种温和态度实际应用于责任问题是完全必要的，它也正是我的整个理论所依据的那项原则的必然结论。

我说过，责任永远不可能摆脱一定程度的专横。但是，无论在什么情况下，专断权力都是一种缺陷。

如果专断权力波及到了普通公民，没有任何东西能使它合法化。公民与社会之间的契约是明确而郑重的。公民承诺尊重社会的法律，而社会则承诺让他们了解这些法律。只要他们信守承诺，社会不会强求更多的东西。他们有权明确知道他们行为的后果是什么，他们的每一个行为都应当根据一种精确的因果关系去分别加以看待和判断。

大臣们和社会签订的契约则不同。他们怀着得到荣耀、权力或财富的希望，自愿接受了显赫而复杂的职位，组成了一个严密而又无形的整体。他们行政行为的任何举动都不能孤立地加以看待。因而，他们赞成把他们的行为作为一个整体来判断。但是，任何一部特定的法律都做不到这一点。所以就出现了那种必须在他们之上行使的酌处权。

的确，审慎从事的衡平法所要求的，就是把一切与国家安全相一致的缓和措施纳入这种权力的运作之中，这是一种严格的社会责任。

因此，按照这种要求组成的特别法庭，可以保护其成员不受大众情绪的干扰。因此，授予那个法庭的宣判、选择或减轻刑罚的权力，只能根据它的良心行事。因此最后，就要吁请国王的宽宏，这是惠及全体臣民的资源，但是对大臣们比对其他任何人更为有利，因为这同他们个人有关。

是的，大臣们将很少受到处罚，但是，如果宪法是自由的，国民是富有活力的，那么，一名大臣受到严正审判的打击，重新回到普通公民的行列，实际上比最底层的公民还要地位低下，因为非难一直伴随和追击着他，这时再对他进行处罚还有什么重要意义呢？自由得到了保护，不会受到他的攻击，大众精神接受了使它获得生气和净化的有益震动，权力被传唤到法庭并受到法庭判决的打击，已使公共道德得到了权力的尊敬。

黑斯廷斯先生没有受到惩罚，但是这位印度的压迫者却跪着出现在上议院面前，而福克斯的声音、谢里丹的声音和伯克的声音，在为长期遭受践踏的人性雪耻，在唤醒英国人民灵魂中的慷慨情怀和正义情感，使唯利是图的动机不得不掩饰一下它们的贪婪与狂暴。

梅尔维尔爵士没有受到惩罚，我不想探究他是否清白。但是，这个一生老谋深算的人物，尽管机敏却依然受到了谴责，尽管关系众多却依然受到了指控，他的例子可以提醒那些有着相同经历的人们，公正才有价值，正直才有安全。

甚至诺斯爵士也没有受到指控。但他的对手却以指控的威胁而强化了宪法的自由原则，并且申明了国家的每个组成部分都有权承担它同意承担的责任。最后，在较早的年代，威尔克斯的迫害者们只是被判罚款，但是对他们的起诉和判决加强了对个人自由的保证，使"英国人的家就是他的城堡"这一原则变得神圣不可侵犯。

这些就是责任的好处，不是仅仅监禁和处死几个人就能带来的好处。

一个人的死亡或者把他监禁起来，从来不是人民的安全所必需，因为那种安全应当依靠人民自身。一个对已被剥夺权力的大臣的自由或生命也感到害怕的民族,确实是一个不幸的民族。他们就像那些因为担心主人会拿着马鞭重新出现而将他杀死的奴隶一样。

如果我们希望被宣布有罪的大臣受到严厉对待,给未来的大臣一个儆戒,那么我认为,一次传遍欧洲的控告所带来的痛苦,被赶下高位、接受审判所带来的耻辱,以及茕茕孑立、悔恨不已、丢尽脸面,这些对于野心和傲慢来说,就是足够严厉的惩罚,就是足够沉重的教训。

应当看到,考虑到大臣们的责任而给予他们这种宽容,并不等于损害个人的权利和安全,因为侵犯权利和威胁安全的罪行,将会按照其他程序,由其他法官作出判决。一位大臣可能会在一场战争的合法性和功效问题上犯错误;也可能由于不得不对一项条约作出让步而犯错误;还可能在一项财政事务中犯错误。因此,他的动机必须交由自由裁量权来进行评价,就是说,由自由裁量权来评价那些不确定的可能性因素。但是,一位大臣在非法侵害一位公民的自由时,他不可能被人误解。他知道他正在犯罪,他知道他和犯有同样伤害罪的个人毫无区别。所以,调查政治问题时的宽容,作为正义的一种表现形式,在我们对付非法或专横行为时将不复存在。在这样的案件中,普通法就会发挥其全部威力,判决必须由普通法庭宣布,处罚必须准确,适用法律必须一丝不苟。

无疑,国王可能会免除处罚。他可以像对待其他案件那样给予豁免。但是他对罪犯的仁慈,不能使受害者丧失由法庭给予的补偿。

论下属的责任

确立了大臣的责任还不够,如果这种责任没有其行动目标的直接执行者,它就等于不存在。

必须让宪法规定的统治集团的所有等级都去承担相应分量的责任。如果不能设计一条合法的途径,使所有官员在理应受到控告时服从控告，那么，单纯表面的责任不过是一个圈套，对那些信以为真的人们来说将是毁灭性的。如果你只去惩罚签署了非法命令的大臣，而让执行命令的人逍遥法外，你就是把补救措施放在了一个经常高不可攀的地方。这就像你劝告一个遭到攻击的人，只教他打击来犯者的脑袋而不是他的胳膊，借口他的胳膊不过是一个盲目的工具，而意志是在他的脑袋里，所以罪恶也在他的脑袋里。

但是，有人会反对说，不管什么原因，如果下属可能会由于服从而受到惩罚，那么，你就应当允许他们在执行政府的措施之前对它们进行判断。这个简单的事实的确会使政府的整个行动受到阻碍。如果服从是危险的，你到那里去找官员？你将把那些被授予权力的人置于多么无能的状态！你将给那些负有执行责任的人造成什么样的不确定性！

我首先要回答的是，如果你规定政府官员有无条件被动服从的义务，你就是向人类社会发放了任何盲目与狂暴的权力都可以随意使用的专横与压迫的工具。这两种罪恶哪一种更大？

但是我相信，在这一点上，在有关被动服从的性质与可能性的问题上，我必须回到某些更为一般的原则。

感谢上帝，像这种受到赞扬并推荐给我们的服从，是根本不可能的，甚至军事纪律对这种被动的服从也有限制，不管提出什么样的抽象论据，事情的性质就是如此。强调军队必须像机器一样，把士兵的头脑系于伍长的命令，这是错误的。在酩酊大醉的伍长命令下，一个士兵应当杀死他的队长吗？因此，他必须弄清楚他的伍长是否真的醉了。他肯定会反应过来，队长的权力高于伍长。由这个例子可以看出，头脑和反应都是士兵所需要的。队长听到团长的命令，就应当率领和他一样服从命令的连队去逮捕国防大臣吗？在这里，队长也需要头脑和反应。一个团长听到国防大臣的命令，就应当立即试图夺取国家元首的性命吗？于是团长的头脑和反应也成为必须。那些津津乐道被动服从的人并未考虑到，过于驯顺的工具会被各种各样的手抓住，

一、适用于所有代议制政府的政治原则

然后掉头反对他们原来的主人；人的头脑有着追根究底的相同秉性，而这会有效地帮助他区别对待暴力，告诉他谁真正拥有下达命令的权力，谁正在篡夺这个权力。

没有人怀疑，作为一般原则，纪律是一切军事组织的基础；迅速执行已下达的命令，也为一切民政管理所必须。不过，这项规则有它的限度。这些限度难以描述，因为预测所有可能发生的事情是办不到的。但是，它们能被感觉到，每个人的理智都让他感觉到它们，他是它们的法官，而且必定是它们的惟一法官。他冒着风险和危险判断它们，如果他错了，他必须承担后果。但是，人类决不会完全丧失追根究底的能力，况且他还有着与生俱来并指导他行动、且没有任何职位能够阻止他使用的思想能力。[3]

毫无疑问，因为服从而遭受惩罚的可能性，有时将使下属陷入令人痛苦的不确定性之中，而充当盲目热情的机器或者聪明敏捷的猛犬，对他们来说也许更为省心。不过，在所有人类事务中都存在着不确定性。如果想摆脱所有的不确定性，人类将不再是一种道德的存在。所谓推理，就是对各种可能性和偶然性进行比较。哪里有比较，哪里就有犯错误的可能性，从而哪里就有不确定性。但是，一个结构良好的政治组织却能够对那些不确定性采取补救措施，不仅弥补个人判断的错误，而且保护无辜的人们免遭这种错误的毁灭性后果。这种补救措施也一定能使行政机构像所有其他公民一样从中受益，这就是陪审团制度。对于所有涉及道德性质与综合性质的问题，陪审团制度是必不可少的。比如出版自由，没有陪审团制度就永远不可能存在，只有陪审团能够决定，哪本书在特定环境下是或者不是一个罪恶。成文法不可能适用于每种罪行的每一个细微差别的情况。共同的理性，即人人生来就有的健全的感知能力，懂得这些细微差别，陪审团成员不过是体现了那种共同的感知能力。同样，如果必需确定一位特定官员是否受到一位大臣的权力控制，他的服从或拒绝服从究竟是对是错，成文法的确是太不胜任了，这还是需要共同的理性予以裁决。因此，成文法必需求助于陪审团，陪审团是它唯一的解释者。只有陪审团才能评价那些操纵行政机构的人的动机，以及行政机构在多大程度上是无辜的，他们的抵制或者合作应当给予什么样的奖励或惩罚。

如果陪审员证明那些权力工具的抗命行为是合法行为，是否会纵容他们得寸进尺地违抗命令呢？对此我们不必担心。他们的天然倾向永远是服从，他们的利益和自身考虑强化了这一天然倾向。这就是热衷权力的代价。展露这种热情有着诸多不便，于是就有了诸多的秘密手段来酬报他们的热情！如果说对他们的制衡有缺陷，那也很可能是个不起作用的缺陷，至少那不是取消制衡的理由。陪审员本身将不会如此宽容尢度，允许权力机构任意驰骋。喜欢发号施令是人类的天性，而且，对所有那些使命在身的人来说，这种癖好更为强烈，因为他们感到自己举足轻重、引人注目，于是随时随地都要显得那么严谨而严厉。陪审员们健全的感知能力很容易使他们认为，一般来说，下属是必不可少的，他们的决定将总是有利于这些下属。

如果你认为我把专断权力授与了陪审员，这倒是个能让我为之震动的特殊理由，但是你却把它授与了大臣们。我再说一遍，井井有条地安顿好一切，详尽无遗地纪录下一切，把人类生活与人际关系化作一些提前拟就的备忘录，只在需要填写姓名的地方留出空当，为后人省去一切检验、一切思想、一切求知地麻烦，这是根本不可能的。假如，不管我们做什么，人类事务总有一些事情需要酌情处理，那么我要问，在需要行使酌处权时，是应当把这种权力托付给势必会将其变为自己的永久利益、变为自己的专有特权的人们，还是把它托付给这样一些人更为可取：他们只在个别场合行使这一权力，他们既没有被权力的陈规陋习所腐蚀，也没有被它们所蒙蔽，他们对自由与良好秩序有着同样的关切。

再说，如果对你的被动服从原则不加限制，你也不可能受得了。它将危及一切你打算保存的东西。它将要威胁的不仅仅是自由，而且还有权力；不仅仅是那些必须服从统治的人，而且还有那些进行统治的人；不仅仅是人民，而且还有君主。你将不再能够准确指出在什么情况下服从的义务会变成一种罪行。你能说任何不利于成文宪法的条款都不能实施吗？不管你愿不愿意，你都要被迫退回去检查什么是与既定宪法相抵触的东西，这种检查对你来说，将是个让骑士们不停地去而复返的斯特里奇林迷宫。而且，不管怎么说，谁将会受命进行这种检查呢？我相信，你希望检查的将不是签署命令的同一个权力。你将不得不为每一个案件寻找一个宣布判决的方式，而最好的办法就是把宣布判决的权利准确无误地授与那些在个人利益和公共利益之间最不偏袒、最有鉴别力的人。这些人就是陪审员。

在英国，从社会的最底层到最高处，官员们的责任得到公认，以致没有人会表示怀疑。这一点被一个我比较喜欢引用的荒谬事实所证明，在这种特定情况下，一个人在特定问题上要把适用于所有官员的责任原则变得有利于自己，显然是错误的，因而对普遍原则发出颂扬就更是理所当然。

威尔克斯作为伦敦市政官之一参加竞选期间，令人信服地证明了下院的某些决议案超越了权限，因此宣布，既然英国已不存在合法的下院，那么，凭着一项已变为非法的法律要求人们纳税，就不再具有强制性。据此，他拒绝交纳一切税金，任凭税务官没收自己的家具，随后便起诉那个税务官擅入民宅，非法没收财物。这个问题被提交法庭。没有一个人怀疑，如果该税务官所凭借的权力并非合法权力，他就应该受到惩处。法庭庭长曼斯菲尔德爵士只限于向陪审团证明下院并没有失去它的合法性。因此，该税务官被认为犯了执行非法命令罪，或者说，执行了出自一个非法来源的命令，他应该受到处罚，虽然他是隶属于财政大臣的一个工具，也应该被财政大臣免除职务。[4]

我们的宪法至今还包含着一项足以毁掉官员责任的条款，这是路易十八的《钦定宪章》精心保留下来的。根据这一条款，如果没有当局本身的正式同意，你不可能得到绝大多数下级掌权者实施犯罪的材料。假如一个公民受到村长无论什么方式的虐待——诽谤、伤害，宪法就会横阻于他和他的侵犯者之间。因此，仅在这个特定的官员等级中，至少就有四万四千人被认为不受侵犯，在统治集团的其他阶层也许还有二十万人。这些不受侵犯的官员可以为所欲为，而且只要最高权力保持沉默，没有一个法庭能对他们提起诉讼。我们现在所拥有的《宪法法案》已经消除了这一可恶的规定。同一个政府已将路易十八的大臣们企图从我们手中夺走的新闻自由奉为神圣，同一个政府已经正式放弃了路易十八的大臣们所需要的流放权，同一个政府还恢复了公民对一切权力机构提出起诉的合法权利。

论宣战与媾和的权利

那些谴责我们的宪法没有充分限制政府媾和与宣战特权的人，确实是在非常肤浅地谈论这个问题，他们仅限于回顾往事，而不是根据原则进行思考。在政府从事战争的合法性问题上，舆论几乎从来没有错误；然而，为那种感情建立精确的准则也是不可能的。

说人们必须坚持进行防御，实际上等于什么也没说。一个国家元首可以轻而易举地通过侮辱、威胁和备战等手段迫使他的邻国来进攻。在这种情况下，应当承担责任的并不是侵略者，而是那些迫使别人靠侵略来寻求安全的人。所以，有时候防御不过是掩人耳目的假象，而进攻却可能是防患于未然的合法防御。

同样，禁止政府在边境之外继续采取敌对行为，更是一种无益的防范措施。当敌人无缘无故地攻击我们，并且被我们击退到我们的边境之外的时候，我们是否应该在某一条理想的防线上止步，给他们留出时间去弥补损失和恢复元气呢？

反对无益的或非正义战争的惟一可能的保证，就是代议制议会的能量。它们批准征兵，它们同意征税。正是它们，正是必须引导它们的那份民族情感，才是我们应当信任的，并在战争是一场正义战争的时候，支持着行政权必须把战争打出国境线，以使敌人丧失侵害能力，或者在防御目标已经实现、安全已有保障的时候，迫使这个行政权缔造和平。

我们的宪法在这一点上包含了所有必要的条款,实际上是惟一合乎情理的条款。

它并未提出将条约交由人民代表批准,但交换领土的情况除外,而且有着充分的理由。把这种特权授予议会只能招致不利。撕毁一项已经签订的条约总是一种令人厌恶的粗暴行为,这在某种程度上是对国际法的侵犯,而各国之间的相互联系只能通过政府渠道。议会必定总是缺乏对真实情况的了解,因此,它不可能就需要一项什么样的和平条约作出判断。如果宪法让它对此作出判断,大臣们就可能把国民代表淹没在民众的仇恨之中。在和平条约的条件中巧妙地插入一项,就会使议会只能做出两种选择:或是继续战争,或是批准侵犯自由或荣誉的条款。

英国理应再次成为我们的典范。条约由国会审查,但不是为了决定予以否决还是承认,而是确定大臣们是否在谈判中履行了他们的责任。对条约不满的惟一结果就是罢免或弹劾不能为国尽职的大臣。这个问题不会伤害人民大众,他们渴望宁静,反对似乎有意对他们这点享受提出疑问的议会,但在条约签署之前,议会的权力始终会制约着大臣们。

论财产权不可侵犯

我在这部著作的第一章指出,公民拥有独立于一切社会权力的个人权利,这些权利就是人身自由、宗教自由、言论自由、保证不受专断权力之害,以及享有财产。

不过,我要把财产权和其他个人权利加以区别。

在我看来,某些根据抽象论点保卫财产权的人士犯了一个严重的错误:他们把财产权视为某种神秘的、先于社会并独立于社会的东西。这些说法没有一个是言之有理的。财产权绝对不是先于社会的,如果没有给它提供安全保障,财产权不过是首先占有者的权利,换句话说，是暴力的权利，也就是说，一个根本不是权利的权利。财产权并不独立于社会，因为一种社会环境，即使是非常悲惨的环境，没有财产权也能够加以想像，而如果没有社会环境，想像财产权是不可能的事。

财产权只有通过社会而存在。社会发现，使其成员都能享受共同财产的最佳途径——不然，所有的人就会在制度形成之前你争我夺——就是给他们每人一份，或让每个人都能保有他自己所占有的那一份，并确保他去享受它，而这种享受可能会发生一些变化，或是因为偶然性的机会多种多样，或是因为一些人会比另一些人付出更为艰苦的努力。

财产权不过是一种社会的公约。但我们承认这一点，并不意味着同那些赞成另一种制度的作者相比，我们把财产权看得更不那么神圣、不可侵犯或必不可少。有些哲学家认为建立财产权是一种罪恶，而废除它是有可能的。但是，为了支持自己的理论，他们只得求助于一大堆假设，其中一些绝不可能实现，而其中最实际可行的则被推迟到我们的寿命所不及的时候。他们想入非非地假定，人类的开明程度已得到如此提高，以至认为建立我们的现行制度是荒谬的。而且，他们想当然地夸大了未来发明创造的水平，认为目前人类生存所需要的劳动将会日趋减少。当然，我们的每一个力学发现都使得人类的体力被工具和机器取而代之，这是人类思想的征服成果。而且，根据自然法则，因为这些征服会变得越来越容易，它们必定也会以越来越快的速度接踵而至。但是，全部免除人力劳动仍是我们至今远未做到的，甚至在我们的想象中也是远远做不到的。不过，要想使废除财产权成为可能，那就必须做到这一步，除非我们像某些作者要求的那样，希望全体社会成员平等地分担这种劳动。但是这一分工——假如它不只是个梦想的话——将会有悖于它自身的目的：它将夺走能使思想变得坚定而深刻的那种闲暇，削弱能使劳动变得尽善尽美的那种坚韧，消除所有阶级那种戮力同心的习惯优势。没有财产权，人类就不会进步，就会滞留在最原始、最野蛮的生存状态。如果每个人都要被迫独立满足自己的一切需求，他将不得不分散他的精力以实现这一目的，而重重心事将足以把他压垮，使他永远不会前进一步。废除财产权将会破坏劳动分工，破坏一切艺术与科学进步的先决条件。我正在予以反驳的那些作者倾心期待的进步趋势，将会由于缺乏时间和独立而夭折，同时，他们向我们推荐的那种粗陋的强制性平等，对于逐渐确立真正的平等、逐渐实现幸福与开明，将会构成无法克服的障碍。

财产权作为一项社会公约，属于社会的权能，并在社会的管辖之下。社会拥有各种权利，但无权支配其成员的自由、生命和见解。

但是，财产权与人类生活的其他方面密切相关，其中一些方面根本不属于集体管辖的范围，另一些只在有限的程度上属于它。因而，社会必须约束自己对财产权的作用，因为它很难无所不至地发挥自己的作用，除非它去侵犯那些对它拒不服从的对象。

针对财产的专断权力，很快就会产生针对人的专断权力。首先，因为专断权力有传染性；其次，因为对财产的侵犯必定会激起反抗，权力则会粗暴虐待进行反抗的被压迫者，而且，因为权力已经选定要夺走他的财产，结果就会导致侵犯他的自由。

我不想在这一章里讨论非法没收财产以及对财产权的其他政治攻击。这种粗暴行为不能被看作循规蹈矩的政府的通行作法。它们和一切专横措施有着同样的性质。它们只是这种措施的一个组成部分，一个如影随形的组成部分。蔑视人们的财产权将迅速导致蔑视人们的安全与生命。

我只想指出，采取这样的措施，政府将会大大地得不偿失。路易十四在他的回忆录中写道，"国王是绝对的君主，自然享有完全的自由去处理其臣民的一切财产。"但是，当国王自认为是臣民所拥有财产的绝对主人时，臣民们要么会藏匿他们的所有，要么会为它而斗争。如果他们把它藏起来，那对农业、商业、工业及各方面的繁荣都是严重的损失；如果他们把它滥用在轻浮粗陋的非生产性享乐中，那又说明他们已全然不顾它的有益用途。没有安全感，经济会成为诈骗，节制会变成轻率。当一切东西都可能被夺走的时候，人们会尽可能地消耗，以增加从掠夺下抢救一些东西的机会。再者，当一切都可能被夺走的时候，人们也必须尽可能地消耗，因为一切被消耗掉的东西就等于是从专断权力手中夺回来的东西。路易十四以为他正在表达一个非常有利于国王财富的观点。恰恰相反，他正在说的东西注定会毁掉国王，还有他们的人民。

对其他一些不那么直接的掠夺形式，我认为比较详尽地讨论一下也是有益的。[5]一些政府任意采取这些掠夺形式以减轻债务或增强财力，不是以必要性为借口，就是以正义为借口，总是打着国家利益的旗号；就像人民主权的热情鼓吹者相信增进公共自由就要限制个人自由一样，我们时代的许多财政官员也相信，国家的富足需要个人的倾家荡产。向我们的政府致敬，因为它拒绝了这些诡辩，而且通过我们《宪法法案》的一项明确规定禁止了这些错误！

对财产权的间接攻击分为两类，下面就要谈到这个问题。

我把部分或全部破产、包括本金和利息在内的国债的贬值以及以低于面值的价格偿付这些债务、货币的变更以及扣除额等等纳入第一类。第二类则包括当局针对那些与政府谈判供应军用或民用必需品的人们所采取的行动，针对富人的追溯既往的法律或措施，诉诸法庭，国家宣布取消同平民个人的契约、特许和交易。

有些作者把设立公债视为繁荣的原因，我的看法根本不同。公债创造了一种新的财产权，它不像农业财产一样把它的拥有者束缚在土地上，也不像工业财产一样要求辛勤的劳动或艰难的投机，最后，也不像被我们叫做知识的财产权一样要求卓越的天分。国家的债权人关心的是国家的兴旺，就像任何债权人关心他的债务人的兴旺一样。假如后者偿清债务，他也就满足了。旨在确保偿付债务的谈判对他来说总是件好事，不管代价多大。转移债权的能力，使他对可能出现但仍然遥远的亡国之虞也满不在乎。只要还有其他资源可以用来偿付他的收益，他对任何一片土地、任何制造业、任何生产资源，都会无动于衷地任其衰败。

包含在公共基金中的财产权具有一种独特的、利己的基本属性，它容易变得充满敌意，因为它只有损害他人才能存在。由于错综复杂的现代社会组织的显著影响，尽管每个国家的天然利益在于应把税收尽可能减到最低限度，设立公债却使提高税收成了每个国家一部分人的利益所在。

但是，无论公债的破坏性作用是什么，对于大国来说，它如今已成了一种不可避免的罪恶。那些通常用征税供给国家开支的人，几乎总是被迫提前花钱，而他们的预支就构成了债务，而且，第一笔意外支出就会迫使他们去借款。对于那些已经采取借款制而不是税收制的人，以及那些只是为了支付借款利息而征税（大体上这就是当代英国所采纳的体制）的人来说，公债与他们的生存是密不可分的。因此，建议现代国家不要靠信贷提供财力，根本就是白费唇舌。

一旦出现国债，那么减轻它的破坏性作用的准一办法，就是一丝不苟地尊重它。这将在它的性质所能允许的范围内，使它具有与其他各类财产权相同的稳定性。

轻诺寡信永远无补于事。如果不能偿付公债，你就会给一种财产权——它为它的所有者提供了不同于国家利益的利益——的不道德后果增添更为灾难性的后果：无常与专横。这些就是在国家不能兑现其承诺时，证券交易便决不会繁荣兴旺的首要原因。那时所有的公民都将被迫在投机的风险中为权力使他们遭受的损失寻找一些补偿。

对债权人的区分，对个人交易的调查，对公债券的流动方向及它们消失之前所经之手的搜寻，都已经彻底失败。国家举债，欠了人们的钱，于是付给他们债券。这些人被迫出售国家付给他们的债券。政府凭什么理由引发交易以使那些债券的价值遭到怀疑？它越是使它们的价值遭到怀疑，它们就越会贬值。它将依靠这种不断的贬值，按不断降低的价格兑付它们。这种变本加厉的进程所造成的反应，将很快把债权变得一文不值,使私人投资者倾家荡产。债权人原可随意处置他的债券,如果他卖出他的债权,那肯定不是他的过错,因为他是为贫困所迫,那是国家的过错,是国家只付给他将要被迫出售的债券。如果他以微不足道的价格卖出他的债权,那也不是买方的过错,买方买下的是不利的前景。过错还是国家的,是它制造了那些不利的机会,因为,如果不是国家引起了人们的怀疑,被出售的债权也不会跌得如此低廉。

如果任何债券都会由于进入二手交易——政府对此肯定觉察不到,因为那是些私下达成的自由交易——而贬值,那么,一直被看作财富之源的流通,就会变成贫穷的原因。拒绝偿付债权人之应得,而且即使偿付也已贬了值,我们能为这样的政策进行辩护吗?法庭有什么理由谴责一个既是债务人又是一种正在破产的权力的债权人呢?什么?就因为我不满于对公共债权的欠债,就要把我拖进地牢、夺走我所拥有的一切吗?就要让我面对产生了灾难性法律的同一个法庭吗?法庭的一边坐着对我进行抢劫的权力,另一边坐着因为我被抢劫而对我进行惩罚的法官。

一切有名无实的偿付都是一种破产的形式。一位值得称道的法国作者指出,发行不能随时变换为金银的证券,那就是掠夺。做这种坏事的人即便被授予公共权力,也不能改变他们行为的性质。当局如果用虚构的价值偿付公民,那将迫使他们使用同样的偿付手段。为了避免使自己的交易受到伤害,使这些事情不可能发生,当局必须使所有类似的交易合法化。如果只让某些交易成为必要,它们就向所有交易提供了一个借口。利己主义会按照这个约定的信号发起猛攻,它比权力要狡猾得多、机敏得多、果断得多、势利得多。它会凭着反应迅速、复杂多变的骗术推翻一切戒备措施。如果腐败可以被证明为必要,它也就没有了限制。如果国家想区别对待它自己的交易和平民的交易,那只会是一种更加令人厌恶的不公正行为。

只有国家的一部分人是国家的债权人。当税款被用来清偿公债利息时，这些税负却要由整个国家来承担：国家的债权人作为纳税人，实际上只交纳这些税负中的一部分。压低债务，倒霉的只能是债权人。这等于是说，如果由全部人口承受一种负担过于沉重，由同一人口的四分之一或八分之一来承受反而会更轻松一些。

再说一遍，所有不得已的压低债权都是一种破产形式。按照随意提出的条件同个人进行谈判。他们满足了那些条件，他们放弃了自己的资金，他们从有盈利前景的各个工业部门撤回资金，他们有权获得对他们承诺的一切。实现这些承诺就是对他们所做牺牲、所冒风险的合法补偿。假如一名大臣为提出了负有法律义务的条件而后悔，那只能是他自己的过错，而不是那些仅仅接受了这些条件的人的过错。事实上，这是他的双重过错，因为，他以往的失信使他的条件更加负有法律义务。如果他能够唤起全面的信心，他本来是可以获得更为有利的条件的。

假如这笔债务被压低了四分之一，有什么东西能够阻止它被压低三分之一、十分之九甚至荡然无存呢？我们能给我们的债权人、事实上是给我们自己提供什么保证呢？小时偷针，大了偷金。假如有严格的原则迫使权力兑现自己的承诺，它会在秩序和经济中寻找手段兑现承诺。然而它却选择了欺诈，它发现欺诈最投它的脾气，因为它免除了权力的任何劳作、匮乏或努力。于是权力会继续求助于欺诈，因为它再也感觉不到诚实感的束缚了。

背弃正义造成的盲目也是如此，它会使人以为，凭借权力压低债务，他们就能恢复看来已经消逝的信誉。他们从一个被他们误解和误用的原则出发。他们以为，一个人的应付款越少，他能够得到的信任就越多，因为他偿付债务的处境会更好一些。但是，他们把合法清偿债务的效力与破产的效力完全混为一谈了。对一个债务人，有信守承诺的能力是不够的，他还必须有兑现承诺的愿望，或者我们有迫使他兑现承诺的手段。一个政府利用权力免除自己的一部分债务，说明它并不打算偿还债务。既然它的债权人不可能强迫它还债，它的财力又有什么实际用处？

公债不同于绝对必需的日用品。就日用品而言，越不容易得到，它们就越值钱，这是因为它们具有一种内在价值，而它们的相对价值将会由于它们的稀缺而提高。然而，债务的价值却完全取决于债务人的可靠性，破坏了这种可靠性，你就破坏了价值。把债务减少到一半、四分之一、八分之一都是徒劳的，剩下的不过是更大的不信任。没有一个人想要或者需要一笔得不到偿还的债务。就个人而言，兑现承诺的能力是主要条件，因为法律比他们强大。但就政府而言，它们的意志成了主要的条件。

还有一种与政府那些似乎无所顾忌的行为有关的破产。也许是出于野心，也许是由于鲁莽，甚至是因为必须，它们醉心于耗资巨大的事业，为那些事业的必需品与商人们签订合同。实际上，它们的合同极变成为不利的合同：人们从来不可能像保卫个人利益那样热情地保卫政府的利益——凡是当事人不能亲自监督的交易，都会遭受这种不可避免的命运，然后，当局会转而反对那些利用自己固有优势的人：它会鼓励对他们进行抨击和诽谤；它会取消合同；它会推迟或拒绝付款；它为了打击少数受怀疑的个人而采取的一般措施，会不分青红皂白地株连整个阶层，为了掩饰这种罪恶行为，它会小心地声称这些措施仅仅针对那些胆大妄为的人，他们的收益将被没收充公；它会刺激人民仇视少数可恶的腐败人物，不过，因此而被劫掠的人们并非是些孤立的个人。他们并不是事事自己动手，他们还雇佣了一些工匠和工人为他们提供物品，因此，明显只是针对前者的掠夺，实际上会落在这些后者身上。有些人却总是那么轻信，他们为几笔财富的毁灭而欢呼，为这些财富的所谓穷凶极恶而怒火中烧，这些人却没有认识到，所有那些财富都是来自他们自己的劳动，并且不断向他们扩散，而那些财富的毁灭等于是夺走了他们的工钱。

政府总是或多或少地急需同人们做生意。政府不可能像个人那样用现金购物。它要么先付款，这不现实；要么先提货，这需要信誉。

假如它虐待或羞辱供货人，那会出现什么情况呢？诚实的人将会退缩，不愿继续这笔蒙受耻辱的生意，只有无耻之徒才会凑上前去，他们算计着耻辱的价格，也会预见到自己得到的回报将非常可怜，他们开始中饱私囊，自己补偿自己。政府的动作过于迟钝和混乱，难以应付个人利益的纠缠和快速的机动。如果它打算与平民个人竞相表现腐败程度，后者将会更为老练。唯一有效的策略就是诚实守信。

失信于人对一桩生意的直接结果，就是使所有那些不为贪欲所动的商人远离这桩生意；一个专断权力体制的直接结果，就是使得所有诚实的人们尽量逃避那个专断权力，尽量逃避会迫使他们与这种可怕权力产生瓜葛的交易。

在所有国家，凡是冒犯公众信任的经济制度，都会在接着发生的交易中立刻受到惩罚。靠不义行径谋取利益，尽管有专断权力和暴虐的法律做后盾，但结果总是要比靠诚信获利付出百倍以上的高昂代价。

也许我还应该把扣押财产及设立苛捐杂税列为抨击对象。一位作者断定——他在这方面的权威是无可争议的——超出实际需要的任何东西都是不合法的。平民肆意妄为和权力肆意妄为的惟一区别，就是前者的不公正仅仅是出于一些人人都能理解的念头，而后者的不公正则与复杂的阴谋诡计有关，只能靠推测来判断。

任何无益的税赋都是对财产权的攻击，更可恶的是，它是依靠法律的威严来实施的；因为它是富人向穷人征税，全副武装的权力向手无寸铁的个人征税，所以更加令人憎恨。

不管是哪种税赋，多少总有些有害的影响：它是一种必要的罪恶，但它必须像所有必要的罪恶一样，尽可能于人无害。私有工业留用的资产越多，国家就会越繁荣。税收不可避免地具有破坏性作用，原因很简单：它会减掉私有工业的部分资产。

卢梭并不熟悉财政问题，但他和其他许多人一样认为，在君主制国家，需要利用臣民可能拥有的任何过剩财富以增加君主的财富，因为这种过剩财富被政府所吸收，要比被平民浪费掉好得多。我们可以在这个学说中见识到君主制偏见与共和思想的荒谬混淆。君主的财富在不妨害平民个人的财富时，能够鼓舞个人，作他们的榜样。我们千万不要相信，掠夺公民竟能使他们面貌一新，那将使他们陷入贫困，却不可能保持他们的纯朴。一些人的贫困只是由于另一些人的富有，这可能是最糟糕的组合。

滥税将会颠覆正义，败坏道德，毁灭个人自由。当局夺走劳动阶级维持生计的血汗钱，被压迫阶级则眼看着自己的血汗钱被夺走以使他们贪婪的主人发财致富，都会使衡平法在软弱与暴力、贫困与贪婪、匮乏与掠夺的斗争中丧失信誉。

如果认为滥税的这一弊端给人民带来的痛苦和艰辛是有限的，那就错了。由此派生出来的另一个同样重大的弊端，迄今为止仍被人们视若无睹。

拥有一笔巨大财富，即使对平民个人来说，也会激起他们在正常情况下决不会涌上心头的欲望、狂想以及杂乱无章的白日梦。大权在握的人们也是一样。过去五十年来，英国的大臣们显得自命不凡、目空一切，是由于他们能够轻易通过巨额税收积累巨大的财富。太多的财富也会像太多的权力一样使人头脑发昏，因为财富就是权力，而且是所有权力中最实在的权力。因此，内阁从未形成过什么计划、抱负或者方案，而这些才是它真正需要的东西。因此，人民不仅由于税负超出了他们的财力而痛苦，而且为他们所纳税款的用途而痛苦。人民的牺牲被用来反对人民，人民纳税不再是为了拥有一个完善的防御体系以确保和平，人民是在为战争而纳税，因为权力为自身的财富感到自豪，希望把它辉煌壮丽地花出去。人民纳税并没有使国内的公共秩序得到维护，相反，却使那些靠掠夺而自肥的宠臣们得以胡作非为，败坏公共秩序而不受惩罚。因此，国家如果掠夺人民，就只能给自己酿成苦难和危险。一旦出现这种事态，政府将会因财富而堕落，人民则会因贫困而堕落。

论出版自由

出版自由的问题近来已得到非常令人满意的澄清,这里只需稍加议论。

我们的现行宪法不同于先前所有宪法的,首先它确立了既保证出版的完全独立,又能制止出版犯罪的唯一有效的手段——我说的是陪审团制度。这是既忠诚又开明的重要证据。出版犯罪有别于其他犯罪,这种犯罪没有多少明确的作案行为,更多的是作案意图和作案后果。因此,只有一个按照自身道德信念行事的陪审团,才能根据对全部事实的审查与评价,裁定作案行为并确定作案意图和作案后果。任何法庭在按照刻板的法律条文宣布裁决时,必然会面对两种抉择:或是对专横让步,或是同意免罪。

此外我还注意到,我在一年前大胆提出的一个预言已经完全成为现实。我是这样说的:"让我们设想一个还没有发明语言的社会,它只能用那些艰难而迟钝的办法来代替这种快捷轻松的交流手段。语言的发明将在这样一个社会产生突然的剧变。人们将会在这新奇的声音中看到凶恶的危险,许多精明而谨慎的人物、庄严肃穆的执政官或者老于世故的行政官员,将会怀念过去那种和平宁静、鸦雀无声的好时光。但是意外和惊恐将逐渐平息,语言将成为一种作用有限的工具。有益的怀疑精神——这是经验的产物——将会制止听众那些不假思索的热情。一切最终都将恢复正常,由于有了这个区别,社会交往、因而还有一切艺术的进步、一切思想的完善,将会保留一个附加的工具。就出版而言,当公正而温和的权力忍着不去为难它的时候,情况也是一样。"

今天,这个说法的真实性有了准确无误的证据。出版自由,或者说出版许可,从来没有这样不受限制;公众的好奇心从来没有得到过这么多花样百出的小册子的有力刺激;那些不足挂齿的作品也从来没有这样不受关注。我很认真地相信,如今的小册子比读者还要多。

我要补充的是，尽管公众不以为然、嗤之以鼻，但是，为了出版界本身的利益，本着温和但正义的原则起草的刑法，也必须尽快区分出什么是无辜、什么是有害，什么是合法、什么应被禁止。煽动谋杀、煽动内战、邀请外敌、直接侮辱国家元首，在任何国家都是从不允许的。我很高兴，经验已经证明这些挑衅和侮辱是软弱无力的。我很感激那位强大得足以维护法国和平的人，他蔑视这种仅仅出自某个政党的肆无忌惮的表演。我很敬佩那位伟大得足以在这么多人身攻击中泰然自若的人。不过，在英国——英国无疑是自由的国度——国王不会受到任何作品的侮辱，而且，仅仅再版反对他的宣言书也会受到严厉的惩罚。这种受法律保护的保留权益，是由一个至关重要的考虑促成的。

我坚持认为，王权中立，这是每一个立宪君主制国家必不可少的条件，因为整个大厦的稳定性就建立在这个基础之上，它意味着这个权力不应反对公民，公民同样也不应反对它。英国的国王，法国的皇帝，所有国家掌握君权的人，都应超然于政治煽动之外。他们不是人，他们是权力。因此，同样必不可少的是，他们不能转化成人，或者说，他们的功能不能被改变，他们也不应像其他人那样受到攻击。法律保障所有公民不受君主的任何侵犯；它也必须保护君主不受来自公民的任何侵犯。如果国家元首个人受到侮辱，他便转化成了一个人；如果你攻击这个人，他将会自卫，而宪政就将毁于一旦。

我不想被指责为公开放弃我的观点，因此，应当在这里重申，为了捍卫出版自由，我始终主张惩罚那些诽谤性和颠覆性的作品。兹将我的原话抄录于此：

"在这个问题上对政府具有指导意义的原则是简单明了的：让作者对他们的作品负责——如果它们要发表的话，因为任何人都应对自己的言论和行为负责。鼓吹盗窃、谋杀和抢劫的演说家将会因为他的这种言论而受到惩罚，因此，鼓吹谋杀、抢劫和盗窃的作者也应受到惩罚。"见《论宣传册子、抨击文章和报纸的出版自由》（De la libertedes brochurs, des pamphlets et des jounaux, 巴黎, 1814 年, 第 2 版, 72 页。）我还说过："长期国会曾求助于出版自由的原则, 对它们作出了过于宽泛的解释, 使它们完全误入歧途, 因为它是利用它们去开脱某些被法庭判决有罪的小册子作者, 这与我们所说的出版自由完全背道而驰, 因为人人都希望法庭对那些小册子作者采取严厉行动。"见《对孟德斯鸠发言的评论》（Observ. sur le discourd de M. dee Mortesquiou, 巴黎, 1814 年, 45 页。）由此可见, 我的思想一如既往, 我的要求也是一如既往。

论宗教自由

现行宪法在宗教问题上回到了唯一理性的观点, 即支持信仰自由, 没有限制, 没有特权, 更没有对个人的强迫, 没有要求他们遵照完全法定的形式, 宣布对特定宗教形式的选择。我们已经避开了平民的偏执这块绊脚石——由于观念的进步反对宗教偏执, 有人便一直试图用平民的偏执彻底取而代之。为了支持这种新的偏执, 许多人求助于卢梭的思想。卢梭珍爱一切自由的理论, 却为所有的暴政提供了借口。他写道, "要有一篇纯属公民的信仰宣言, 而规定宣言的条款应是主权者的特权, 这些条款并非严格地作为宗教的教条, 而是作为社会性的感情。虽然主权者不能强迫任何人信仰这些教条, 但是他能够把不信仰它们的人驱逐出境。他驱逐他们并非因为他们不敬神, 而是因为他们反社会。"那么, 决定人们必须怀有某种感情的国家是什么呢? 主权者可以不强迫我信仰, 而他又在我不信仰的时候惩罚我, 这对我又有什么好处呢? 如果我因为反社会而被惩罚, 那么, 不因不敬神而惩罚我又有什么用处呢? 如果权力本身迷失在对自己的天职同样危险、同样格格不入的虚假道德之中, 那么, 它干预或不干预难以捉摸的神学又有什么关系呢?

我不知道还有什么奴役制度所犯下的恶毒的错误能比得上《社会契约论》中这种不朽的玄学。

世俗的不宽容像宗教的不宽容一样危险，比宗教的不宽容更荒谬，重要的是更为不义。说它同样危险，是因为它在不同的借口下产生相同的后果。说它更荒谬，是因为它并没有信仰的动机。说它更为不义，是因为它造成的罪恶不是履行责任的产物，而是处心积虑的产物。

世俗的不宽容有无数的伪装形式，它会到处寻求庇护以逃避理性。被原则击败以后，如今它又向原则的应用开战。我们看到，几乎遭受了三千年迫害的人们，正在告诉为他们解除了长期放逐的政府，如果一个国家有必要存在几种正统宗教，同样也有必要制止那些受到宽容的人再分裂出新的教派。不过，任何受到宽容的教派本身，不都是从古代教派中分裂出来的吗？它凭什么理由否定后人享有同样的权利——它曾经向前辈们要求过的权利呢？

有人甚至提出，没有当局的批准，任何公认的教会都不能改变其信条。但是，万一那些信条被宗教共同体中的多数抛弃的话，权力能够强迫那个多数再去信奉它们吗？在发表见解方面，多数的权利和少数的权利是相同的。

当人人都被强迫遵奉同一信仰时，人们就会明白不宽容是怎么回事了：至少它是一以贯之的。它会相信它正在把人们挽留在真理的圣殿中。但是，假如有两种见解——其中之一必定为假——要由政府强迫个人赞同其中一种或另一种，使之成为他们教派的见解，或者强迫各教派永远不能改变自己的见解，这就意味着正式认可了不宽容，为谬误提供了支持。

所有信仰形式获得完全彻底的自由，既对宗教有利，也符合正义的要求。

如果宗教信仰总是完全自由的，我相信它永远都会受到尊重与爱戴。我们将很难想象谁还会莫名其妙地极力仇视或憎恶宗教本身。在我看来，宗教呼吁人们消除痛苦走向公正、消除懦弱走向健全，只会唤起人们的关切与共鸣，包括那些认为它不现实的人们。那些把所有的宗教希望都视为错误的人，一定会比其他任何人更受感动，他们会被所有受难者普遍怀有这种希望所感动，会被世界各地那些悲痛欲绝的人们——他们要求升入天堂却又得不到回应——所感动，会被远处的微风传来的无数祈祷者的祷告声——它会引起有益的幻觉——所感动。

  我们受苦受难的原因数不胜数。权力可能使我们失去法律保护，谎言可能对我们造谣中伤。我们可能受到一个完全人为的社会的禁锢之害，无法改变的自然会打击我们最为珍爱的一切。我们将会衰老，这是一个黑暗而肃穆的时刻，这时，目标变得朦朦胧胧，似乎要远离我们而去，一张令人心寒而窒息的幕布正在笼罩我们周围的一切。

  面对如此之多的悲哀，我们到处寻找安慰，而我们所有经久不衰的安慰都是来自宗教。当人们迫害我们的时候，我们为自己创造了一个避难所——我不知道除此之外人类还能找到哪一种避难所。当我们看到我们最可贵的希望、正义、自由以及我们的国家突然消失的时候，我们就会幻想在某个地方存在着一位上帝，如果我们心地虔诚，不管我们生活在什么时代，他都会向我们报以正义、自由和我们的国家。当我们哀悼一位亲人时，我们就是在架设一座跨越深渊的桥梁，并带着我们的思想穿过这座桥梁。最后，假如生活抛弃了我们，我们就会开始走向另一种生活。宗教本质上就是那些不幸者的忠诚伙伴，是足智多谋而又不屈不挠的朋友。

  这还不是全部。作为我们的苦难的安慰者，宗教同时也是我们最自然的情感。我们所有的自然感觉，我们所有的道德情感，都会不知不觉地在我们心中觉醒。出现在我们眼前的一切都将没有限制，都将引起浩瀚的感觉——天国的奇观，黑夜的寂静，大海的辽阔——全都引导着我们走向温柔或走向热情——一种善行的意识，一种慷慨牺牲的意识，一种勇敢面对危难的意识，一种对其他需要帮助或安慰的人所受痛苦的意识。凡是能在我们灵魂深处激发我们的基本天性——蔑视邪恶，仇恨暴政——的一切，都会养育我们的宗教感情。

这种感情与所有高贵、细腻而深刻的感情密切联系在一起。像所有这些感情一样，它也有些神秘：因为普通的理性无法解释这些感情。爱情——对一个目标的排他性偏爱，我们本来可能对它长期漠不关心，它同许许多多的其他人并无不同；追求荣耀——对比我们更为长寿的功名的渴望；奉献的快乐——一种与我们正常的利己本能相对立的快乐；忧郁———种无缘无故的悲哀，在它的尽头有一种我们不知道如何分析的快乐。然而，还有许许多多其他感觉是无法描述的，只是让我们的心中充满了模糊的印象和复杂的情感，所有这些都不可能用严格的理性加以解释，它们都会与宗教感情产生某种共鸣。所有这些情感都有利于道德观的发展，它们会激励人们跳出自身利益的狭隘天地，它们会使受到日常生活习惯和琐碎物质利益窒息的灵魂，重新恢复那种开朗、那种雅致、那种高尚。爱情在这些感情中最为复杂，因为它的目标使人产生一种特殊的享受，因为那个目标离我们很近，导致利己主义。另一方面，宗教感情在这些感情中最为单纯。它不会和青春一起消逝。实际上，有时它会因为年老而更强烈，仿佛是上苍在我们生命最无聊的时候给我们的一个安慰。

一位天才人物喜欢这样说：看到阿波罗的观景殿或拉斐尔的一幅画，会使他成为一个更优秀的人。的确，对任何一种美的凝视，都会使我们不由自主地感到那种完美远比我们有价值，而这种信念顷刻就会激起我们的无私精神，唤醒我们的牺牲能力——这是一切美德的源泉。无论什么原因而产生的情感，总有一些能使我们热血沸腾的东西，它给我们一种幸福感，使我们的生存感和力量感备增，使我们能够超越常情而更加宽宏大量、更加勇敢无畏、更富有同情心。甚至一个败类在受到感动的时候也会变得虔诚起来——假如他能被感动的话。

缺乏宗教感情就意味着缺乏道德观念。有些人只受自己的理智统治，只有看到证据才会投降，这些人通常会专注于深奥的沉思，依靠研究的乐趣和思考的习惯抵制堕落的诱惑，因而他们能够具备一种严

一、适用于所有代议制政府的政治原则

谨的道德观念。但是，缺乏宗教感情的芸芸众生却并无这样的机缘，我相信他们经常展露的只是一颗无聊的心、一种轻浮的精神、斤斤计较蝇头小利的灵魂，以及极其贫乏的想像力。只有一种情况可以看作例外：他们因遭受迫害而被激怒。迫害的结果就是激起人们的反抗，敏感而自尊的人们一旦被一种强加于人的宗教所伤害，也很可能会不加思索地反对一切与宗教有关的东西。但是，这种例外纯属偶然，对我们的一般论证毫无影响。

如果我认识了一位与宗教感情无缘的开明人士，我不会对他产生厌恶感。但是，一个没有这种情感能力的民族，在我看来它就是丧失了一种宝贵的天赋，丧失了与生俱来的权利。假如有人指责我未能给宗教感情提供一个足够精确的定义，那么我要问，我们怎样才能精确地定义这种含糊而又深奥的道德感呢？它那独特的性质使所有的语言都无能为力。你将怎样定义对深夜的印象、对古老森林的印象、对鸣咽的风穿越废墟或坟茔的印象、对超出我们视野的海洋的印象？你将怎样定义奥西安诗歌所引起的情感，怎样定义圣彼得教堂，怎样定义对死亡的冥想，怎样定义语音或词形的和谐？你将怎样定义狂想——那是灵魂深处的颤抖，它把全部感知力和想像力汇集到一起并迷失在神秘的混乱之中？归根结底，宗教存在于一切事物之中。凡是美好、深沉、高贵的事物，无不具有宗教的性质。

宗教是一切正义、爱情、自由和仁慈观念的共同核心，它在我们朝生暮死的世界中构成了人类的尊严，使人类不受时间左右、不为邪恶控制地团结在一起。它是一切美好、伟大、善良的事物得以摆脱时代的堕落与不义的永恒条件，是用自己的语言昭示美德的不朽声音，是从现在走向未来、从尘世走向天堂的吁求，是一切被压迫者在任何情况下的神圣后盾，是受害的无辜者和被践踏的弱者的最后希望。

那么，这位忠实的盟友，这种必不可少的援助，这种在黑暗笼罩我们时的惟一一线光明，何以在每个世纪都会成为不断遭到攻击的目标？为什么最开明、最独立、最博学的阶层几乎总是成为它不共戴大的仇敌?那是因为宗教遭到了歪曲。受到追击的人们只有逃进这一最后的避难所,逃进这座能让他生存下去的亲切的圣殿。宗教一直在权力手中变来变去,变成一种恐吓性的制度。权力给我们造成了最残酷的苦难,还要摆布对我们的安慰。教条主义的宗教这一充满敌意和迫害成性的权力,试图控制人们的想像力和心灵的需求。于是,宗教变成了一个比那些注定会让我们忘掉的祸根更为可怕的祸根。

因此,在人们要求道德独立的那些世纪,我们都能发现对宗教的这种抵制,它的矛头看似针对最亲切的慈爱,实际上它是反对最具压迫性的暴虐。偏执让信仰与暴力为伍,也就为怀疑提供了勇气。信徒的狂怒会强化非信徒的虚荣,人们因此而把天生就该拥有的一种体系的美德视为不幸。迫害会激起反抗,权力威胁到什么主张,就会刺激一些勇敢的灵魂偏偏采纳那种主张。人类天生就憎恶任何形式的思想压制,这种天性可能会发出暴怒,它可以引起许多罪恶,不过,它是由我们灵魂中最高贵的一切产生的。

在阅读著名的《自然的体系》时,我经常深感悲痛和震惊。一个与未来隔绝的老人,怀着没完没了的狂热,莫名其妙地渴望破坏,盲目而近乎残酷地仇恨一种给人以安慰的温和的思想,这在我看来真是奇怪的谵妄。但是,一想到那位作者所受到的权力的威胁,我就会理解这些胡言乱语。在所有时代,反宗教人士的思考总是令人烦恼的:他们从来没有时间或自由去从容不迫地考虑自己的主张。对他们来说,那是一笔被人觊觎的财产,他们很少想到使这些主张更加深刻,想得更多的是为它辩护和怎样捍卫它,最好是让他们保持安静,他们将为自己的胜利感到惊讶。他们将不再煽动斗争,不再急着征服,不再需要探索的权利,不再因为这些目标而兴奋。他们迄今为止一心渴望成功的想像力,将会无所事事、自生自灭。他们所看到的只是必定要被尘世吞没的人。世界了无生气,人们一代一代地匆匆而过,偶然、孤立地出现在世界上,受苦受难,然后死去。各代人之间没有任何联系,他们的命运先是痛苦,然后归于虚无。过去、现在和未来的一切交流均被切断，已经弃世而去的民族没有留下一点声音，仍然活着的民族的声音也必定会迅速沉入这种永恒的寂静。谁都没有感到，如果偏执没有遭到怀疑，这种体系的支持者反而会变得垂头丧气，至少也会保持冷淡与沉默。

我要重申这一观点：只要权力让宗教完全独立，那就没人还会有兴趣攻击宗教。思想本身也不会去考虑宗教。但是，如果权力宣布要保护宗教，特别是如果它企图把宗教变为自己的同盟，独立的思想很快就会向它发起攻击。

任何插手宗教领域的政府都将造成危害。

每当它想把探索精神全部排除出宗教时，它就会造成危害，因为那时权力将不会出于信念而行动，它只会根据自身利益而行动。它能从讲授规定见解的人那里获得什么教益呢？如果驱逐那些自由表达自己信仰的人——他们起码是些坦诚的人，——其余的人会随时用谎言逃避监督。这些监督将对谨言慎行的人产生效力，但是对那些已经堕落或开始堕落的人却无能为力。

而且，政府能有什么力量去扶植一种见解呢？它能把它的支持者统统安插在国家的重要职位上吗？但受到排斥的人们将会被这种偏袒所激怒。它要让人们在字面上或口头上表示支持它正在保护的见解吗？但其他人将会写出或说出反对意见。它要限制写作、讲话、辩论、推理甚至嘲讽或诡辩的自由吗？如果是这样，它就踏上了一条全新的道路：不再是偏袒或说服，而是压制或惩罚。它会相信法律能够捕捉每一种细微差别，然后对症下药吗？如果它的压制措施宽大温和，人们将会满不在乎；如果不施威胁，这样的措施只能招人怨恨；如果严厉苛刻，政府将会发现自己成了一个迫害者。一旦踏上这条光滑的斜坡，要想止步是徒劳的。

再者，进行迫害能使它获得什么成功？我相信，没有一个国王比路易十四具有更大的威望。在他的统治下，荣耀、虚荣、时尚、无所不能的时尚本身，全都变得服服贴贴。他给宗教以王权的支持和他本人的支持。他把拯救自己的灵魂和维护最严格的宗教习俗联系在一起，并且说服了自己的廷臣，使之相信拯救国王的灵魂具有特殊的重要意义。然而，尽管他的关切与日俱增，尽管一个古老的法庭严阵以待，尽管有着五十年光荣的回忆，但是甚至在他辞世之前，人们心中就开始有了重重疑问。我们在关于那个时期的回忆录中可以发现一些被截获的书信，据梅特农夫人告诉我们，那都是路易十四的殷勤而又令人作呕的奉承者写给上帝和国王的。国王死了。哲学的冲动摧毁了一切堤坝；理性为自己所遭受的难以忍受的限制复了仇，而长期反压抑的结果就是过分的怀疑。

如果极力试图在一个怀疑的世纪重建宗教，同样会造成危害，同样会证明自己的无能。只有当人感到需要宗教的时候，宗教才能建立起来。只要人受外界的考虑所累，实际上他就没有什么能力去体会那种需要的力量了。他们说——而我本人也相信——宗教是自然的，因此，它的声音不能披上权力的外衣。如果舆论对宗教不利，那么政府插手保护宗教便特别有害，因为保护宗教的是一些并不信教的人。统治者像被统治者一样也要顺应人类思想的进步。一旦怀疑情绪渗透到一个民族的开明阶层，它就会慢慢找到进入政府本身的途径。在所有的时代，舆论或虚荣都比利益强大。掌权者们自以为偏袒宗教符合自身利益，这是无济于事的。他们可以为了宗教而显示他们的权力，却不能由此而显示出对宗教的尊重。他们可以向公众表示自己的幡然醒悟而找到某种快感。他们生怕自己看上去信仰坚定，免得被认为是骗人。如果说头一种表现是为了骗取人们的信任，第二种表现则是为了夺回怀疑的荣誉，而无论是谁，如果试图显得比他所表白的信仰还要高明，那他必定是个糟糕的传教士。

于是产生了这样一条公理：宗教对于人民必不可少。那些重申这一公理的人的虚荣心得到了满足，因为他们的重申把他们与人民区别了开来。

如果这个公理指的是社会的劳动阶级比有闲阶级和富有阶级更需

要宗教，那么它本身就是虚伪的。假如宗教是必需的，它对任何教养程度的人都是同样必需的。贫穷无知的阶级的犯罪，其性质固然更为暴烈、更为可怕，但同时也更易于发现和镇压，法律包围着他们，控制着他们，可以轻而易举地镇压他们，因为这些犯罪是在同法律进行直接冲突。上层阶级的腐败却是阴险狡猾而又花样百出，它规避法律，通过躲避法律的形式而嘲弄法律的精神，并运用金钱和权势对抗法律。

真是岂有此理！穷人没有权力，他的周围障碍重重，受着各种约束的限制，既没有保护者也没有支持者，他有可能犯下一个孤立的罪行，但只要他被发现犯了罪，所有的东西都会武装起来反对他，他很难指望从他的法官那里得到丝毫谅解，因为法官总是从敌对阶级中挑选出来的，他的亲属和他本人一样无能为力，他看不到免罪的机会，他的行为决不会对他所属社会的整个命运产生影响。不过，正是因为他，你才希望宗教的神秘保护！如果是富人犯罪，则会由贵族、由他的同盟、由那些一旦判处其刑罚则必然会遭到某种报应的人来审判。社会慷慨地支持他，一切物质的、道德的机会都对他有利，这纯粹是由于他的财富，他可以从远处施加他的影响，他可以使法律无效或腐败。不过，正是这种强大和受优待的人，才是你想从枷锁中解放出来的人。你认为枷锁必须套在贫困无助者的脖子上。

我是根据一种习惯性的假设——宗教作为刑法的一种补充显得尤其宝贵——写出这一切的。但这绝不是我个人的看法。我对宗教寄予的希望比这要高，我不认为它是权力和有权人的助手。严格地说，出于算计、利益和安全的考虑而形成的日常道德，能使宗教成为完全多余的东西。没有宗教，它也能对富人产生作用，因为富人有反省能力；它还能对穷人产生作用，因为法律镇慑着穷人，还因为他的工作已被事先排定，长期劳作的习惯在他的生活中产生了类似反省能力的效果。但愿灾难降临在那些仅仅拥有这个日常道德的人民身上！创造一种比宗教更高尚的道德，似乎正合我意：我寄希望于它的，不是镇压粗俗的犯罪，而是使一切美德变得崇高。

宗教的捍卫者们往往认为，把宗教说成最为有用的东西就是为它作出了不寻常贡献。如果让他们看到，在所有可能的作用中他们可能只赋予了宗教最糟糕的作用，他们会说些什么呢？

如果为了一个明确的目的、一项直接的用途、一种日常生活的需要而探寻大自然的所有美妙之处，我们就会破坏它那宏伟壮丽的整体的全部魅力；同样，由于不断把宗教当做有用的工具，我们使它受制于那种用途。如今它已降到了次要地位，它似乎仅仅变成了一种手段，而正是由于这一事实，它遭到了贬低。

而且，宗教对人民来说不可或缺这一公理，是彻底毁灭宗教的最佳方式。人民出于一种相当可靠的本能，会警惕那些迫在眉睫的事情。这种本能的起因犹如儿童的见识及所有仰人鼻息的阶级的见识一样。他们的利益使他们对那些安排他们命运的人的内心思想保持警惕，指望人民长期信仰同它打赌的人所拒绝信仰的东西，那是过高估计了他们的善良本性。相反，赌徒们玩弄技巧的唯一结果就是，人民一旦识破他们是些不信教的人，就会疏远自己的宗教而无需知道原因。他们禁止自由探索的目的是阻止人民受到启蒙，而不是阻止他们漠视宗教。实际上，他们由于模仿而变得漠视宗教；他们把宗教看作傻瓜才会关心的事情和一种骗术，每个人都把它留给他的下游，而他的下游则会迫不及待地把它推到更下游。宗教就这样不断沉沦、日趋堕落。如果它受到各方的攻击，它受到的威胁反而不大，至少它还能在最敏感的灵魂中找到避难所。虚荣并不顾忌自己的愚蠢，也不担心由于尊敬宗教而贬低了自己。

谁会相信它！即使政治权力想把宽容原则纳入它的管辖范围，那也会造成危害：这是因为它给宽容套上了明确而固定的形式，有悖宽容的本性。宽容不过是现在和未来一切信仰形式的自由。约瑟夫二世皇帝想要使宽容成为定制，于是，作为一个自由主义者，他一开始就把他的臣民所表明的宗教观点整理出一份庞大的明细表。我不知道有多少观点被他记录在案受到保护。结果发生了什么呢？突然又冒出来一个已被遗忘的教派，而宽容的君主约瑟夫二世却说它来得太晚了。波希米亚的自然神论者由于生不逢时而受到迫害，而这位哲学家国王发现自己与布拉班特人和不幸的波希米亚人同时发生了冲突，前者要求大主教独享支配权，后者要求言论自由。

这种有限的宽容包含着一个特殊的错误。只有想像力才能满足想像力的需求。当你在某个帝国宽容了二十种宗教，你还是没有为第二十一种宗教的信徒做任何事情。期望给臣民提供充分自由、允许他们在一定数量的宗教信仰中进行选择的政府，就像一位来到一个德国小镇的法国人一样，那里的居民想要学习意大利语，他却让他们在巴斯克语和布列塔尼语之间进行选择。

教派林立会使某些人感到惊恐不已，但这对宗教来说恰恰是最健康的东西。它的作用在于使宗教保持为一种感情，而不致成为纯粹的形式，成为几近机械的习惯，把自己与每一件坏事、有时甚至与每一种罪行联系在一起。

如果宗教发生了这样的退化，它就会彻底失去对道德的影响力。可以说，它的归宿应当是人类心灵的一隅，它在那里可以与世隔绝。在意大利，我们看到人们会在屠杀之前先做弥撒，屠杀之后坦然供认，接着用忏悔开脱屠杀，而刚刚从忏悔中解脱出来的人们，又在为新的屠杀做着准备。

没有比这更简单的事情了：为了防止教派的分裂，你必须阻止人们反省自己的宗教；因此你必须阻止他去关心系教；你必须把宗教变成用来背诵的信条和用来遵守的惯例。它会完全变成外在的、不必思考也能做的事情，结果是索然无味，令人心不在焉。

某些蒙古族人——他们的宗教要求他们不断祈祷——确信，能使他们的祈祷取悦诸神的就是空气的运动，诸神会认为这是人们关心诸神的确凿证据。结果，这些民族发明了小小的转经轮，以一种可靠的方式搅动着空气，使之不断保持所需要的运动。只要这些机械在转动，每个人都会相信诸神得到了满足，就可以怀着轻松的心请去忙活自己的事情或者寻求快乐。不止一个欧洲国家的宗教会使我经常想起那些蒙古民族的小转经轮。教派的增多对于道德观念来说极为有利。一切新生的教派都想以更严格认真的道德观念，使自己有别于那些它们所脱离的教派，而目睹自身内部正在发生新的分裂的教派，往往会产生与新生教派进行竞争的欲望，因而不愿在这方面落后于革新者，所以，新教的出现改革了天主教徒们的习惯。如果权力不去横加干预，新生的教派将会不计其数，每个新的群体都会试图证明自己习俗纯正、因而教义精当，每个被遗弃的群体也都想依靠同一件武器捍卫自己。由此将会导致一场令人愉快的斗争，而斗争的成就就在于确立一种更为严肃的道德观念。习俗可以凭借自然的冲动和体面的竞争而毫不费力地得到改进。这就是我们在美国，甚至在苏格兰看到的情形，虽然那里的宽容还远不够理想，然而那里的长老派已经化为无数的分支。

迄今为止，教派的诞生还远未伴有如此有益的结果，几乎总是带着分崩离析的不幸标志。那是因为权力的干预。由于权力的声援，由于权力的轻率行为，此前曾是无害甚至有益的绝大多数细微差别，便成了倾轧的种子。

腓特烈·威廉，腓特烈大帝之父，由于发现其臣民信奉的各类宗教并不像军队那样受同一种纪律约束而感到震惊，遂决定某一天把路德派和新教派合并起来。他消除了他们各自信条中造成分歧的原因，强迫他们达成一致。此前，两派虽然一直各立门户，但相互之间充分理解。被宣布合并以后，他们很快即开始了一场无情的战争，相互攻击并反抗权力。腓特烈二世在他父亲驾崩后登基，他让他们信其所信，他对两派间的斗争视若无睹，对他们的言论充耳不闻。两个教派很快失去了成功的希望和恐惧的刺激，只好默不作声。他们的区别依旧，但纷争却平息了。

如果政府反对教派的繁衍，那就是误解了自己的利益。如果一个国家教派林立，他们就会相互牵制，从而使君主无需向任何一派作出让步；如果只有一个居统治地位的教派，权力就要被迫费尽心思以消除它的令人畏惧之处；如果仅仅存在着两三个教派，那么，每一派都足以对其他教派构成可怕的威胁，这就必需不断对它们进行监督和压制。不可思议的对策！你说你要维护安宁，而为了确保这一目标，你却阻止意见分歧，即让人们由此分化成又小又弱、实际上难以感觉到的集团，你反而组建了三四个大型敌对团体，你让他们相互对峙，你认为他们应当维持这些庞大而强有力的集团，结果他们准备一见信号就相互攻击。

这就是宗教不宽容的后果。但是，反宗教的不宽容同样致命。

权力决不应该排斥任何宗教，即使在确信系教具有危险性的时候也是一样。在惩罚由宗教导致的罪行时，不要把罪行看作宗教行为，而要把它们看作犯罪行为，这样，控制犯罪就比较容易成功。假如把它们当做宗教行为来攻击，就会把它们转化成一种责任，而且，假如还想追究最早促成犯罪的那种舆论，则会陷入无休止的压制和不义的困境。逐渐削弱舆论的唯一手段，就是确立探索的自由。这种自由意味着独立于每一种权力，不要任何集体的干预，因为从根本上说，探索只是个人的事情。

人类精神天生就厌恶迫害并同情被迫害的信仰，若想让迫害成功地摧毁那种信仰，必然使灵魂腐败，人们不仅要打击他们想要摧毁的宗教，还要打击一切道德感。若想说服一个人鄙视或抛弃因所持主张而遭受苦难的同胞，若想强迫他今天放弃昨天还在信奉的突然遭到威胁的教义，只能去窒息他心中的一切正义感和自豪感。

仅仅迫害教士并不能缓和迫害的程度，那些迫害措施很快就会影响到所有信奉同一教义的人们，以及所有对被压迫者的不幸怀有同情的人们。"不要告诉我，通过大力迫害那些所谓顽固不化的教士，一切对抗都会销声匿迹。我希望事实正好相反，而且我是出于对法兰西民族的尊重才这样希望。任何屈服于暴力的民族，就其良心而论，必是一个无耻、堕落的民族，人们根本不要指望它还有什么理智或自由。"玛丽·德·克莱蒙－托内尔在1791年就指出了这一点，而且事实已经两次证明了他的预见。

迷信只有在受到保护或受到威胁的时候才会变得穷凶极恶。不要用非正义行为去激发迷信，只要使它丧失能够造成危害的一切手段就足够了。它将首先变成一种无害的热情，然后很快就会自生自灭，不再会因为受苦受难而引起关注，也不再会因为与权力结盟而作威作福。

人类的思想，无论是真是假，都是他最神圣的财产，暴君如果对它进行攻击，都是同样有罪。无论谁以哲学的名义排斥思辨的迷信，无论谁以上帝的名义排斥独立的理性，都应该受到贤者的诅咒。

请允许我再一次援引玛丽·德·克莱蒙－托内尔的话作为结论。他不能被谴责为极端主义者。尽管他是自由的朋友，或许正因为他是自由的朋友，他在制宪议会中几乎总是遭到两派的一致反对，他是为中庸之道而献身的。我相信，他的看法非常重要。他说："宗教和国家是两个截然不同、毫不相干的事物，把它们融为一体只能使两者都失去自然属性。人类与他的创造者有关系，他会形成或接受与这些关系有关的一整套思想，这种思想的体系就叫宗教。因此每个人的宗教就是每个人对他与上帝的关系的看法。因为每个人的看法都是自由的，所以他可以接受、也可以不接受一种特定的宗教。少数人的看法决不能屈从于多数人的看法。因此，没有一个看法能由社会契约来支配。宗教属于所有的时代、所有的地方、所有的政府。它的圣殿就是人类的良心，而良心是人类惟一不能对社会习俗作出牺牲的官能。社会团体决不应把任何崇拜对象强加于人，也决不应否定任何崇拜对象。"

权力既不应把崇拜对象强加于人，也不应对崇拜对象加以排斥，这一事实并不意味着权力不必为任何崇拜对象付出代价。在这里，我们的宪法再次对那些真正的原则保持了忠诚。把人类的宗教同他的金钱利益搅在一起是个错误。强迫公民在面对他所崇拜的上帝时为自己的代言人支付报酬，正好给这人提供了一个只要放弃信仰便可立即获利的机会。这会制造一种感情负担，它对一些人来说是人世间的消遣，对另一些人来说却是人世间的劳作，已经产生的影响非同小可。有人相信他们正在说出某些哲理，证明了更值得去做的是清理出一片场地，而不是为一位神父支付报酬或者修建一座教堂。但是建教堂或为神父支付报酬意味着什么呢？那不是承认了存在着一位值得与之交流的仁慈、公正而强大的上帝吗？我真希望国家能够宣布向为数众多的所有教派的神父——而不是一派的牧师——支付报酬，我真希望国家能够宣布这种交流不会中断、尘世不会与天堂绝交。

新生的教派不需要社会负担他们神父的生计，他们把全部激情都投入了新鲜思想和深刻信念之中。但是，一个教派一旦开始在它的圣坛下聚集起整个社会的大量成员，社会本身就应该资助这新的教堂。由于人人都向他们支付报酬，负担也就成了人人平等的负担，那是平等地分担共同责任，而不是显示一种特权。

宗教犹如条条阳关大道，我希望国家能够给予养护，但也要让人人都能自由地选择那些羊肠小道。（卢梭：《社会契约论》，4卷，第8章）玛丽·德·克莱蒙-托内尔接着说道，"如果有人公开承认这些信条，而在行为上却表现出并不信仰它们，那就应当把他处以死刑，因为他犯下了极大的罪行，他在法律面前说了谎。"

凡是不幸不相信这种信条的人，如果说出了自己的怀疑，便会使自己遭到流放。如果他的感情约束着他，如果他有家室妻儿，他不愿离开他们流亡他乡，那么，你——正是你——不是在强迫他犯下最大的罪行，强迫他在法律面前说谎吗？不过我要说，在这种情况下，说谎算不上是犯罪。当法律只要求我们说出它规定的实话时，我们根本就不欠它实话。

论个人自由

法国曾经颁布过的所有宪法都说要保障个人自由,然而,在这些宪法的统治下,个人自由却不断受到侵犯。事实证明,简单地宣布一下是不够的,我们需要的是明确的保障。我们需要一些足够有力的机构,能够为了被压迫者而使用成文法批准的保障措施。我们的现行宪法是惟一一部确立了这些保障,并授与中介机构以充分权力的宪法。由于陪审团制度而免遭攻击的出版自由,得到确立的大臣们的责任,特别是下属的责任,最后,一个庞大而独立的代表制度的存在,都是今天环绕着个人自由的堡垒。

这种自由实际上是所有社会的目标。公共道德和私人道德都依赖于它,工业的前程也依赖于它,没有它,人们既不会享有和平,也不会享有尊严,更不会享有幸福。

专断权力能毁灭道德,因为没有安全感就谈不上道德;如果高雅情感的主体不能在其纯真的庇护下切实得到安宁,那就不可能有高雅的情感。当专断权力毫无顾忌地打击那些被它怀疑的人时,它迫害的不仅仅是某个人,它首先侮辱和贬低的是整个民族。人们总是希望逃避痛苦:当他们的所爱受到威胁时,他们要么会放弃它,要么会保卫它。M. 德·波夫说,城镇一旦受到瘟疫的攻击,习以为常的生活方式霎时就会遭到败坏,人们相互劫掠,宛如死到临头。专断权力给道德带来的后果,就像瘟疫给肉体带来的后果一样。

专断权力是家庭纽带的敌人,因为这些纽带使自由生活的希望有了充分的根据,这是正义向公民提供的庇护。专断权力则强迫儿子眼看着父亲遭受压迫却不能去保护他,强迫妻子默默无语地眼看着丈夫被逮捕,强迫亲戚朋友矢口否认最圣洁的情感。

专断权力是一切民族交流——它给各民族带来繁荣——的敌人。它破坏信誉,摧残贸易,打击一切安全感。当一个人被证明无罪却又遭受苦难时,任何有识之士都有充分的理由认为自己也受到了威胁,因为安全感被破坏了，一切交流都会感受到冲击，大地也会发抖，因为它害怕我们一意孤行。

如果放纵专断权力，它就会不断扩张，以致最微不足道的公民都会突然发现，它已经全副武装地针对自己而来。自己置身事外，让其他人经受打击，这是不行的。无数的联系使我们与我们的同胞相依为命，最急切的利己主义也很难成功地完全割断这种联系。你相信自己可以谨言慎行而免遭伤害，但是，你有一个年轻气盛的儿子、一个并不像你那么谨慎的兄弟会敢于表达自己的异议，你有一个曾经受过你伤害的宿敌，他现在成功地获得了某些权势。那么，你会怎么办呢？你在痛责一切抗议、一切抱怨之后，是不是该轮到你来抱怨了？你会提前被判有罪，判决你的是你自己的良心和你曾经参与其中而现在已经贬值的舆论。你会不加反抗就屈服吗？实际上，你会得到屈服的机会吗？他们不会拒绝吗？他们不会迫害一个讨厌的对象、一个非正义的标志吗？你已经目睹了人们受到的压迫；你已经判决他们有罪；你已经开辟了一条如今你不得不沿着它走下去的道路。

被视为一整套制度的政府，不能与专断权力和谐共存。因为政治制度不过是些契约，而契约的性质就是要规定一些不可变动的限制。因此，与这样构成的契约背道而驰的专断权力，将会削弱一切政治制度的基础。

对于正在运转的政府来说，专断权力是危险的：因为，尽管有时专断权力可以加快政府的前进速度，从而使政府显得强大有力，但它必定会使政府的行为丧失规律性和持久性。

如果有谁告诉一个民族，你们的法律不足以统治你们，这等于是让这个民族有权如此回答：如果我们的法律不足，我们需要其他法律。这些会使所有合法权力都受到怀疑：剩下的便只有暴力了。因为一个人需要过分地相信人们的愚蠢，才会对他们说："你们为了得到某些保护，愿意让自己承受这样那样的不方便。我们现在撤除对你们的保护，但给你们留下那些不方便。你们既要忍受社会状况的一切压制，又要面对这种严酷环境的一切风险。"

专断权力丝毫无助于政府的安全。当政府运用法律反对它的敌人时，敌人不可能运用同样明确而正规的法律来对抗政府。但是，当政府采取专横行动反对它的敌人时，敌人却能以同样的专横回击政府，因为这种行为含糊不清，没有任何固定的界限。

如果正当的统治选择了使用专断权力，它会由于采取这种手段而牺牲它的生存目标。为什么我们希望权力镇压那些侵犯我们的财产、自由或生活的人？因为我们要确保能够享受财产、自由或生活。但是，如果专断权力可以毁掉我们的财富，可以威胁我们的自由，可以侵扰我们的生活，我们又能从权力的保护中得到什么好处呢？为什么我们希望它惩罚那些密谋反对国家宪法的人呢？因为我们害怕一个合法组织被一种压迫性权力取而代之。但是如果权力本身行使这种压迫性权力，它还能提供什么好处呢？也许暂时会有些实际的好处。已经得到确立的政府，其专横措施会大大少于那些仍须努力谋取权力的宗派之所为。然而，甚至这点好处也会因为专断权力而丧失殆尽。专断权力最初只表现为在极罕见的条件下使用的最后手段，最终却会变成解决一切问题的日常手段。

遵守程序能够遏制专断权力。程序是社会的保护神，只有程序才能保护无辜，它们是使人们融洽相处的惟一手段，其他的一切都是含糊不清的——如果把一切都交给独往独来的良心和摇摆不定的舆论的话。只有程序是完全显而易见的，被压迫者所能求助的也只有程序。

这个针对专断权力的补救措施就是官员的责任。古时的人相信，被罪恶亵渎了的地方必须经历一次赎罪，而我相信，在将来，为了使遭到专横行为败坏的地方得到净化，需要对罪犯进行惩罚以做效尤。每当我在一个国家看到一位公民被任意监禁，却看不到人们及时惩罚这种违犯程序的行为，我就会说："也许这个民族希望自由，也许它应该得到自由，但是它对自由的基本要素却茫然无知。"

许多人认为，行使专断权力不过只是采取治安措施，而且，既然他们总是希望成为实施措施的人而不是成为措施的实施对象,显然,他们会感到措施非常适宜于公共安宁和良好秩序。然而,其他不那么乐观的人却会从中感到一种极大的烦恼:危险正在加剧。

给行政权的持有者以侵犯个人自由的权力,你就会消灭所有那些保障——那是人们在法律帝国统治之下团结在一起的首要条件和惟一目标。

你需要独立的法庭、独立的法官和独立的陪审员。但是,如果法庭的成员、陪审员和法官能够被任意逮捕,他们还有什么独立可言?或者,假如针对他们而采取的专横措施并不是因为他们的公共行为,而是因为秘密原因,那将发生什么事情呢?毫无疑问,只要他们还坐在法律为他们安排的显然是不可侵犯的位置上,内阁权力就不能宣布逮捕他们。即使他们和它作对并按照自己的良心行事,它也不敢把他们作为陪审员和法官加以逮捕或流放,但是它会把他们当做受到怀疑的个人加以逮捕或流放。因此,被你交给警察任意处置的,不是一小撮地位卑下的公民,被你交给警察任意摆布的,是所有的法庭、所有的法官、所有的陪审员,从而所有的被告。

在一个大臣们任意行使逮捕或流放权的国家里,为启蒙舆论而给予某种程度的出版自由或安全感,似乎没什么意义。假如一位严格遵守法律的作家与掌权者的意见发生冲突或者批判掌权者的行为,他不会作为作家遭到逮捕或流放,而会作为一个危险的个人遭到逮捕或流放,其原因也不会公开。

就这种显而易见的事实列举更多的例子有什么意义呢?一切公共职务,一切私人身份,同样都会受到威胁。对欠自己债的权力机构纠缠不休的债权人、拒绝人们向女儿求婚的倔强的父亲、为保卫妻子的贞操而显得碍手碍脚的丈夫、功绩卓著的竞争者或高度警觉的监督者,无疑将不会以债权人、父亲、丈夫、监督者或竞争者的身份被逮捕。因为,既然权力能以秘而不宣的原因逮捕或流放他们,我们怎么能够相信人们不会去捏造那些秘而不宣的原因呢?权力会担什么风险呢？要求它提出合法理由显然是不可能的，只要它还想作出谨慎的解释，它也许会想到应当去迎合舆论，由于一切都无从调查核实，谁会看不出来，诽谤足以促成迫害呢？

只要专断权力得到纵容，那就没有丝毫安全可言，任何制度都躲不开它，它从根本上否定它们。它用被它变得无能为力的程序欺骗社会。一切承诺都会变成谎言；一切保证都是为信以为真的不幸者设下的圈套。

当人们为专断权力辩解，或希望减少它的危险的时候，总要谈到最高权力的持有者，仿佛除此之外公民与其他专断权力并无关系。但事实上，他们和所有从属的权力有着无法回避的更为直接的关系。只要你容许任何未经法律批准的流放、监禁和镇压措施，而且在实施前未经任何审判，那么，你既没有让公民受到君主权力的统治，甚至也没有受到大臣权力的统治。那是绝大多数下级权力所实施的暴政。只有这种权力可以采取临时措施把公民打翻在地，并用谎言为这种措施辩护。假如它行骗，它就能成功，而这样的权力肯定会去行骗，因为，越是希望君主和大臣们更好地总揽大局，希望他们偏重于国家及其尊严、财富和力量的不断昌盛，这些重大职能就越是使他们不可能细察个人的利益，但无论多么微小的个人利益，与整体利益相比也是同样神圣的，因为它们包含着无辜者的生命、自由和安全。所以，必须把这些利益托付给那些能够照料它们的人加以照料：托付给专事甄别冤情、审核控告、调查罪行的法庭；托付给既从容不迫又义不容辞地明察秋毫的法庭；托付给负有特别使命、又能独自完成使命的法庭。

我不认为流放与逮捕及任意监禁有什么区别。把流放视为一种比较温和的处罚是错误的。我们被过去的君主制传统所蒙骗。我们被一大批著名人士的流放所误导，我们还记得恰德·夏赞尔是多么深受其大度的朋友们的尊敬，这使我们感到流放似乎是一次凯旋的进军。但是，让我们往下看一看那些卑微的阶层，让我们看一看其他那些时代,我们就会看到,对下等人的流放使他们妻离子散,使商人倾家荡产,使父母被迫放弃对子女的教育或把他们交给惟利是图之手,使朋友离散,使老人习惯的生活方式遭到破坏,使勤奋者无所事事,使天才无用武之地。我们将会看到,流放与财产权紧密相关,掠夺者把他的牺牲品驱赶到不为人知的地方,留给他们的财物连最基本的需要都无法满足,使他们享受不到最低限度的快乐;我们将会看到,流放与冷漠紧密相关,它在那些被流放者周围布下了怀疑和猜忌的罗网,使他们处处受到排斥,自始至终不是经受陌生人的冷漠,就是蒙受官吏的侮辱;我们将会看到,流放冻结了所有情感的源泉,一贫如洗使被流放者失去了相随的朋友,人们的健忘又夺走了他的另一些朋友,他对他们的记忆只会使他看到他那个已经不复存在的国家,利己主义诱人告发,或为漠不关心的态度开脱,被人遗弃的牺牲品只能白费力气地试图在他孤独的灵魂中保留一些往日生活的残破痕迹。

现政府是历来的法国政府中第一个在拟订宪法时正式放弃这一可怕特权的政府。它以这种方式使一切权利和一切自由变得神圣不可侵犯。它给予了国民在 1789 年就希望得到、今天仍然想要得到、二十五年来一直不屈不挠要求得到、每次夺回权力都要大声疾呼的东西。正因为如此,这个政府将在法国日益深入人心。

论司法保障

1814 年宪章有关法官不能罢免的内容非常含糊。它宣布不可罢免的只是那些国王提名的法官,并没有做出明确的规定,使那些根据过去的任命已经在任的法官得到王室的任命。这种从属地位——一大批人发现自己处于这种地位——对那个时代的内阁大有帮助。

更为坦诚和坚定地走向进步的现政府,已经在新宪法中废弃了所有模棱两可的特权。它同意从已经确定的最近一个日子开始,法官不可罢免。

实际上,一切有时限的任命——不管是来自政府还是来自人民,罢免的可能性，缺乏明确的评价，全都是对司法权的独立性的攻击。

买卖官职受到了猛烈的批判。它是一种弊病，但这种弊病也有过一个好处，以致过去那种取代它的司法秩序曾使我们懊悔不已。

在整个革命过程中，法庭、法官、审判，没有一个是自由的。不同的党派一个接一个地占用这些法律工具和形式。让一个人鼓起勇气敢于在战场上英勇牺牲，要比让他面对暴政和党争的威胁而担任独立发表意见的公职容易得多。一位能够被调离或罢免的法官，要比一个花钱购买官位的人更危险。买了官位的人不如总是害怕失去官位的人腐败。我也想过针对敷衍塞责的法官而实行陪审团制度、诉讼公开及严格的法律监督，并将这些奉为神圣。但是，一旦采取这些预防措施，司法权则必须处于完全独立的地位，所有权力都不应对此抱有异议。没有什么能比那些没完没了的夸夸其谈更有效地腐蚀舆论和道德了，它们无时无处不在反对那些不可侵犯的人们，或者反对那些自身应该受到审判的人们。

在立宪君主制度下，任命法官应该是君主的特权，这是个显而易见的真理。这种政体一定会使王权得到所有与自由相吻合的影响，甚至所有与自由相吻合的声望。人民在选择法官时往往会犯错误，而王权所犯的错误肯定非常罕见。犯错误对它没有任何好处，而避免错误则有着刻不容缓的利益，因为法官不能罢免，他们的职权不是临时的。

为了使法官的独立性得到充分保证，也许有朝一日必须提高他们的薪俸。总的原则是，为公职支付薪俸是为了保护那些忠于职守并使之完全独立的人。人民代表显然是富裕阶层且又渴望荣耀，不需要支付薪俸。但是法官的职责并不具有无偿履行的性质。而且，任何需要支付薪俸的职责，如果薪俸微薄，则必定会遭到蔑视。要减少法官的数量，把他们能够视事的地区分派给他们，并给他们提供丰厚的报酬。

如果没有陪审团制度去辅助不可罢免的法官，仅有法官的不可罢免，是不足以保护他有权保护的无辜者的，尽管那种制度受到大量诽谤，尽管它的一些缺陷至今还不可能全部消除，但它带来的好处却不可胜数。

我知道，陪审团制度在我们中间受到抨击，是因为法国人的冷漠、无知、漫不经心和轻浮。应该受到谴责的不是制度，而是民族。但是，如果一个制度生性优良，虽然开始似乎难以适用于一个对它并不习惯的民族，但仍然可以证明它是适宜和有益的，因为那个民族将会通过制度本身获得它先前缺乏的能力，难道人们还不明白这样的事情吗？我永远都不愿相信，一个民族居然能够不去首先关心自己的利益，不去维护正义，不去保护受到指控的无辜。

一位反对陪审团的人士——他的著作大概比任何人的著作所能激起的反对情绪都更为强烈——写道，"法国人永远不会具备履行陪审员的职责所必需的教养和决心。我们对一切行政管理事务都漠不关心，只有利己主义、个人利益和冷若冰霜，这实际上是公益精神的残缺，所以，建立这种程序的法律不可能付诸实施。"

但是，我们所需要的，恰恰就是那种能够克服冷漠态度和利己主义的公益精神。你能设想英国人如果没有一整套自己的政治制度，这样一种精神会在他们中间存在吗？在一个陪审团制度一再受到拖延、法庭的自由受到侵犯、被告硬被说成有罪的国家，不可能出现这种精神。在攻击者应当受到批判时，他们却批判陪审团制度。

我们看到，"陪审员不可能根据制度的要求，把自己的判断同口供和其他各种证据分开，在有判断时，这些东西是多余的，而没有判断时，它们又是不够用的。"不过，没有必要把这些东西割裂开来，实际上它们是得出判决的基本因素。制度的精神只要求陪审员不应被迫在无数的推算基础上，而是在融合证据、口供及各种证词之后产生的印象基础上做出判决。因此，根据普通常识使足以保证一位陪审员在听取证言、辨明证据、比较各种证词之后，确信并宣布他是否已作出判决。

这位作者继续说,"假如陪审员发现一项法律过于严厉,他们会为被告开脱,会违背自己的良知,宣布事实不清。"而且他还设想了一个人由于包庇自己的兄弟而成为被告并由此导致被判死刑的案子。我认为,这个例子不但远不能起到反对陪审团制度的作用,而且是对陪审团制度的最高赞赏。它恰恰证明了这种制度能够阻止执行有违人道、正义和道德的法律。某人在成为陪审员之前也是一个人。就这一特指的案例而言,我非但不谴责陪审员未能尽到陪审员的职责,而且还要赞扬他作为一个人履行了他的职责,因为他在凭借所有的权力手段挺身帮助一个不是由于一件罪行而是由于一次善行而即将受到惩罚的被告。这个例子不能证明我们不需要陪审团;它证明的是我们不需要将某个包庇兄弟的人判处死刑的法律。

作者继续说,"那么,每当刑罚过度或陪审员认为过度的时候,陪审员将会违背自己的信念宣布判决。"我的回答是,作为一位公民和有产者的陪审员,不让那些威胁所有社会团体成员的安全、财产或生命的罪行逃脱惩罚,和他自己的利益息息相关。这种利益将会战胜一时的怜悯:英国为我们提供的这类例子,也许是一个令我们不安的例子。严厉的刑罚被用于罪不当罚的罪行,即使陪审员同情那些被他们送上断头台的人,但也不会背离自己的判决。人们在一定程度上都是尊重成文法的,只有非常强烈的动机才能战胜这种尊重。只要这样的动机存在,那就是法律的过错。假如陪审员认为刑罚过度,那是由于它们确实过度,因为——再说一遍——陪审员的兴趣并不在于发现它们过度。在极罕见的情况下,也就是说,当陪审员被夹在不可抗拒的正义和人性的情感与法律条文之间的时候,我敢说,如果他们与法律分道扬镳,那并不是一件罪恶。一部法律决不应当使共同的人性厌恶到如此程度,以致从国民当中选出的陪审员们拒绝实施这部法律。终身法官制度,出于习惯而对这种残暴的法律安之若素,非但不是一种好处,反而是一个祸根。

同一位作者还认为,"陪审员不能履行他们的职责,有时是因为恐惧，有时是因为怜悯。"假如是因为恐惧，那说明警察力量在玩忽职守，它不能保护他们免遭个人报复；假如是因为怜悯，那就说明严刑酷法有错误。

法国人的粗心、冷漠和轻浮，是他们的制度不完善的结果，而这些态度的作用又被说成是他们的事业之所以不朽的原因。没有一个民族在获准照料自身利益的时候，会依然对这些利益漠不关心：每当它显得漠不关心时，那是因为没有获准照料它们。从这个角度来看，陪审团制度对法国人民来说更是必不可少，尽管那个制度一时还缺乏正常运作的能力。法国人民在陪审团制度中得到的将不仅仅是这个制度的特定好处，还会得到重建其道德素养这一更为普遍、更为重要的好处。

为了保障法官不可罢免和陪审团不可侵犯，就必需既持之以恒又一丝不苟地尊重司法程序。

在革命时期，通过一种奇特的嫌疑推定，那些尚待审判的人们不断地被提前宣布有罪。

程序构成了一道安全屏障：省略程序就是削弱或撤除这道安全屏障，因此本身也是一种刑罚。如果我们对被告处以这种刑罚，那就等于提前证实了他的罪行。但是，暂且不谈他的罪行可能是什么，既然它已经被证实，法庭又有什么用处呢？如果他的罪行尚未得到证实，你有什么权利仅仅凭着怀疑把他打入另册，剥夺他与这一社会阶层全体成员相同的利益？

这种荒谬绝对不是唯一的荒谬。程序对于定罪要么必不可少，要么毫无用处。如果毫无用处，为什么要在普通审判中保留它呢？如果必不可少，为什么要在最重要的审判中省略它呢？在审理一件小小的轻罪时，被告的生命和荣誉都不至于受到侵犯，他的诉讼会以最庄严的形式结案，但是，每当涉及某些可怕的罪行，并且有可能致人声名狼藉甚至夺人性命的时候，却只消一句话就能省略一切保护性预防措施。法律的准则被拒之门外，程序被偷工减料，人们似乎认为起诉越是严重,就越没有必要对它进行审查。

你说,我们只是不让强盗、刺客、阴谋家从程序中受益。但是,在他们被验明这种身份以前,是否有必要看一看证据?假如存在着一种更健全或更快捷的程序,那就让我们采纳它,但要在所有的案件中都采纳。为什么针对某一种犯罪行为能看到毫无意义的拖延,而对另一种犯罪行为我们要以危险的草率仓促定案呢?这显然是自相矛盾的。假如草率并不危险,拖延起诉就是多余的;假如拖延起诉并非多余,草率就是危险的。难道在审判之前用不着辩论,人们就能通过准确无误的表面迹象区分无辜和有罪,区分谁应该享受具有合法形式的特权和谁应该被剥夺这种特权?因为这样的迹象并不存在,那些合法形式就是必不可少的。因为合法程序似乎是区分无辜和有罪的唯一途径,所以一切自由和人道的人们都会要求合法程序。无论程序多么不完善,它都是一种保护性力量,破坏了这个程序,保护性力量也就丧失了。无论是多数人的暴政还是其他暴政,程序都是它的天敌和永不屈服的对手。只要程序存在,法庭就会或多或少地尽力抵制专断权力,并足以对它进行限制。在查理一世统治时期,英国法庭不理会朝廷的威胁,赦免了几位自由的朋友;在克伦威尔统治时期,尽管法庭处于这位护国公的控制之下,也经常赦免被控眷恋君主制的公民;在詹姆士二世统治时期,杰弗里强行践踏合法形式,甚至侵犯由他自己确立的法官的独立地位,以确保大量由于他的暴怒而成为受害者的人们被判死刑。在合法形式中,某些庄严而特定的事物迫使法官不得不显示出自尊,按照公平、正规的程序行事。罗伯斯庇尔统治时期宣布证据为多余并禁止律师辩护的可怕法律,反倒证明了这些合法形式的价值。那种法律表明,被各个派别以各种方式独出心裁地加以篡改、肢解和歪曲的合法程序,即使对于那些从全体人民中精心选出的最缺乏良心顾虑、最不尊重舆论的人们来说,也仍然是一个障碍。

最后,我把我们的宪法授予皇帝的赦免权,看作是给予无辜者的一项最后的保护措施。

有些人反对这项权利，认为它是那些严重的悖论之一，因为它看上去简化了被他们歪曲了的问题。他们认为，如果法律是公正的，任何人都没有权利阻挠它的实施，如果它是不公正的，就必须改造它。这个推论只要求一个条件：每一项特定的行为都应该有相应的法律。

法律越是具有普遍性，它与具体行为相距就越远，不过它仍然可以用来宣判具体行为。一条法律只有针对一种特定情况时才有可能谈得上完全公正，只要它应用于两种不同的情况——最微小的差别都可以产生这种不同——它就会或多或少表现出一些不公正。事实的细微差别是无止境的，法律不可能涵盖所有这些细微差别，所以，我提到的那种悖论是错误的。作为普通法的法律可能是公正的，也就是说，它把这种刑罚应用于这样那样的行为，可能是公正的；然而当它应用于其他某种特定行为时，可能又是不公正的，也就是说，一种实质上与法律的设想相吻合的行为，可能会有不同的实际表现方式。赦免权就是用特定的公正对普通法加以调和。

这种调和的必要性是如此迫切，以致所有那些反对赦免权的国家都在使用各种各样的权宜之计来替代它。过去，在我们国家，上诉法院在某种意义上即被授予此种权利。对于那些量刑似乎过于严厉的判决，它会找出某种形式上的缺陷以便取消判决。为了达到这个效果，它往往要求助于极端迂腐的繁文缛节，那当然是一种滥用，尽管它的动机可以谅解。1815年宪法回到了更简单的观念，为最高权力恢复了这一最动人和最自然的特权，这是顺理成章的。

结 语

我们的代表必须考虑一下我在本书中所讨论的几个问题。我一开始就提到，政府本身已经小心翼翼地宣布，宪法是可以改进的。我们只能希望这种改进逐渐生效，应当从容不迫，不能操之过急，不能试图超越我们自己的时代。假如这部宪法有缺陷，那只是说明即使心地最为善良的人们也难以预见到宪法的每项条款所能产生的结果。同样的事情也可能发生在那些为了弥补缺陷而希望重铸宪法的人身上。对住宅进行部分改造以使它更舒服一些，这很容易。这样做比较温和，因为它们几乎难以察觉。而把一个人的房子推倒重建，特别是在重建期间，听任他无家可归，则是危险的。

外国人注视着我们。他们知道我们是一个强大的民族。假如他们看到我们正在享受一部宪法的好处，虽然不尽如人意，他们仍将认为我们是一个理性的民族，而我们的理性给他们的印象要比我们的武力更为深刻。外国人注视着我们。他们知道率领我们前进的是本世纪最伟大的将军。假如他们看到我们团结在他的周围，他们将会预见到自己的失败。但是，如果我们四分五裂，我们的结局肯定就是灭亡。

我们敌人的宽宏大量一直得到极高的颂扬。这种宽宏大量并未妨碍他们补偿自己的战争开支。他们已经从我们手中夺走比利时和莱茵，假如他们今天还能取得胜利的话，他们将会从我们手中夺走弗朗什－孔泰、洛林和阿尔萨斯。为什么布鲁塞尔宣言就应该比法兰克福宣言更值得遵守呢？

那位皇帝对自己的诚意已发出最不容置疑的誓言：他把自由选举——政府对此没有能力施加任何影响——产生的629名国民代表召集到自己身旁。他正是在这种庄严集会的时刻实施独裁的。假如他只是想实行专制统治的话，他是能够作出某种努力去维持这种统治的。

我们被告知，专制统治与他的自身利益针锋相对。这没有疑问。难道这不意味着他的利益与自由志同道合吗？难道这不是一个信任的基础吗？

自有制宪议会以来，他是第一个召集全体国民代表开会的人。甚至在宪法生效之前，他也一直尊重不受限制的出版自由，而这种自由的泛滥只不过更加引人注目地坚定了他那高贵的决心。他恢复了大多数人民自己选择行政长官的权利。

他一看见自己的目标，立刻就找到了通往目标的途径。他比任何人都更清楚地认识到，一旦采纳了一种体制，就必须全部采纳它；自

一、适用于所有代议制政府的政治原则

由必须是完整的；自由既是权力的保证，也是权力的限制。他的力量感使他用不着那些暧昧而怯懦的事后聪明，它们只能诱惑狭隘的心灵，分裂虚弱的精神。

这些都是事实，而这些事实说明了我们中间那些在危机关头团结在现政府周围的人的所作所为，他们虽然并不了解这位世界的主人，但仍然聚集在自由宪法的创立者和我们祖国的保卫者周围。

当他的名声传遍欧洲的每一个角落时，我们看到他成了世界的征服者，而且我们有了对自由的向往。有谁会真的认为，胆怯和懦弱能比一种巨大的、几乎是奇迹般的力量带来更多的好处呢？

我必须承认，我曾经相信过这一点，而且怀着这种希望，在度过与那个已被推翻的政府没有任何交往的十个月之后，在坚持反对它在出版自由、大臣的责任、被动服从等方面所采取的措施之后，在它土崩瓦解之时，我变得更为投入。我曾一再告诉他们，自由必须得到拯救，因为他们只有靠自由才能够拯救他们自己。但这些软弱无力的逆耳忠言他们常常听不进去。

我们也确实听到过有关宪法的片言只语，但从未采取过全民性的措施，从未见到过使仍然游移不定的舆论消除疑虑的公开步骤。一切都处于混乱、麻木和骚动之中。那些人已经对事业感到绝望，断定它希望渺茫。事实是他们痛恨自由这个真正能够救世的手段。

这个政府消失了。我们下一步该做些什么呢？跟随一个并非我们自己的党派走吗？但自从它显示出力量开始，我们就一直和它斗争，它的每一个意图和每一个思想都与我们的意见和愿望格格不入。跟随一个我们仅仅当作自由的手段、自由的通道去保卫了几天的党派走吗？但我们那时付出了全部努力的目标已经落空。我们能够期望一个由外国势力扶持的立宪君主制吗？当然不能，它必定会使法国四分五裂，或者是出现一个傀儡政府，一个对外国势力惟命是从的执行者。

当詹姆士二世离开英国时，英国人宣布他的逃跑等于退位，从那时起英国人就获得了自由。

不，我不想与我们的敌人同流合污，乞求他们屠杀法国人以使有可能再次垮台的政府再次崛起。

挺身保卫一个实际上自暴自弃的政府，并不是允诺和它一起流离失所。向一个既无希望又无资源的弱者做出献身的保证，并不是要放弃我们祖先的土地。为一项事业——人们希望它得到拯救以从中受益——去冒险，并不意味着当那项事业已经彻底堕落、面目全非，视外国人为盟友，以杀人放火为手段时，人们还会为它献身。最后，决定不出逃并不会使一个人成为叛徒。毫无疑问，一个人在授予自己庄严的人格担保时，会表现出强烈的感情。一个人会不无惊奇、不无痛苦——这种痛苦不会由于新奇的发现而减轻——地发现，名望是人类心灵的一个沉重负担，他还会发现，当人们相信一个无可指责的人已经不再无可指责并开始指责他时，他们会是多么兴高采烈。

未来将会做出回答。不管现在的暴风雨看上去多么猛烈，自由将会出现在那个未来。因此，在为捍卫人权、捍卫个人安全和这片土地的安全、捍卫思想自由、废除一切专断权力而奋斗了20年之后，我为自己在胜利之前就参与创建那种认可所有这些权利的制度而庆幸。我将完成我一生的事业。

注释：

[1] 我对消极服从的看法，受到一些论点的驳斥，我认为有必要说一下这些论点，因为在我看来，它们又为我力求确立的原则增加了证据。

我问道："一名士兵接到伍长的命令，是否就必须向其队长开枪？"有人对我说："显然，士兵根据服从的原则，对队长要比伍长给予更大的尊敬。"但是我也说过同样的话："士兵考虑到，队长的权威高于伍长。"这里的意思不是一样吗？或者人们是在为"考虑到"这说法担心？但是，如果士兵不能考虑到使这两个同样可以向他发出命令的人有所区别的军衔的不同，服从的原则怎么能够采用呢？

为了知道他们中间的一个人应当比另一个人得到更大的尊敬，他必须理解他们之间的不同。

我说："作为一般原则，纪律是一切军事组织不可缺少的基础，如果这一原则有其限度，这种限度也是不能描述的，但能够感觉到它们。"我的对手是如何回答的？"这种情况是很罕见的，人们的内在感觉可以指出这一点，它们不能构成对一般规则的障碍。"难道我们看不到，这里不但原则是一致的，甚至连用词都一样吗？"内在感觉"同"这种限度也是不能描述的，但能够感觉到它们"不是一样吗？"一般规则"与"一般原则"有什么不同吗？

此外，我说："非法逮捕公民的士兵或军官，不能因为受命于一位大臣而变得有理。"请注意"非法逮捕"一词。反对者说的什么呢？"下属只有两件事情要考虑。"请留意一下"有两件事情要考虑"这一说法。当我说探寻事由不可缺少时，我并没有错，因为信奉消极服从的人也不得不求助于它。两件要考虑的事情是，他们接到的命令是否来自他们归属的人，向他们发出的请求是否在发出者的权限范围之内。这也是我提出的问题。有人似乎把逮捕无辜与非法逮捕混为一谈了。涉嫌犯罪的无辜者当然可以被合法地逮捕。逮捕令的执行者，不管是军人还是民兵，不必讯问他所收的逮捕令的对象是否应当被逮捕。要想使命令合法，重要的在于它应来自有权发出这种命令的权力，并且遵守规定的格式。这是我的信条，也是我的反对者的信条，他们用自己的话说："卫兵或士兵……只需考虑，他是否履行了称职或不称职的权力分派给他们的使命，这一使命是否符合事物的常规，符合正义和行政的通常规定。如果是这样，他就应当执行这一盲目接受的命令，并且他这样做是正确的。"毫无疑问他是正确的。谁会反驳这种观点？但是，为了搞清楚向他发出命令的权力是否称职，命令是否符合事物的常规和正义的规定，他不是必须进行评价、比较和判断吗？我加上这条评注，并不是想回答一篇已被人忘却的报纸文章，而是要表明，消极服从的观点是站不聊的，那些认为自己正在捍卫这种观点的人,也不得不放弃它,无论我们费多大力气,我们也不能把人的思考从人类事务中排斥出去。

[2] 值得指出的是,在法国,在现有法律中我们并不缺少这样的法律,它规定了要对执行非法命令者无一例外地进行惩罚,甚至形式上包括军人,这迫使他们将自己接到的上级命令同这些法律进行比较。共和6年播种月13日(1798年4月2日)的法令第165条说:"任何军官、非现役军官或宪兵,如果他发出、签署或执行逮捕个人的命令,或已经执行了这种命令,或实际逮捕了这个人,而他又并非是在犯罪现场这样做或符合法律规定的其他情况,且未将他直接送往警察当局,都将被指控为犯罪,并以任意拘禁罪受到惩罚。"因此卫兵或军官在服从之前,必须判断他要逮捕的那个人是否属于现场犯罪,或是否符合法律规定的情况。根据第166条,这一罪名也适用于将个人拘禁于并非为逮捕、审判和监禁而合法、公开设立的场所之行为。因此这些卫兵和军官在服从之前,也必须判断他们将被逮捕者带去的地方,是否属于公开而合法设立的拘禁场所。第169条说,除法律规定的现场犯罪之情形,宪兵无权逮捕任何个人,除非有符合规定的押送或逮捕令,或有逮捕证、正规的指控书或判决书。这都需要卫兵或军官在服从之前做出判定。我想,这里我们有足够的理由让军人考虑法律,而为了考虑法律,他们必须利用自己的理性。

[3] 我还可以提出另一个甚至更具决定性的事实。控告威尔克斯先生的大臣的主要代理人之一同国王的四位公文信差一起,搜去了他的文章并逮捕了五六个被视为他同党的人,为此威尔克斯先生得到了那个代理人1000镑的赔偿金,而他不过是奉大臣之命行事。这个代理人被责令这笔钱全要由他私人支付。国王的四位公文信差同样被另外几个被捕者告上高等民事法院,责令他们支付2000镑。不过,我在前面的注释中已经证明,我们在法国也有一些针对侵犯个人自由、执行非法命令者如卫兵和狱吏以及国库税吏的类似法律。那些自以为在他们的文章中攻击我的人,其实是在攻击我们的目前正在实

施、每天都应受到遵守的法典。

[4] 我极为高兴地发现,在这一点上我同我的一位最亲密的同事和朋友看法一致,他就是知识广博、品德高尚的德热兰多(Degerando)。他在写给我的一封信中说:人们担心所谓的地方精神。我们也有自己的担心:我们担心含糊其辞,担心不着边际的普遍性。与学究们不同,我们并不相信"宇宙的实在性"本身。我们并不认为,在一个国家里有比地方利益更真实的利益,它们在相同时联合在一起,它们不同时相互制衡,但在任何情况下人们都知道和感受着它们。……特殊联系不但不会削弱普遍联系,而且能加强这种联系。在情感和观念的强弱等级中,我们首先关心的是自己的家庭,然后是我们的城镇、我们的省,最后才是国家。如果你打破这些中间环节,你并不是缩短了这种联系,而是毁灭了这种联系。士兵心里想着他的连队的荣誉、他的团的荣誉,他是以这种方式献身于整个军队的荣誉。多样性大大丰富了将人们联系在一起的纽带。让祖国寓于一切事物之中,就像无数忠实的镜子一样,让祖国在你的地方制度中得到反映吧。

[5] 我必须提醒读者,在这一章里,他将会经常发现引自一些出类拔萃的作者论述政治经济学及公共债权的著作中的句子。我有时会抄录他们的原话,我认为改头换面地表达他们业已精彩表达过的意思会不得要领。但是我不能始终引用原文,因为我手头没有笔记,是凭记忆写下了这一章。

二、论征服的精神和僧王政治

（一）征服的精神

特定社会发展阶段与战争相容的德行

有些极力夸耀自己是热爱人类——这很值得称道——的作家，仅仅看到了战争的灾难性景象。然而，我却乐意承认战争的好处。

要说战争永远是一种罪恶，那不真实。在人类历史的某些阶段，战争完全符合人性。它有利于开发人类最精妙、最优秀的官能，它向人类打开了一座高贵的享受宝库。它为人类塑造出伟大的灵魂、高超的技能、非凡的沉着、视死如归的精神，如果没有这些品性，人们将永远不会相信自己竟然不再有丝毫懦弱，甚至不可能再去犯罪。战争教会人类英雄般地奉献，使人建立起崇高的友谊。它既把人同他的祖国，也把人同他的战友更紧密地联系在一起。战争以高贵的安逸酬谢高贵的业绩。但是，战争的所有这些好处，无不依赖于一个必不可少的条件：战争应该是势所必至和人民的民族精神的自然结果。

我这里所讲的并不是一个受到侵犯并保卫自身独立的民族。毫无疑问，这样一个民族能够很好地把尚武的热情与最崇高的德行融为一体，或者说，它的尚武热情也许是它本身全部德行的最为崇高之处。然而，确切地说，在这种情况下，我们就不是在谈论战争，而是在谈论合法的自卫，也就是说，在谈论爱国主义，谈论对正义的热爱，谈论所有高贵而神圣的激情。

一个没有听到保卫自己家园的号召，只是被自己的环境和民族特性引入军事远征和征服的民族，仍然可能把它的尚武精神和行为纯朴、鄙弃奢侈、宽宏大量、忠诚不渝、重诺守信、尊重勇敢的敌人，甚至同情和关心被自己打败的敌人等等结合在一起。在古代史和中世纪的编年史中，在不少几乎以战争为业的民族那里，我们确实会发现这些光彩照人的品质。

但是，欧洲各民族的现状能使人对这些德行融为一体抱有希望吗？爱好战争真是他们民族特性中的一部分吗？这种特性真是由于他们所处的环境而产生的吗？假如这两个问题必须给予否定的回答，那么结论必然是，在我们的时代，为了把各民族引向战争与征服，就必须颠倒他们所处的形势，让他们遭受种种罪恶的磨难，败坏他们的特性，使他们变得十恶不赦，否则就很难成功。

从战争角度看现代民族的特性

古代的尚武民族把他们的好战精神主要归功于他们发觉自己所处的形势。他们被分割成小小的部落，靠武力去争夺一片狭窄领地的所有权。他们为了生活必需品而相互为敌，不停地相互打击或威胁。甚至那些没有征服野心的人，也不能放下自己的刀剑，否则他们自己就会被别人征服。对他们所有人来说，他们的安全，他们的独立，他们的全部生存价值就是战争。

在这方面，我们的世界与古代世界正好相反。过去，每个民族都形成一个牢固的大家庭，成为其他家庭的天然敌人，如今却存在着一个庞大的人群，他们尽管生活在不同的名号之下，拥有不同的社会组织形式，然而从本质上说他们有着基本的同质性。这个群体已经足够强大，不必再去惧怕仍然处于野蛮状态的游牧部落。它已文明到足以发现战争是一种负担，它的一致倾向就是和平。尽管源远流长的好战传统，尤其是各国政府的错误，延缓了这种倾向的效力，但它每天都在取得新的进展。各国领袖都在努力避免公开宣称他们的征服野心和单靠武力获取荣耀的希望,并为和平大唱赞歌。腓力二世将再也不敢提出侵占全球的目标;皮鲁士对基尼阿斯的谈话在今天看来简直是蛮横透顶,或者说愚不可及。

一个声称把军事荣耀作为目标的政府,暴露出它对民族和时代精神的无知或蔑视。它把时间弄错了1000年。即便它可能一时得手,但是,能够看到谁将最终赢得这场奇特的赌博——是我们这个世纪还是那种为非作歹的政府——将是很有趣的。

我们终于进入了商业时代,一个必定以商业取代战争的时代,战争时代注定要成为往事。战争和商业不过是实现同一目标的两种不同手段,都是为了占有向往中的东西。商业不过是向占有者因占有的进取心而获得的力量发出的礼赞,它是一种努力,要通过双方协商来获取人们不再希望用暴力获取的东西,一个总是比别人强壮的人永远不会产生商业意识。经验向他证实,战争,即使用他的力量去和别人的力量对抗,容易招致各种障碍和失败;正是这种经验,引导他求助于更温和、更稳妥的商业手段,使他人的利益同他自身的利益达到一致。

战争先于商业出现。前者是原始的冲动,后者是文明的谋算。显然,商业化倾向越占上风,发生战争的倾向必然越弱。

现代民族的惟一目标就是安宁,安宁带来舒适,舒适的源头则是工业。战争日益成为实现这一目标的无效手段。战争游戏既不能为个人,也不能为民族带来堪与和平劳动和正常交易的成果相媲美的利益。在古人那里,一场战争的胜利会以分配奴隶、贡品和土地的形式增加个人与公共财富。对现代人来说,一场成功的战争总是极为得不偿失。

没有商业,没有文学,没有艺术,除农业之外没有其他家业的罗马共和国,局限在狭小得难以生存的领土之上,处于野蛮部落的包围之中,总是遭受别人威胁或去威胁别人,命中注定要不断地进行军事冒险。但在今天，一个想效仿罗马共和国的政府，情况就大不相同了，由于它是与自己的人民作对，它将使自己的政策工具至少与它的牺牲品一样不幸。在这种统治下的民族，有可能成为罗马共和国的国民，却没有罗马共和国的自由，没有那种视死如归的民族冲动，没有那种每个人都能分享一份被征服土地上的果实的希望，简言之，没有那种能使罗马人迷恋危险而又动荡的生活的整个环境。

商业改变了战争的性质。过去的商业民族总是败在其好战的敌人的手下，今天则能够成功地抵抗敌人，他们甚至可以在敌人中找到支持者。商业所产生的无数复杂的分支，已经使社会的利益超越了领土界限；时代的精神战胜了人们企图冠以爱国主义称号的狭隘的敌对精神。

古代迦太基人与罗马人的对抗，注定要以败亡告终：因为事物的力量在与它作对。但是，假如罗马和迦太基之间的战争发生在今天，迦太基有望让全世界都站在它一边，今天的习俗和时代的精神将是它的同盟军。

因此，现代民族的环境遏制了它们的好战本性：除了这些一般性的原因外，还有一些同人类的进步、从而与时代差别有关的更为具体的原因。

新的作战方式，武器的变化，大炮，已使军旅生活丧失了最引人入胜的内容。不再有什么临危不惧的搏斗，有的只是命运的安排。勇敢本身必定受到听天由命或无动于衷的侵蚀。我们再也享受不到意志的快乐、行动的快乐、提高我们的生理和道德能力的快乐，正是这些事情，使古代英雄或中世纪骑士对白刃战感到兴奋不已。

战争已经失去它的魅力和它的功效。人类不再出于兴趣或者激情而投身战争。

欧洲现状下的征服的精神

任何想在今天煽动一个欧洲民族卷入战争和征服的政府，都会犯下严重的、灾难性的时代错误。它必须竭力使用违反自然的刺激手段去蒙骗那个民族。由于促使过去时代的人们勇于冒险、不辞辛苦的所有动机，在我们这个时代的人们身上都已不复存在，它就必须向人们提供与文明的现状相称的动机。它只有依靠追求快乐这一人之常情来刺激他们进行战斗，而这一人之常情如果顺其自然，只能使他们向往和平。我们的世纪已经不再满足于某种华而不实的光荣，它从功利角度评价每一事物，一个人一旦想要脱离这个轨道，它就会对他的一切真实的或伪装的热情大加嘲讽，使我们不再喜欢做出其他类型的选择。这必然会使享乐取代光荣，掠夺取代胜利。这使人们一想到仅仅依靠这些动机的好战精神会变成什么样子，就会感到不寒而栗。

在我即将勾勒的画面中，我丝毫不想非难所有国家中那些坦然站在祖国与危险之间，保卫过民族独立的英雄们——那些光荣地捍卫过我们美丽的法兰西的英雄们。我不怕被他们误解。在他们中间肯定不止一个人与我有思想共鸣，分享着我的感情，他们会在这字里行间认出自己秘不示人的见解，将会把它们的作者视为自己的代言人。

只为自身利益进行的军事竞赛

我们早已知道，那些尚武的民族无不受到比真正实际的战争利益更为崇高的动因的激励。有的民族把宗教感情融入他们的好战冲动，别人所享受的放肆的自由，会激发起他们极大的活力，他们需要把这种活力发泄到自己的领土之外。他们把胜利的念头同超越了有限生命的名望结合在一起，所以不是为了追求眼前的物质享受以满足低级贪欲而战斗，而是怀着一种希望——在某种意义上说也是一种理想——去战斗，这种理想就像一切在模糊不清的未来面前迷失了自己的事物一样，使他们的想像力得到了强化。

所以，甚至那些在我们看来似乎专事掠夺和抢劫的国家，获取财富也决不是主要的目标，因此我们看到，斯堪的纳维亚的英雄们生前夺得的全部珍宝在他们葬礼的火堆上被统统烧掉，以迫使后代通过新的英勇行为夺取新的珍宝。确实，对他们而言，财富之所以珍贵，更在于那是他们炫耀自己获得的胜利的见证，而不是一种身份的象征或享受的本钱。

但是，假如现在出现了纯粹的军事竞赛，由于它的热情不可能基于任何信念、任何感情、任何思想，也由于过去那些使大屠杀本身成为崇高行为的所有令人兴奋的理由对它来说可能十分陌生，那么，它的唯一冲动和动机大概就是最狭隘最残酷的个性了。它会采纳尚武精神中的残忍，但它也会保留商业性的自私自利。这些再生的汪达尔人不会像他们粗野的祖先那样，不知奢侈为何物，行事简朴并轻蔑一切卑劣行径。他们会把野蛮的残忍和奢侈华美、滥用暴力和贪婪狡诈集于一身。

一本正经地宣称打仗只是为了掠夺且好战精神退化成斤斤计较得失的人，的确与古代的勇士大相径庭。

40万训练有素、装备精良的利己主义者，知道他们的命运不是伤害别人就是遭受死亡。他们会预感到，顺从命运比逃避命运更合算，因为让他们遭受这种命运的暴君比他们更强大。他们会转而从许诺的酬劳、即从让他们去攻击的对象那儿掠夺来的财物中寻求安慰，结果，他们会抱着不遗余力的决心前进。他们既不会对被征服者表示同情，也不会对弱者表示尊重：对征服者来说，不幸的被征服者，作为某些财产的拥有者，不过是他们与他们的战利品之间的一道障碍。自私自利扼杀了他们灵魂中除肉欲之外的所有自然情感，他们看到女人仍会心动，对童叟却会视而不见。他们所有的实际知识将被用于更周密地制订屠杀和劫掠计划。他们对法律程序的精通，能使他们的非正义行为被上法律无情的外衣。他们对社交礼节的熟稔，会使他们的残酷无情显得像是不经意或无所用心所致，他们认为这是一种优雅的表现。他们以这种方式周游世界，用文明的进步反对文明本身，他们完全受自己的私利所左右，以杀人为手段，以放荡为消遣，以嘲讽为乐趣，以掠夺为目的；他们和其他人类隔着一条道德鸿沟，只是像野兽一样纠集在一起，成群结队地扑向他们猎食的羊群。

他们得胜时就是这个样子。失败时又会是什么情形呢？

由于他们的目标只是为了获取而不是保卫，一旦他们的目标落空，他们便会毫无良心可言。他们不会因信念而凝聚在一起，只是由于物质上的需要而站在一起，即便如此，每个人也都在试图为所欲为。

对于面对命运团结在一起的人来说，他们需要的不仅是对自身利益的关切，他们需要真正的信仰；他们需要道德。自私自利必然会使他们各自孤立，因为它向每个人展示那种独自获得更大成功和更熟练技能的机会。

同样是这种利己主义，在繁荣时代会使这些尘世的征服者对他们的敌人表示同情，在逆境中则会使他们对自己的战友产生冷漠和不忠。这种风气会在整个军队中蔓延，从最高层到最底层。置身于痛苦不堪的伙伴中间，他们每个人都会明白，从敌人手中掠夺财物来补偿自己已成为不可能的事。伤病员会抢劫奄奄一息者，逃跑的人又会抢劫伤病员。弱者和伤员会被有责任照料他们的军官视为讨厌的负担，他会不惜一切代价摆脱他们。率领军队陷入绝境的将军，对于那些被他带入深渊的身遭不幸的人，不会有丝毫的责任感，他不会为了拯救他们而跟他们呆在一起，逃之夭夭似乎是他摆脱逆境或补救错误的唯一手段。即使是他本人把他们带到了那里，即使他们听信了他的话，即使他们把生命交到了他的手里，他为什么要为这些事情操心呢？对于失去用途的工具，难道不能弃置一旁吗？

毫无疑问，这些完全建立在自私自利基础上的军事精神的后果，除非征服的体制能够持续几代人，否则不太可能在任何现代民族中间充分显示其令人可怕的程度。感谢上帝，尽管他们的领袖费尽心机，法国人依然并将继续远离他所带给他们的限制。我们的文明所培养并加以宏扬的爱好和平的美德，仍在同狂暴的征服者必然产生的腐败和堕落进行着胜利的斗争。我们的军队提供了仁爱和勇敢的证明，经常赢得以往它们被迫去征服的那些人民的好感，而如今，由于某个个人的错误，他们才不得不表示反感。可是，正是民族精神和时代精神在对政府进行抵制。如果这个政府一意孤行，那么，在它滥施权威后幸存下来的那些品德，将会变得失去控制。如果自私自利成了号令，任何无私的感情都会带有分庭抗礼的味道：这种可怕的政体持续得越久，那些品德就会变得越微弱、越罕见。

征服体制内军人阶层堕落的深层原因

人们经常看到，赌徒是人类中最不道德的人，因为他们每天都会倾其所有去冒险。安全的未来不属于他们：他们完全靠运气求生。

在征服体制下，士兵成了赌徒，区别在于他的筹码是生命。不过这个筹码不能撤回。他始终面临着迟早会同他作对的机运。他同样没有未来。危险也来自他那个盲目而毫无同情心的主人。

现在，道德需要时间。适时它会安排它的补偿与酬劳。对于一个生命是以分秒计算或不停战斗的人来说，时间是不存在的。未来的回报虚无缥缈，只有某种片刻的享乐尚可把握。有一种说法用在这里非常恰当：每一次享乐都是从敌人那里赢来的。谁会看不出，这种抽彩式的享乐与死亡必定会败坏人心呢？

让我们来看看使合法自卫永远不同于征服体制的那些区别，这种区别会一再出现。为祖国而战的士兵只是面临一时的危险，他能够遥望到安宁、自由和荣耀的远景，因此他有未来，他的道德非但不会受到腐蚀，反而会变得高贵。但是，一个贪得无厌的征服者手中的工具，能够看到的只是一场战争接一场战争，一个被摧毁的国家和下一个待摧毁的国家，换句话说，危险之后的更多危险。

这种好战精神对民族内部环境的影响

仅仅考虑征服体制对军队的影响，以及它对军队与别国人民的关系所产生的影响是不够的。还必须考察一下征服体制给军队与本国公民造成的关系。

　　一种排他而又充满敌意的合作精神，必定会支配那些其目标与他人不同的联合体。尽管基督教温和而又纯洁，它的牧师联盟却经常把一个国家分割为几个国中之国。无论什么地方，组成军队的那些人总是使自己脱离国民的其余部分。他们会变得崇尚操纵于自己手中的暴力；他们的习惯和思想会变得有害于秩序原则以及和平的、正当的自由原则，那是任何政府都有权利和义务视为神圣的东西。

　　因而，一个国家通过一系列漫长的或不断重新开始的战争，造就出一大批仅仅充满好战精神的群众，这并不是无关紧要的事情。由此产生的麻烦事实上不可能严守界线，使它的重要影响不易被人察觉。因其精神不同而与人民判然有别的的军队，也会以这种精神投入日常事务的管理。

　　一个沉溺于征服的政府，比其他任何政府都更喜欢用权力和荣誉回报它的直接工具。它不会只让他们据守在军营里。恰恰相反，它必须用浮华的外表和公民的尊严去装扮他们。

　　可是，那些从童年起就受着出生入死气氛熏陶的武士们，在卸去身上的盔甲时，也会放弃他们的那种精神吗？他们披上平民的外套，就会崇拜法律，尊重维护权利的形式——那些人类联合体的保护神吗？在他们看来，没有武装的阶级显得粗俗卑贱，法律的奥妙纯属多余，社会生活方式有着太多令人难以忍受的拖沓。他们对待社会事务，就像夺取军功一样，首先看重的是机动迅速。全体一致在他们眼中就像军队要容相同的制服一样重要。对他们而言，反抗就是骚乱，讲理就是蓄意不从，法院就是战时委员会，法官就是受命的士兵，被告就是敌人，审案子就是上前线。

　　这不是凭空想像的夸张。在过去二十年的时间里，我们不是亲眼目睹了欧洲几乎到处都在实行军事审判吗？这种审判的首要原则就是省略程序，仿佛对程序的任何省略都不是最令人厌恶的诡辩，如果程序是多余的，所有的法庭都应该取消它，但是如果程序是必要的，所有的法庭都应该尊重它，而且毫无疑问，指控越严重，细心审查就越重要。难道我们不是一再看到法官中坐着这样一些人吗？他们的衣着已说出了他们有所效忠，因此他根本不可能是一名独立的法官。

如果我们的后代还有人类尊严的感情，他们可能不会相信，曾几何时，人们的不朽功绩确实辉煌，但他们在军帷中长大，对平民生活全然不知，却在审问他们无力理解的被告，给他们无权判决的公民定罪，而且不准上诉。确实，我们的子孙除非成了最卑鄙下流之辈，否则他们不会相信，议员、作家以及其他被控犯有政治罪的人，是被传唤到了军事法庭之中，设立这些法庭就是让它们充当言论和思想的法官，它们竭尽冷嘲热讽之能事，显示出盲目的勇气和愚昧的服从。他们也不会相信，凯旋归来的武士们，头上的桂冠尚未枯萎，就会被迫接受可怕的任务，转而去充当追捕和屠杀同胞的刽子手，这些同胞的名字和他们的罪名一样，武士们全然不知。不！——我们的后代会喊道——我们胜利，我们的凯旋盛典，绝不该付出这样的代价！不，这不是习惯于重返故乡并向祖国致敬的法兰西战士！

当然，错误不在他们。我曾无数次听到他们抱怨自己不幸的顺从。我乐意重复一遍，他们的德行远远超出了人类本性容许我们所能期望的程度，经受住了曾经试图腐蚀他们的战争体制和政府行为的影响。有罪的只是这个政府，而我们军队的功绩，就在于他们竭力避免犯下所有那些罪行。

塑造此种好战精神所带来的后患

在政府强迫下接受此种好战精神的国民，最终将会做出可悲的反应，他们将会迫使政府坚持那种它倾心组建的体制。

一支为胜利而自豪并习惯于掠夺的庞大军队，并不是一件容易操纵的工具。我们所谈论的不仅仅是它对那些拥有平民政体的民族所构成的危险。历史上此类范例比比皆是，毋需赘述。

一个经过六百年胜利的辉煌，周围环绕着二十多代英雄树起的自由纪念碑的共和国，如今它的士兵却按照恺撒的号令进军，踏着辛辛那提和卡米利的废墟，去亵渎他们前辈的坟墓，去奴役不朽的城市。曾几何时，英国军团和克伦威尔一起向一个国会发难——因为他们想给它套上枷锁，它坚决不从，他们想把它变成玩偶，它坚决抵制——直到既篡夺了王位、又窃取了共和国，暴露出伪善的嘴脸。

但是，专制政府也同样害怕这支总是令人胆颤心惊的力量。如果这支力量以它领袖的名义同外国人和自己的人民对抗时表现得令人畏惧，那么它也随时有可能对它的主子形成一种威胁。这就像野蛮民族进攻敌人时放在军前打头阵的那些可怕的野兽，一旦受到惊吓或被激怒后，便会突然掉转身子，不再识别它们主人的声音，把指望靠它们助攻得胜的那支军队冲得七零八落。

因此，必须让那支军队不停地运转，不能让它安于可怕的无所事事；必须让军队远赴他乡；必须为军队找到与之战斗的敌人。战争体制，即使目前没有战争，也在孕育着未来战争的种子。踏上那条道路的统治者，在他自己召唤来的命运的驱使下，便再也不会转向和平了。

征服成性的政府对国民大众的影响

我相信，我已经阐明，一个醉心于侵略精神和征服精神的政府，必定要腐蚀一部分国民，以保证他们为它的事业积极效力。我还要说的是，它在腐蚀这部分选定的国民的同时，也必然会对其他国民产生作用，要求他们被动服从和做出牺牲，以这样的方式干扰他们的理性，扭曲他们的判断能力，破坏他们的所有思想。

如果一个民族天生好战，用不着统治当局的诱骗，它也会投身战争。只要阿提拉向他的匈奴人指出世界上哪个部分需要他们进攻，他们就会扑向那里，因为阿提拉是他们自身冲动的工具和代表。可是在我们的时代，既然战争不能给民族带来好处，只是贫困和苦难的根源，那么对征服体制的辩护就只能立足于诡辩和欺诈。

甚至当一个政府纵情于它的宏伟规划的时候，它也几乎不敢告诉它的国民："让我们为征服世界而进军！"恐怕它会听到这样的回答："我们并不希望征服世界。"

这个政府会换个说法，大谈民族的独立、民族的荣誉、边界的完整、商业的利益、防患于未然等等。还有什么？伪善和非正义的词汇是取之不尽的。

这个政府会大谈民族独立，好像一个民族的独立会因为其他民族的独立而处在危险之中。

这个政府会大谈民族荣誉，好像一个民族的荣誉会因为其他民族保持了自己的荣誉而受伤害。

这个政府会坚持边界完整的必要性，好像这种说法一旦被人接受，不会使整个世界的安宁和公道荡然无存一样。各国政府总是希望向外去扩展他们的边界。没听说哪个政府牺牲过一块自己的领土，去让其他政府把领土扩展得更合乎几何规则。边界的完整是一个自掘坟墓的系统，它的各项要素相互矛盾，它的实现仅仅有助于最强者的非法占有，因为最强者靠的就是对最弱者的掠夺。

这个政府还会以商业的利益为托辞，好像它为商业尽责就要夺走一个民族最朝气蓬勃的青年人，让最必不可少的劳动力离开农业、制造业、工业，在各国之间设置浸透鲜血的屏障。商业的基础是各民族之间的良好理解，只能靠公平来维持，它建立在平等的基础上，它在和平中繁荣。然而，据说为了商业利益，一个政府就应该让战火连绵，就应该把它的人民的脑子里塞满了仇恨，应该从非正义向非正义连续进军，应该每一天都用暴力来降低自己的信誉，应该拒绝忍受任何公平交易！

在防患于未然的借口下，这个政府会攻击它最和平的邻居和最恭顺的盟国，栽赃说他们心怀敌意，好像参与了有预谋的侵略。假如它所诬陷的不幸目标轻易地屈服了，它就会得意洋洋地趁机先把它们攫取过来。假如它们有时间和力量进行抵抗，它就会大叫："你看，他们果真想要战争,因为他们正在自卫!"

不应认为这样的行为只是特别刚愎自用所产生的偶然结果,恰恰相反,它是这种立场的必然结局。当今任何想要进行扩张性征服的政权,都将因为这一系列虚妄的借口和无耻的谎言而受到谴责。它的确是有罪的,我们不应对它的罪行轻描淡写。但这种罪行并不在于所使用的手段,而在于蓄意采用这种手段的立场。

政权将不得不对它的臣民大众的理智施加影响,就像以同样方式对军事部门的道德品质施加影响一样。它将会尽力消除前者头脑中的所有逻辑,就像它会努力窒息后者心灵中的所有人性一样。所有的词汇将失去它们的意义:"温和"将预示着暴力;"正义"将表现为邪恶。国际法将成为掠夺和野蛮的法典,经过几个世纪的启蒙过程,像确立了人际关系一样确立了各社会之间的关系的所有那些概念,将会再次遭到践踏。人类将会倒退到我们视为历史耻辱的蛮荒时代。只有伪善还能使两者有所区别,但伪善将会表明更具腐蚀力,因为没有人会真心相信它。谎言不仅在权力用来迷惑和欺骗人民的时候是有害的——就是在它们一点也没有骗过他们的时候,它们同样是有害的。

怀疑主人、口是心非和背信弃义的臣民,他们自己也会养成类似的口是心非和背信弃义。一个人如果听说统治他的领袖被称为大政治家是因为他发表的每一行字都是谎言,他就会希望自己成为一个小圈子里的大政治家。真理在他看来是蠢话,欺诈则是技能的标志。以前他撒谎只是出于自私,现在他则不顾自私和自爱而撒谎。他会变得诡计多端却又愚不可及。假如这种传染病征服了一个天生喜欢模仿的民族,其中每个人首先担心的是有可能被人愚弄,那么个人道德被大众的普遍堕落所湮没还会费时很久吗?

骗术必定需要高压手段的支持

不过,如果还有零星的理智在继续漂浮,这证明了还需要其他方面的罪恶。

花言巧语留下的破绽将不得不靠强制去弥补。因为没有人愿意为了谁也无法证明对他有用的远征而履行抛洒鲜血的义务，当局不得不去收买一批贪婪之徒以瓦解普遍的反抗。我们会看到间谍和密探受到鼓励和奖赏，他们是制造人为责任与罪行的永恒的暴力资源。我们会看到，为所欲为的打手如猛犬一般，从城市到乡村，追捕那些从道德与人性角度来说都是清白无辜的逃亡者。我们会看到，一大批人已习惯于践踏法律，随时准备犯罪，另一批人则因为专靠同伴的不幸为生而臭名远扬。我们看到父亲因为孩子的过错而受罚，使孩子的利益脱离父亲的利益，家庭面临的惟一抉择是，要么是为反抗而同心同德，要么因告密而各奔东西——父爱变成了阴谋，子女的温情被当作煽动叛乱。产生所有这些灾难，都不是因为合法自卫，而是为了掠取遥远的国家，侵占那些国家对民族的繁荣毫无增进，除非我们打算把一小撮人愚蠢而又恶毒的名声叫做民族繁荣！

然而，我们应当保持公正。这些命中注定要在天涯海角战斗到死的牺牲者也会得到一些安慰。你看他们，跟跟跄跄跟在领袖的身后，他们沉浸在陶醉状态之中，由此在他们心中激发出一种粗俗而又无奈的欢乐。空中回荡着他们刺耳的叫嚣，村庄里响彻着他们放荡的歌声。令人难以置信的是，这种陶醉，这种叫嚣，这种放纵——谁会相信那是真的？——就是他们长官的最高成就！

于是，征服的体制便给权力行为造成了不可思议的颠倒。二十多年来，你一直教导人们庄重节制、热爱家庭、辛勤劳动，可是现在是征服世界的时候了！还是这些人，被抓了、被训练，被煽动着蔑视那些很久以来反复灌输给他们的德行。他们因为酗酒而麻痹，又因为放荡而复苏，这就是他们号称的重振公益精神。

战争体制带给文明和知识阶层的后患

我们的论说尚未结束。压在这个不幸民族身上的，不光是上述那些如在眼前的可怕罪恶，还有其他一些罪恶，也许不像它们当初那样引人注目，却更加无可救药，因为它们把所有未来的希望都扼杀在了萌芽状态。

在生命的某些时期，一旦我们的思想能力被打断，那将是无法恢复的。尚武国家那种孤注一掷、粗陋狂野的习性，所有家庭关系的突然破裂，在敌人没有露面时机械地依附于人，在最为激情澎湃时道德上狂放不羁，所有这些现象不可能对道德观念或知识水平毫无影响。开明阶层像一座宝库，储藏着学问、矜持和正义，储藏着豪侠、高贵和优雅的传统，只有这些能使我们有别于野蛮人，毫无必要地让他们的年轻后代在军营生涯中受罚，将导致整个民族犯下永远无法弥补的罪行，无论是虚妄的胜利，还是它所激起的毫无益处的恐怖，都不可能弥补这一罪行。

不管是商人的儿子、艺术家的儿子还是行政长官的儿子，不管是专注于文学、科学还是研习某种艰深技能的年轻人，只要他献身军旅，他早期教育的所有成果都将被洗劫一空。那种教育本身也难免会面临半途而废的痛苦前景。如果军事荣耀的辉煌梦想迷惑了青年人的想像力，他们会蔑视每一种和平的研究、每一种静坐的职业以及任何需要集中精力的工作，因为这与他们的爱好和尚未成熟的天赋所具有的勃勃生气不相称。如果他们因为意识到自己被迫远离家乡而悲痛，如果他们考虑到几年的牺牲将会大大耽误他们的进步，他们自己就会感到绝望。他们不会再去费力追求，因为它的成果会被一只铁腕取走。他们会对自己说，既然当局不给他们积累知识所必需的时间，与暴力作对就是毫无意义的。民族将因此而陷入道德堕落和不断增长的无知，它会由于胜利而变得野兽般残酷无情，它会有一种挥之不去的感觉，自己误入了歧途，迷失了真正的目标。

毫无疑问，我们的所有结论仅适用于无缘无故又无益的战争。这样思考问题并不等于贬低抵抗侵略者的必要性。在那种情况下，各阶层都必须迅速做出反应，因为他们毫无例外都受到了威胁。然而，由于他们的动机不是卑鄙的掠夺，因而他们决不会遭到腐蚀。由于他们的热情是基于信念，强制便成为多余。社会职业被打断是为了最神圣的义务和最可贵的利益，因而不会造成被无端打断时的后果。人民能够看到它的限度，他们会欣然从命，把它作为重获安宁的手段；这种状态一旦恢复，他们就会把自己重新焕发的青春、可敬的技能和充满力量的感觉，用在既有益又有价值的事情上。

但是，保卫自己的祖国是一回事，攻击一个保卫自己祖国的民族却是另一回事，征服的精神企图把这两种观念混为一谈。某些往各地派遣军队的政府仍在大谈什么保卫自己的家园，人们不免会想，凡是他们能点燃战火的地方，他们都能称之为自己的家园。

一个征服性民族今天会如何看待自己的成功

现在，让我们考察一下征服体制的外部结果。

使现代人要和平不要战争的那种品质，最初有可能使在政府强迫下成为侵略者的任何民族占到很大便宜。耽于享乐的民族可能会迟于抵抗，他们准备放弃一部分权利以保护其余权利，他们可能会期望通过牺牲自由来保持安宁。一种奇怪的悖论是，民众的精神越是爱好和平，一个坚决与其作对的国家就越容易取得最初的成功。

但是，这种成功到底会给从事征服的国家带来什么结果呢？既然很难期望这会增进它的真正幸福，至少它也应该从中找到一些自尊心的满足吧？它会表明它的那份光荣吧？

离它远点。这就是当前对征服的厌恶，人人都会迫切感到需要放弃征服的责任。到处都会出现抗议，并且不会因为它是沉默的抗议而不那么强大。政府会看到成群的臣民站在一边，像一群阴郁的旁观者。整个帝国只能听见权力冗长的独白，这个独白可能会一次次被打断，但至多不过是奴性十足的聆听者在向他们的主子重复他的演说。但是，臣民们很快就不愿再去听这种永远不允许他们打断的令人生厌的夸夸其谈。他们的目光会离开这种他们只能为其承担费用和危险的虚荣炫耀，因为它的意图同他们的愿望截然相反。

使我们惊奇的是，最神奇的事业在我们的时代竟然不会让人产生激动。那是因为人民的常识告诉他们，做这样的事情并不代表他们的利益。既然只有领袖们能够在其中找到快乐，因此也只有他们可以满载奖赏而归。对胜利的兴趣集中在取胜的权力那里。在不安分的权力和毫无生气的人群之间竖起了一个道德屏障。成功不过是一颗没留下任何痕迹的流星，我们甚至懒得抬起头来看它一眼，有时我们确实为它悲伤，就像鼓励一种疯狂，我们为牺牲者落泪，又在暗暗祈求失败。

在尚武年代，人们崇拜军事天才甚于一切；在我们的和平时代，人们祈求的是中庸和正义。

当一个政府大肆向我们炫耀英雄主义的壮丽景象，炫耀数不胜数的创造和毁灭时，我们想要作出的回答却是："也许最小的一颗米粒更合我意。"最辉煌的功绩及其壮观庆典，不过是我们起舞于坟茔的葬礼。

这些成功对被征服民族的影响

孟德斯鸠说："罗马人的国际法在于消灭被征服民族的公民。"我们今天所遵循的国际法则是指一国征服另一国家后，根据其原有的法律继续进行统治，不过要给自己保留政治与民事管理权。[1]

我并不是建议审查这个陈述到底有多么正确。在古代社会肯定能够发现很多例外。

我们经常看到，俯首称臣的国家继续享有所有先前的管理形式和古老的法律。被征服国家的宗教一丝不苟地受到尊重。多神论——即推崇异邦的诸神崇拜——鼓励尊重一切崇拜。埃及的祭司在波斯人统治下保住了自己的权力；冈比西斯的例子不值一提，因为他是疯子；但是我们可以引用大流士的例子，他想在一个神庙里把自己的雕像竖立在塞索斯特里斯的雕像前面，遭到了祭司的反对，他却不敢对祭司使用暴力；罗马人把臣服地区的大多数百姓交给他们自己的市政当局，他们在宗教上只干涉了高斯人一件事：禁止他们使用活人祭。

无论如何我们也应当承认，征服的后果在过去几个世纪已经变得相对温和，并一直保持到18世纪末，其原因就是征服的精神已经走到了末路。路易十四本人的征服与其说是名副其实的征服精神，不如说是一个狂妄的君主自命不凡和傲慢自大的结果。但是，征服的精神在法国革命的暴风雨中再现于世，而且比以往更为狂躁。因此征服的后果也不再是它们在孟德斯鸠时代的情形。

确实，被征服者不再被迫沦为奴隶，他们不再被剥夺土地或被迫为别人耕作，也不再被宣布为征服者的属民。

因此，从外表上看，他们的地位与过去相比更可忍受。一旦暴风雨过后，似乎一切都恢复正常：城镇依然存在，市场又挤满了人群，商店重新开业。还有偶尔的抢劫——那是一种环境的不幸；还有习惯性的傲慢——那是胜利者的特权；还有种种捐税——那是为了得到正常生活的温和外表而进行的系统征收。一旦征服完成，这些情形就会消失，或者说应该消失，除此之外，人们可能首先会说，发生变化的不过是一些名称和礼仪而已。不过，让我们更细致地考察一下这个问题。

古代的征服者经常毁灭整个民族。可是当征服者并不毁灭这些民族时，它也不会触动人们最为依恋的对象：他们的生活方式、他们的律法、他们的风俗习惯、他们的神祇。现代的情况则不同。文明人的虚荣比野蛮人的狂妄更折磨人，后者只看到了整体，前者却热衷于详细探查。

古代的征服者们满足于一般的顺从，不去调查他们奴隶的家庭生活或当地关系。在遥远省份的腹地，顺从的百姓会重新发现，生活的魅力几乎一如既往：他们儿时的习惯，祭祀活动，一系列尽管有政治上的臣服但仍令人感受到家园存在的纪念日。

我们时代的征服者，不管是人民还是君主，都希望他们的帝国表现出一种全体一致的面貌，在权力的目光巡视它的帝国时，将不会遇到任何妨碍或遮挡其视线的不一致。同一种法典、同一种度量衡、同一种行为准则，如果他们能够逐渐发明出来的话，还有同一种语言，这就是他们宣称的社会结构的完美形式。宗教是个例外，也许是因为人们没把它放在眼里，认为它不过是个将在无声无息中消亡的陈旧错误，但这是仅有的例外，而它所要求的补偿，是尽可能让宗教远离国家利益。

在每一件事情上，当今的关键词是全体一致。真让人遗憾，人们不能做到先摧毁所有的城镇，然后根据同一个规划进行重建，铲平所有的山峰，让每个地方的地面都平平坦坦。[2]我感到惊奇的是还没有命令全体居民身着同一种制服，那样主人就再也不会碰上不讲章法的色彩和讨厌的多样化了。

因而，被征服者在蒙受了种种灾难之后，又不得不经历一种新的罪恶：他们先是成了一种虚幻的荣耀的牺牲品，然后又成为同样虚幻的全体一致的牺牲品。

注释：

[1] 为避免制造伪证的罪名，我把原文抄录如下。"征服国对待被征服国有下列四种方式：（一）按照被征服国原有的法律继续治理其国家，而征服国则仅仅行使政治及民事方面的统治权；（二）在被征服国建立崭新的政治和民事的治理机构；（三）毁灭这个社会而把它的成员分散到其他的社会里去；（四）把它的公民全体灭绝。第一种方式同我们今日遵行的国际法相符合；第四种方式则较符合于罗马人的国际法。"《论法的精神》第10章，第3节。

[2] 迷恋全体一致的观念确实是那个时代的突出特征。1787年，作家乔德洛·德·拉克洛提出了一项"巴黎街道编码方案"（"project de numerotage des rues de Paris"），建议用字母和数字标示巴黎的道路和建筑，以解决城市的快速发展造成的混乱。后来，在革命之后，他

提出用革命事件纪念日来命名主要街道的设想。其中一些设想（有关建筑编号部分）于1800年被采纳。C·德. 拉科洛：《著作全集》，595—600页，797—798页。

论全体一致

一件令人瞩目的事情是，在一场以人类的权利与自由的名义而发动的革命中，全体一致却受到了前所未有的偏爱。这种体制的精神首先着迷的是对称，热爱权力的人很快就发现，对称竟能带来那么巨大的好处。当爱国主义只有依靠一种对各种利益、生活方式和地方习俗的强烈依恋而存在时，我们的所谓爱国者却在向所有这些事情宣战。他们掏空了爱国主义的这些天然来源，试图用一种矫揉造作的激情取而代之，这种激情产生于一种抽象存在、一种普遍观念，它使引发想像、唤起记忆的东西荡然无存。他们建筑自己的大厦，是从把他们使用的材料碾成粉末开始的，这就是说，他们显然害怕某种可能会附着在他们制度上的道德观念，他们几乎想用数字来标示城市和省份，就像在军队中用数字标示他们的军团一样。

专制主义取代了暴民政体，但继承了其全部劳动成果，它沿着这条道路熟练地继续前进。这两种极端政体发现他们在这一点上不谋而合，因为两者实质上都有施行暴政的欲望。地方习俗所产生的利益和记忆无不孕育着反抗的种子，这是权力难以容忍并急于根除的，它能够更成功地对付分散的个人，如果他们是一盘散沙，它便可毫不费力地用它沉重的躯体去碾轧他们。

如今，全体一致受到了某些狭隘头脑——或许是受了许多奴才的影响——的真诚赞美，一群对任何得势的看法都随声附和的人，已把它作为一种宗教信条接受下来。

既然这种原则适用于一个帝国的所有地区，它也必然适用于该帝国可能征服的所有国家，因此，它是征服精神直接而又形影不离的结果。

一位从一开始就准确预见到我们错误的外国人说,"每一代人都会从他们的祖先那里继承一笔道德财富,一笔有待传给后人的无形的宝贵遗产。"对一个民族而言,丧失这笔财富是一种极大的罪恶,如果你剥夺一个民族的这笔财富,你就是剥夺它的全部价值感和尊严感。即便你用更有价值的东西取而代之,事实上人们还是看重你正在夺走的东西,如果你想用暴力对它加以改进,你这样做的结果只能使它萎缩,使它屈辱,使它堕落。

我们可以大胆断言,法律固有的优点,远不如一个民族信服并遵守法律的精神重要。如果一个民族爱护并遵从法律——因为这些法律出自一个神圣的源头,是它所崇拜的一代代先人的遗产,并与它的道德观念水乳交融——那么法律就会使它品德高尚,而且,即使这些法律并不完善,但是同仅仅根据权力的命令而实施的更好的法律相比,仍然会产生更大的美德,以及随之而来的更大的幸福。

我必须承认,我极其崇拜过去。越是得到经验的指教,或者越是受到反省的启示,这种崇拜就越是与日俱增。尽管会引起现代改革者们的极大反感,我还是要说,如果有一个民族——无论他们自称莱克格斯还是查理曼大帝——把那些被先验地说成是最完美的制度拒之门外,而对自己祖先的制度保持忠诚,我将赞美这个民族,而且我会认为,尽管它的制度有缺陷,但与所有计划中的改进相比,能使它的情感与灵魂更加幸福。

我知道,这种说法不可能赢得多少赞同。我们喜欢制定法律,我们相信它们完美无缺,我们为它们的价值而骄傲。"过去"没有我们的帮助便成就了自己,没有谁能向它索要荣耀。[1]

如果把这些问题搁置不论,只谈论幸福和道德,我们就会看到,人类很会适应那些他发现已被建立起来的制度,就像他适应物理定律一样,他会根据这类制度的缺陷调整他的利益、他的构想和他的全部生活计划。这些缺陷会逐渐得到弥补,因为一种制度若能持之有恒,制度本身和人的利益之间就会出现某种交易。人与人之间的关系和人所怀抱的希望，无不以现存的事物为转移，要改变这一切，即便是出于好意，也会对他造成伤害。

没有比借口服务于民族利益而对习俗使用暴力更为荒唐的事情了。幸福是首要的利益，而构成我们幸福的基本成分就是我们的习俗。

显然，处于不同地位、沿袭不同习俗、居住在不同地方的各个民族，如果不对他们进行强制，让他们付出他们认为过于沉重的代价，他们就不可能服从完全相同的形式、习惯、惯例和法律。从他们出生时起就开始逐渐形成他们道德存在的那套观念，很难被一种纯粹名义的、外来的、违背他们意志的安排所更改。

即使在那些历史悠久的国家，虽然大一统的局面会冲淡人们对暴力和征服的憎恨，我们仍会看到从地方差异中产生的爱国主义，只要权力之手稍一放松，那种名副其实的爱国主义就会在它的废墟上重新诞生。最小行政区的长官们也会由于给自己的领地增光添色而自豪，他们精心保护着他们的古迹，几乎在每个村庄都有一些喜欢讲述乡村编年史的博学者，他们深受听众的尊敬，甚至所有那些制造一种假象——他们构成一个民族、被特殊的联系结合在一起——的因素，都会让他们高兴。人们感到，如果他们这种有益无害的倾向得以不受阻碍地发展下去，他们很快就能培育出一种共同的荣誉，比如一个城镇或一个省份的荣誉，这同时也是一种快乐与美德，但是权力嫉妒的目光却在盯着他们，警觉地破坏着破土欲出的萌芽。

对地方习俗的依恋触动着所有无私、高贵、虔诚的情感。把它视为反叛将是多么可悲的政策！随后会发生什么呢？在所有那些地方生活遭到破坏的国家，它们的中心会形成一个小国，所有的利益都被集中到首都，所有的野心家都在那里费尽心机地为自己寻找出路，其余的人则死气沉沉。个人迷失在违反自然的孤立状态中，对自己的出生地茫然无知，与过去失去了联系，只是生活在急速变化的现在，像原子一样被抛撒在广袤无垠的原野上，在哪里都看不到祖国。整个祖国对他们来说已成为无关紧要的事情，因为他们在它那里找不到任何地方能够寄托自己的感情。

惟有多样化才能构成有机体，全体一致仅仅是一种机械。多样化则生，全体一致则死。

因此，我们时代的征服还有一个古代的征服所没有的缺陷，它对被征服者最隐秘的生活内容紧追不舍，它肢解它们，以便把它们简化成整齐划一的部件，过去的征服者期望被征服民族的代表向自己顶礼膜拜，今天他们希望让被征服者的品德俯首称臣。

我们总是听人说起"全民族的大帝国"这样一种无中生有的抽象概念。大帝国如果没有它的各个省份，那就是无稽之谈；撇开各个组成部分去谈论全民族，同样是无稽之谈。只有捍卫各个局部的权利，才谈得上捍卫全民族的权利，因为民族本身是划分为各个组成部分的。如果他们所拥有的最宝贵的东西不断被人夺走，如果每一部分都被孤立起来以便充当牺牲品，通过一次不可思议的质变而再次成为巨大整体的一个成分，用作让另一成分作出牺牲的借口，那么，真实的生命就会成为抽象概念的牺牲品，作为个人的人民就要为作为整体的人民而牺牲。

我们应当承认，大国有着重大的不利之处。产生法律的地方距那些法律必须得以实施的地方十分遥远，经常出现严重错误是不可避免的结果。政府会错把邻居的——或者最多是政府驻地的——舆论当成整个帝国的舆论。地方性的或临时性的情况会成为制定一项普遍性法律的诱因。最遥远省份的居民常常被出乎意料的新花样、不得当的严厉和无根无据的规定突然吓上一跳，它们破坏了他们所有的思考依据和所有的利益保障措施，因为它们是来自六百英里以外一些他们素不相识的人，是这些人相信，他们正预见到某种危险，感到某种躁动，或是看到了某种好处。

人们不禁会怀念那些有无数生机勃勃的民族覆盖了地球、人类可以精神振奋竭尽全力各尽所能的时代。权力不必严厉亦可得到服从；

自由声势浩大,却又不致陷入无政府状态;雄辩支配着精神,感动着灵魂;有多大的天赋就能带来多大的荣耀,在同平庸的抗争中,天才不会湮没在茫茫人海的波涛之中;道德直接在公众中找到支持,他们可以看出每一种行为最微小的细节和最微妙的差别,并对其作出评价。

时光不再,怀念它们也毫无意义。至少,既然我们必须放弃这些好处,我们不妨随时向世界的主人们坚持我们的要求,让他们在庞大的帝国中允许保留所有可能的差异,即自然所要求的和经验所推崇的差异。把规则应用于相差甚远的情况,规则就会变得毫无道理;在大相径庭的环境中采取相同的统治方式,就会令人不堪忍受。

进一步说,在征服的体制下,强迫被征服者全体一致,也将对征服者产生反作用。他们都将丧失民族特性及其本色,变成死气沉沉的一群,偶尔为了受苦而苏醒一下,此外便是昏昏噩噩,在专制统治的重压下变得麻木不仁。事实上,只有专制统治的暴行能够延长那种很容易自行瓦解的联合体的寿命,把那些无时不在图谋分离的国家束缚在统一控制之下。孟德斯鸠说,迅速建立不受限制的权力是惟一的补救办法,它可以防止联合体的分崩离析,然而还有另一种罪恶——他补充道——那就是国家的扩张将会达到登峰造极的程度。

即使采取这种补救办法,也不会产生持久的功效,因为那是罪上加罪。事物的自然秩序将会报复遭到人们反对的暴行,而且压迫愈甚,反抗愈烈。

注释:

[1] 我只是对非正义的"过去"毫无敬意。时间从来不认可非正义。例如,奴隶制度就不可能因为时间的流逝而被证明合法。那是因为,本质上非正义的东西总要产生一个受害方,他们不可能对苦难安之若素,因而,这种"过去"并不存在什么有益的影响。那些为了给非正义进行辩护而求助于习俗的人,使我想起一位剥鳗鱼皮的法

国厨娘,当别人指责她让鳗鱼遭受苦难的时候,她回答说:"它们已经习惯了。我干这行当已经有三十年了!"

征服性民族成功后的必然结局

今天,一个民族让所有其他民族俯首称臣的那种力量,同以往相比更是一种不能持久的特权。旨在建立这样一个帝国的民族,会把自己置于比最弱小的部落更加危险的境地。它将遭到普遍的憎恶。所有的主张、所有的欲望、所有的仇恨都会对它构成威胁,而且,那些仇恨、那些主张和那些欲望迟早会爆发并吞没它。

当这种怒火烧向作为整体的民族时,必然会出现某些非正义的东西。整个国家绝不能为它的领袖让它犯下暴行承担罪责,是领袖把国家引入了歧途,他往往在没有这样做之前早就控制了它。

但是,由于自己可悲的服从而成为牺牲品的那些民族,并不打算承认它的内心感情,那种与它的行为并不相符的感情,他们会谴责它是为那只罪恶之手效劳的工具。全体法国人都遭受过路易十四的野心带来的苦难并憎恶他的野心,但是欧洲却谴责法国人全都包藏着那种野心,瑞典人则不得不为查理七世的愚蠢付出代价。如果有朝一日世界恢复了理性并重新获得勇气,那么,受到威胁的侵略者还能到哪里寻找辩护人呢?他将试图寻求什么样的同情呢?如果用他犯下累累罪行时发出过那么多侮辱、散布过那么多谎言、下达过那么多破坏令的同一张嘴巴进行辩护,那么,不是什么样的辩护都会事先便无法取信于人吗?他会诉诸正义?他已经亵渎了正义。诉诸人性?他已经践踏了人性。诉诸誓约?他所有的事业都开始于背信弃义。诉诸盟约中的神圣义务?他一直像对待奴隶一样对待他的盟友。什么人会满怀信任地和他结盟、心甘情愿与他那巨大的美梦为伴呢?毫无疑问,人人都会在他的枷锁束缚下暂时低下自己的头,但他们会把它看作是一次一时的灾难。他们等待着潮汐的变化,波涛总有一天会消失在干燥的沙土中,那时他们就可以重新漫步在创痕累累但不会湿脚的地面上了。

他能指望他的新臣民支持他吗？他已经剥夺了他们所珍爱。所崇敬的一切。他已经惊扰了他们先辈尸骨的安宁，让他们的后代流出了鲜血。

所有人都将联合起来反对他。和平、独立、正义将是普遍团结的呼声，仅仅因为这些词汇遭禁的时间太久，它们就可获得几近魔法般的力量。人们不再是好大喜功者的玩物，他们将会热情地追求理智。解放的呼声，团结的呼声，将会响彻地球的各个角落。遵守公共准则的意识将会感染最优柔寡断的人，将会鼓舞最胆小怕事的人。没有一个人会敢于保持中立，否则他将不受信任。

那时征服者会发现，自己过分相信了世界的堕落。他将明白，自己那些基于道德败坏和寡廉鲜耻的算计，那些他曾作为新近的卓越发现而沾沾自喜的算计，统统是靠不住的，因为它们目光短浅，是骗人的，因为它们卑鄙无耻。他曾嘲笑德行的愚笨，嘲笑被他视为怪物的无私的忠诚，嘲笑对崇高的追求，因为他无法理解其中的动机和活力，他情愿认为那是一种临时发作的急性病。现在他发现，自己的利己主义也有其愚蠢的标记，就像把诚实现为罪恶一样，他对什么是善良也一无所知。他还发现，为了认识人们，仅仅看不起他们是不够的，人类对他来说成了不可思议的谜。所有他周围的人都在谈论慷慨，谈论牺牲，谈论奉献，这种陌生的语言出其不意地来到他的耳边，怎样和那种语言谈判，他没有了主意，他为自己丧失了理解力而震惊，他树立起一个值得纪念的典范：马基雅维里主义成了自我堕落的牺牲品。

但是，被主人驱赶到这种绝境的人民，此时会有什么反应呢？如果它天性温和、开明、友善，能够理解每一种细腻的情感和每一种形式的英雄气概，那么，当命运以这种方式把它抛出文明与道德的轨道时，有谁不会同情它呢？它对自己的苦难会有多么深切的体会！它的窃窃私语，它的公开交谈，它的文学作品，所有那些它自信能够摆脱监视的表达方式，都会变成痛苦的呐喊。

它会时而迫使自己的领袖、时而迫使自己的良心回答它的问题。

它的良心会回答说，一个人声称自己是迫于无奈，尚不足以取得谅解，仅仅把自己的看法和行为分开以便为自己的行为开脱，在参与暴行的同时细声细语地发出谴责，是不够的。

它的领袖也许会抱怨战争的无常、命运的多变和无意的诡谲。对于那么巨大的痛苦、那么深重的灾难来说，对于被飓风卷走并投入坟墓的二十代人来说，这真是一个漂亮的答案！

当今时代战争体制的后果

现代欧洲的商业民族勤奋而文明，居住在一片面积足以满足自己需要的领土上，通过相互交往——这种交往的中断将会是一场灾难——联系在一起，并不希望靠征服去获取什么东西。一场无益的战争是当今一个政府所能犯下的最大过错。它摧毁一切社会保障，却不会带来任何补偿；它危害每一种形式的自由；它损害每个人的利益；它打破每个人的安全感；它摧残每个人的命运。它把每一种对内和对外的暴政结合在一起并宣布其为合法。它将一种草率作风引人司法形式，破坏了它的尊严和目的。它把所有受到权力机构敌视的人们统统当成外敌的帮凶。它腐蚀着年轻的一代。它把人民一分为二，使一部分看不起另一部分，并且很容易从蔑视走向不义。它准备用毁灭了过去的手段毁灭未来，用罪恶的现在赢得罪恶的未来。

这些都是无论怎样重复也不嫌过分的真理，因为目空一切的政治权力把它们视为自相矛盾，蔑称它们仅仅是些陈词滥调。

此外，我们中间有那么多作家总是为握有权力的体制效劳；由于纯粹的淮利是图，他们在放弃信仰的时候除了胆量之外无需花费任何代价；他们不会在乎任何愚蠢行为，始终如一地为权力站岗放哨，把权力的意志当做原则；他们随时都会重复那些最矛盾百出的教条，而且他们热情有加，因为这与他们的信念毫无关系；只要接到信号，这些作家就会没完没了地重复世界需要和平。但他们同时也说，军事荣耀是最高的荣耀，法国必须依靠军队的辉煌创造自己的辉煌。我本人发现，很难解释清楚如何不通过战争去赢得军事荣耀，或如何使军队的辉煌与世界迫切需要的和平达成一致。但是他们何必在乎这些事呢？他们的目标是杜撰符合现存秩序要求的新词汇。在他们高深莫测的研究中，他们时而赞扬蛊惑人心的宣传，时而赞扬专制统治，时而赞扬大屠杀，使尽浑身解数粉饰人类遭受的每一种灾难，为满足犯罪能力的需求而鼓励犯罪。

我曾不时产生奇想，这些希望重现冈比西斯、亚历山大和阿提拉的业绩的人们，如果他的人民告诉他，大自然给了你一双慧眼，给了你无限充沛的精力，给了你宣泄强烈感情的需求，给了你正视并消除危险、面对并克服障碍的无穷欲望，他会如何作答呢？但是我们凭什么要为这些事情付出代价呢？难道我们活着只是为了给它们作出牺牲吗？难道我们来到这个世界，只是为了用我们垂死的躯体给你们铺设功名之路吗？你有打仗的天才，可那对我们有什么益处？你厌倦无精打采的和平，但是你的厌倦与我们又有何干？即便是一只豹子，如果被运到我们人海茫茫的城市，它也会抱怨找不到茂密的森林、开阔的平原，它喜欢在那里追击、捕捉和品味它的猎物，只有在那里，它的活力才能在追击的速度和冲刺中得到展示。像豹子一样，你属于另一种气候，另一片土地，另一个与我们有别的种类。假如你想在一个文明时代实行统治，你就得学会文明；假如你想统治各个和平的民族，你就得学会和平。要么你就去寻找像你自己一样对其他人视若无睹的工具，对他们来说，如果不能在混战的狂热中冒险，生活将没有魅力，在他们看来，社会并没有创造出高贵的感情、稳定的习俗、精巧的艺术、恬静而深邃的思想，也没有任何能够留下珍贵记忆、使人备感安全的那种优雅或高贵的欢乐。来自另一个世界的人啊，请不要再劫掠这个世界了吧。

有谁不会为这种语言喝彩？那些只想得到自由的民族，和那个全世界都在与之对抗以迫使她走向正义的民族，在它们之间很快就要签订一项条约。我们会看到,她最终将愉快地公开放弃漫长的忍耐,弥补她由来已久的错误,尽力恢复她先前的勇气——只是先前的用途实在可悲。她将容光焕发地重获她在文明民族中的地位,而征服的体制作为一种不复存在的事态的遗迹,作为所有现存事物的瓦解因素,将再次被逐出地球,被这种最后的经历打上永遭摒弃的烙印。

(二)僭主政治

比较僭主政治和君主制度的特定目的

本书的目的绝不是对不同的统治方式加以理解和考察。

我想把一种正当的统治和一种不正当的统治加以对比;我不打算在正当的统治之间进行比较。在我们所处的时代,已不再宣称君主制度是一种违反自然的权力;我也不是在这样一个国家写作,它硬要人把共和国说成是一种反社会的制度。

二十年前,一个给人留下恐怖记忆的人——一定不能让他的名字再玷污任何作品,因为死亡已公正地惩罚了他——在研究英国宪政时宣称:"我在那里看到一个国王,我恐怖地退了回来。"就在十年以前,还有一些匿名的个人,向共和政府发出了相同的诅咒。不言而喻,在特定的时代,让所有的蠢行恢复理智是十分必要的。[1]

就我的立场来说,我不会加入共和国诋毁者的行列。古代的共和国使所有高尚的灵魂充满了深邃而独特的情感,在那里,人们的天赋可以在如此广阔的范围内得到发展,以致人们对自己的力量深信不疑,由于感受到自己的活力和尊严而朝气蓬勃。可以说,一想到先民们所处的那种古老的自然环境,似乎就能使我们意识到自身的环境。我们现时代的共和国,少了些辉煌,多了些和平,喜欢发展另一些天赋,创造另一些美德。瑞士的名字叫人想起历五百年而不衰的个人的幸福和公众的忠诚;荷兰的名字会令人想到保持了三百年的活力、理智、忠贞和一丝不苟的诚实,即使在国内的反对派中、甚至在外国人统治之下也是一样；而看上去无足轻重的日内瓦，为科学、哲学和伦理学的历史所作的丰富贡献，远远超过比它庞大百倍的强盛帝国。

另一方面，要是看看我们时代的君主制度，我们就应当向它们表示敬意——在这些君主制国家，人民与国王由于相互信任而团结在一起，结成了真正的联盟。谁要是看到人们热烈欢迎他们的旧君复辟而无动于衷，谁要是目睹忠诚的激情——这也是人类最高尚的快乐之一——而满不在乎，他很可能就是不通人性。

最后，当我们认为英国是个君主制国家的时候，我们会在那里看到，公民的所有权利都不受侵犯，甚至表面看上去还有些滥用，民众的选举使政治机构生气勃勃，出版自由受到尊重，而天才肯定会获得成功。当我们发现，所有阶层中的个人都怀有那种包含在他们国家法律中的令人自豪而恬静的安全感，而我们在自己不幸的大陆上甚至对安全感已失去记忆，我们怎能不对带来这种幸福的制度说句公道话呢？仅仅几个月之前，我们每个人不是还满腹疑惑，假设英国被征服了，还能到哪里找一个僻静的避难所去写作、交谈、思考和呼吸吗？

但是，僭主政治既不能给人们提供君主制的好处，也不能提供共和国的好处——僭主政治不是君主制。这个真理之所以一直遭到忽视，原因就在于人们看到两者都是由一个人掌握权力，但许多人未能充分认识到，这是它们唯一的相似之处。

注释：

[1] 如果一个人抱着荒诞不经的党派精神和冥顽不化的愚昧态度，他就会希望归纳出一些简单的说法在共和制与君主制之间进行选择：仿佛前者是许多人的统治，而后者仅仅是一个人的统治。按照归纳出的这些说法，前者不可能保证和平，后者不可能提供自由。那么，在尼禄、图密善或赫利奥加巴卢斯统治下的罗马，在狄奥尼修斯统治下的叙拉古，在路易十一或查理九世统治下的法国，又有什么和平可言呢？在十人团、长期国会、国民公会甚或督政府的统治下，又

有什么自由可言呢？我们可以想像得到，一个民族虽然表面上是自己选择了某些人来进行统治，但如果那些人在国内组成了一个宗派，而他们的权力又不受限制，这个民族仍然享受不到任何自由。我们同样可以想像得到，一个服从于某个领袖的民族，如果那个领袖既不受法律限制也不受舆论限制，这个民族还是不能享受和平。另一方面，共和国也可以组织得井井有条，以使政治权力强大得足以维持秩序。至于君主制，仅举一个例子就足够了：谁能否认，过去的一百二十年来，即使与法国的共和制试验所得到的相比，英国人民也享受着更大的个人安全和政治权利？谁能否认，尚未成型、尚不完善的共和制度反而扩展了专断权力且造就了大量的暴君？

此外，还有如此之多的细节问题需要逐个检验！几百年前创立的君主制度和最近才出现的君主制度可以相提并论吗？在位时间几乎已无法追忆的王族——例如于果·卡佩的后人们，或者本为外国血统却被人民的意志召唤到王位之上的君主——就像欧洲绝大部分国家的情况那样，仅仅一个家族自抬身价并被迫创造的没有先辈的贵族阶层，或者像德国那样的封建贵族阶层，像过去法国那样的纯荣誉性的贵族阶层，像上议院那样构成一种行政机构的贵族阶层，能是一回事吗？

僭主政治和君主制目的差异

习惯，在所有人的心中觉醒，
使他们满怀敬意，却又万般惊恐。
它操纵着不可战胜的神圣权力，
施用于群氓，迷失于瞬间。
时间的遗产，记忆的礼拜，
总是把现在带回到过去。

——席勒：《华伦斯坦》第四幕第二场

新统治者总是残酷无情的。

——埃斯库罗斯：《普罗米修斯》

存在于多数欧洲国家中的君主制，是一种经历了时间的修正和被习俗软化了的制度。它的周围环绕着一些既支持它、同时又限制它的中介团体。它的正规、和平的交接使人更易归顺，权力本身也更少令人猜疑。君主在某些方面是一种抽象的存在，人们在那里看到的不是一个单个的人，而是整个一批国王，一个几百年的传统。

然而，僭主政治却是一种不可能被修正或软化的力量。它不可避免地要打上僭主者个性的印记，而这种个性，因为它反对所有先存的利益，必然处在一种持久的挑战和敌对状态之中。

君主制度不是一种以损害他人为代价给予一个人的优越地位，它从一开始就是神圣不可侵犯的最高权力：它抑制野心，却不冒犯虚荣心。僭主政治则是强迫所有人立即退位以支持一个单独的个人。它会激发所有的野心，使所有的利己心骚动不已。如果对佩达莱特[1]的评价落在三百个人身上，那就不会像落在单独一个人身上时那么难以出口。

自称为世袭君主是不足以服人的。并不是一个人想要遗传王位就会成为世袭君主，而是要得到遗传的王位才行，只有到了第二代以后，一个人才能被称为世袭君主。到了那时，僭主政治才可能把自己完善为君主制度，但它仍会保留着建立起僭主政治的革命的骚动。这些自封的新王朝或像内讧一样动荡，或像暴政一样酷虐，它既像波兰的无政府状态，又像君士坦丁堡的专制政治，但往往是两者兼备。

一个登上祖传王位的君主会沿着一条并不是按照他的意志开始的道路前进。他没有必要制造声望，他是独一无二的，没有任何人能和他攀比。一个僭主者则要面对怀着懊恼、嫉妒和希望的所有人的攀比。他要被迫证明他登上宝座是合法的，他让王位承担起了不成文的义务，要开创伟大的前程，并带来伟大的成果。他肯定会担心被他有力煽动起来的公众的各种期望落空。人们极为合理、目的极为明确的无动于衷，对他来说成了一种危险。"必须每隔三个月就给法国人一些新的东西。"一位精于此道的行家喜欢这样说，而且他也照这话去做了。

毫无疑问，当普遍利益需要它的时候，它是一个适于创造伟大业绩的有利条件；但当普遍利益不需要它的时候，为了一个人的声望而把它强加于人，那就是一种罪恶。人们指责过许多国王不理朝政，愿上帝把不理朝政还给我们，我们宁肯不要一个僭主者的勤奋！

这种地位的坏处，又由于性质邪恶而雪上加霜：因为僭主政治包含着不少邪恶，而且它会产生其他邪恶。

僭主政治需要的背叛、暴力和背信弃义竟是如此之多！僭主者当然会乞灵于原则，但只是为了践踏它们；当然会签订合约，但只是为了撕毁它们；他会骗得一些人的忠诚，从另一些人的软弱中捞取便宜，他要唤醒蛰伏的贪欲，鼓励隐藏的不义和担惊受怕的腐败，简言之，他好像一定要把所有的罪恶激情放进一间暖房，那样它们就可以尽快成熟，获得更大的丰收。

一位君主会高贵地登上他的王位。僭主者则是踩着泥泞和鲜血溜上他的王位，当他坐定王位的时候，他那污痕累累的长袍便会展示他所经历过的生涯。我们能相信挥舞着魔杖获得的成功就会洗刷他的过去吗？恰恰相反，成功将足以使他腐败，假如他还没有腐败的话。

王储们受到的教育可能在不少方面都有缺陷，但至少具有这样的长处：它让他们做好准备——尽管并不总是值得这样——履行其至高无上的地位所担负的职能，至少不会被王位的辉煌搞得手足无措。一位王子在接过权力时，并没有进入一个新的环境：从他一出生起，他就平静地享受着他习惯性地认为是他自己的东西；他被推上高位时不会晕眩。但僭主者的头脑决不会坚强得足以经受住自己的一步登天，他的理智不可能承受他整个生活中的这种巨变。人们早就注意到，一介乎民突然发现自己拥有了巨大财富，就会产生狂乱的欲望、幻觉和非非之想，用不完的财富使他们陶醉，因为财富是和权力一样强大的力量。同样的事情为什么就不会发生在某些非法攫取全部权力和侵占所有财富的人身上？我说非法，是因为对合法性的意识中存在着某些

二、论征服的精神和僭王政治

超自然的东西。对此,我们这个积累了各种各样丰富经验的世纪,为我们提供了显著证据。让我们看看这样两个人,其中一位是被民族的愿望和国王的收养召唤到王位上的;另一位则仅仅依靠自己的意志和恐怖压迫下的同意把自己推上了王位。第一位平静而自信,过去的经历就是他的同盟。他不惧怕他所承继的祖先的荣耀,相反,他还要用自己的荣耀将其发扬光大。第二位焦躁而又苦恼,不相信他已经僭取到那些权利,尽管他强迫世界承认了它们。非法性像鬼魂一样纠缠着他。他徒劳地想从显赫与胜利中寻求庇护,在他的庆典上和战场上,那个鬼魂与他如影相随。他颁布法律却又篡改它们;他制定宪法却又侵犯它们;他建立帝国却又颠覆它们。他绝不会对他建在沙地上的房子心满意足,因为房子的基础已沉入地狱。

如果我们详细考察一下内政外交,就会看到一些处处都对君主制度有利而对僭主政治不利的差异。

一个国王用不着去指挥他的军队。其他人能够代表他去打仗,而他的和平美德能为他赢得人民的热爱和尊敬。僭主者必须永远充当自己的禁卫军的头领。假如他不是他们的偶像,他就会成为他们蔑视的目标。

孟德斯鸠说:"那些腐蚀了希腊各共和国的人们,并没有统统变成暴君。"原因在于他们更喜爱的是雄辩术而不是兵法。但是在我们人口众多的社会里,雄辩术不起作用,僭主政治除了军队没有其他支持。武力对于建立、保持乃至维护僭主政治是必不可少的。

因此,在僭主者统治下烽烟不断,这为他提供了让卫兵前呼后拥的借口,也给了他机会把那些卫兵塑造得惟命是从。战争使他能够迷惑人心,虽然他缺乏古人的威望,却能让他赢得征服的威望。僭主政治使我们重返战争体制,从而带来我们已经在那种体制中看到的全面倒退。

合法君主的荣耀会由于环绕在他周围的人的荣耀而更加光彩夺目,他会由于尊重他的大臣而获益,他没有竞争的威胁。僭主者先前和他的帮凶们平起平坐，或者甚至是他们的下级，现在他不得不降低他们的身份，以免他们成为他的竞争对手。他羞辱他们，是为了利用他们。因此，如果你进一步观察，你就会看到，所有高傲的心灵都离他而去，当这些人离他而去后，留下的是些什么人？那些只知俯首贴耳不知如何打仗的人，那些拍主子的马屁，在主子垮台后又会首先辱骂他的人。

这使僭主政治比君主制度有更大的花费。它首先要支付它的帮手以使他们腐败；然后它还得支付这些腐败的帮手，好让他们有用。金钱必会取代主见和荣誉。但是，这些帮手虽然腐败而热情，却不擅长统治。不管是他们还是他们的主子，都不知道如何使用智慧克服障碍，一遇到某些困难，他们马上就会想到他们认为永远不可缺少的暴力。就算他们不想当暴君，他们也会仅仅由于无知而成为暴君。在君主制下，你会看到一个制度能够持续几百年而不坠。在僭主政治中，你会看到，哪一个篡权者都会不止二十次地废除他自己颁布的法律、破坏他刚刚建立的规范，像一个既无经验又无耐心的工人毁掉自己的工具。

一位世袭君主可以和一批源远流长的杰出贵族并存，或者更确切地说，他就是贵族之首，他像他们一样富有历史的回忆。但是，在君主看到支持者的地方，僭主者却看到了敌人。所有在僭主者僭取权力之前即已存在的贵族，必定会给僭主者投上阴影。为了支持他的新王朝，他必须册封一批新贵族。[2]

某些人有感于那种已被公认的继承制的好处，因而断定创立一种新的继承制也有可能得到这些好处，这真是头脑错乱。贵族身份使一个人及其子孙获得的不仅是未来几代人的尊敬，更是当前这一代人的尊敬。最后这一点确实最为困难，如果一个人发现这个传统在他出生时就已经被认可，那就很可能接受它，但是，如果亲眼见到这种许诺，他根本不可能对它心悦诚服，除非他是受益者。

继承制既能够出现在纯朴的世纪，也能够出现在征服的世纪，但它不可能创立于文明时期。文明时期将会保留它，但不会创立它。享有威望的制度从来不是意志的产物，它们是环境的杰作。任何一块土地都可以被划分得方方正正，但只有大自然才能创作出如画的景观和效果。继承制如果没有一种令人敬重的、半神秘的传统的支持，它就不可能控制住人们的想象力。激愤之情不可能束手就擒，恰恰相反，这种激情会更加亢奋，会抵制突然在它们面前建立起来并给它们造成损害的不平等。当克伦威尔试图组建一个上议院时，遭到了英国舆论的全面抵制：前贵族拒绝成为它的成员，国民则拒绝承认那些接受他邀请的人为贵族。

如果仍要册封贵族，必将遭到反对，而那时整个贵族阶层的荣耀都会集中在他们身上。但是如果你同时创造了躯体及其四肢，荣耀将来自哪里呢？

类似的考虑可以适用于某些君主制国家那些为人民说话或者代表人民的议会。英国国王在他的国会中令人肃然起敬。但这是因为——我们再说一次——他不是一个单纯的个人，他还代表着传位于他的国王们的悠久血统，他不会因国民代表黯然失色。但是，一个从群众中冒出来的身份十分卑微的人，他为了保住自己的体面，必定会变得有点可怕。在僭主者统治下，人民代表必须成为他的奴仆，不然就会成为他的主人。在所有的政治灾难中，最糟糕的莫过于国会仅仅是某个人的工具。如果代理人宣称自己是国民意志的自由解释者，他恐怕谁也不敢以自己的名义希望让他们的愿望符合自己的命令。想一想提比略的元老院，想一想亨利八世的国会吧。

我就贵族阶层所谈到的观点，同样适用于财产权。那些家世古老的有产者是一个合法君主的天然支柱，他们是僭主者的天敌。我认为应当同意这个观点：对一个希望太平的政府来说，权力和财产权必须协调一致。如果你要分割它们，必然会发生一场斗争，而斗争的结局，或者是财产权受到侵犯，或者是政府被颠覆。

册封新的财主看上去当然要比册封新的贵族容易，但这等于是在假设，让那些掌握了权力的人成为富人，同把权力赋予生来富有的人是一回事。财富并不具有相反的作用，突然把它赠与某些个人，既不会增强他们对自身地位的信心，也不会使他们放弃狭隘的私利，更不会给他们带来细致的教养这类财富所具有的主要好处。获得有产者的精神，并不像获得财产那样容易。如果我这里的意思是说，财富必然会构成一种特权，那不免有违天意。所有与生俱来的天赋，就像所有优越的社会地位一样，只有在政治组织中才能找到它们的用途，而才智当然是与财富一样的宝藏。但是在一个组织完善的社会，才智会带来财产。因此，旧有的有产者群体会吸收新的成员，而这是循序渐进、难以察觉并且总是局部性的变革的唯一途径。缓慢而又逐渐地获取合法财产，不同于靠暴力征服从别人手中掠夺财产。靠勤奋和天赋致富的人，知道自己的财产是理所应得；靠掠夺致富的人只能变得更不配他所占有的东西。

在我们最近的动乱中，我们那些昙花一现的主人们，不止一次地听到我们反复谈论有产者统治的问题，于是他们也企图成为有产者，以便自己的统治[3]显得更加理直气壮。但是，如果他们凭借他们称为"法律"的一次任意行为，在几个小时内把大量财产据为己有，人们就会和他们一样清楚，由法律给予的，法律也可以夺走。财产始终需要靠制度来保护，而不是需要它来保护制度，财富和其他东西一样，并不能抵消时间的作用。

此外，为了让某些人富有，他们必须使其他人陷于贫穷：要创造新的有产者，必须剥夺旧有的有产者。总体的僭主政治必须以局部的僭主政治作为外围工事来保卫自己，它每赢得一个获利者，都会有十个人拿起武器反对它。

因而，尽管僭主政治和君主制存在着容易使人受骗的相似外貌，以为两者都是权力掌握在一人手中的统治方式，但没有什么东西能比这两者更为不同。一切强化后者的事物都在威胁前者；一切在君主制下导致团结、和睦与和平的事物，在僭主政治中都会导致对抗、仇恨与颠覆。

如果把这些论点用于那些由来已久的共和国，也丝毫不会失去它的力量。这些共和国与君主制国家一样，也拥有一笔传统、惯例和习俗的遗产。僭主政治却要毫不遮掩地一意孤行，要剥去所有那些东西，为了替自己遮羞，它兵刃在手，漫无目地游来荡去，四处搜寻它在掠夺中撕碎并粘满了血污的破衣烂衫。

注释：

[1] 佩达莱特（伯罗奔尼撒战争中的斯巴达将领，在希俄斯保卫战中阵亡。——译者注）在离开一次会议——他要求投票表决却无人理睬——时说："谢天谢地，在我的国家里还有三百名公民比我更值得奖赏。"普卢塔克：《论国王和指挥官》（Saying of Kings and Commanders），弗兰克·科勒·巴比特（Flank Cole Babbitt）译，洛伊的图书馆，15卷本，伦敦和剑桥，1968年，第3卷，135页。——译者注

[2] 我这里所写的仅仅适用于我当时考察过的体制，就是说，假设一个僭主者要毁灭所有的古代制度并以某个个人创建的制度取而代之。已经发生的那场革命正好印证了我的许多反对意见。例如，对于贵族阶层来说，新旧两种制度的结合是一种令人愉快的自由观念，旧制度将会赋予新制度以古代的荣耀，而新制度——所幸大部分是人们以古代的荣耀所构成——则会由于它的天赋而带来军事成功的辉煌。在这种情况下，就像面对几乎所有困难时一样，现行宪法巧妙地克服了它们，并把一个整体上令人痛恨的政体中的所有优点保存下来。要评价我的著作，一定不要忘记它是在四个月前付梓的，那时我能看到恶，但无法预见善。

[3] 一本克伦威尔时期出版的反对所谓"高级议院"的小册子，就是在这种制度下政治权力软弱无力的突出证据。见一个尊贵的下院议员所作的有关其他议院的充满说服力的演讲，1959年3月。

僭主政治比绝对专制更为可恨的一面

我当然不是专制制度的信徒,但如果让我在僭主政治和稳固的专制制度之间进行选择,我会奇怪何不选择后者。

专制制度排除所有形式的自由;僭主政治需要这些自由的形式,以便证明它的颠覆活动是正当的,但是它在盗用它们的时候又亵渎了它们。[1]因为公益精神的存在对它是危险的,既然公益精神必然出现,因此僭主政治先用一只手打击人民,压制他们的真实意见,再用另一只手打击他们,强迫他们违心地表达合乎需要的意见。

当大特克把一个失宠的大臣送上绞刑架时,刽子手和他们的牺牲品一样默不作声。僭主者要想判处一名无辜者死刑,他会命令人们一再重复自己的诽谤,直到使它看上去像是国民的判决。暴君禁止讨论,只是强迫人们服从;僭主者会坚持进行装模作样的审判,以此作为公众认可的前奏。

这种假冒的自由,把无政府状态下的所有罪恶与奴隶制的所有罪恶融为一体。企图逼迫人们表示同意的暴君,不会受任何限制。谁沉默不语,会被诬为漠不关心,谁精力旺盛,会被当做危险人物;服役期无休无止,蛊惑人心的煽动毫无乐趣。这种煽动不像是精神生活,倒是更像骇人听闻的骚乱,是一种可恶的而不是有益的艺术,把它用于僵尸并不能使它们恢复活人的气息。

僭主政治发明的那些虚假的支持,[2]那些单调乏味的庆典,那些俗不可耐的颂词,同样还是那些人,会在所有的时代都使用几乎同样的语言,拿这种颂词去吹捧截然相反的措施。恐惧被打扮出一副勇气的外表以祝贺着自己的无耻,对自己的不幸连声道谢。真是独具匠心的伎俩,却骗不了任何人!这种不会打动任何人的编造出来的闹剧,早就应当遭到嘲笑。不过,嘲笑可以抨击一切,却不能毁掉任何东西,人人都想利用嘲讽来恢复自己独立的名声,人人都满足于用言辞谴责自己的行为,又满不在乎地言行不一。

谁会看不到，一个政府越是暴虐，心怀恐惧的公民就越是会急忙热情地向它表示敬意？难道你们没有看见，告密者和士兵们在登记册上签字时，每个人的手都在颤抖？难道你们没有读到过把任何投票反对政府的人都指责为帮派分子或煽动分子的布告？如果它并不想得到反对派的名单以便随时能够认出并消灭他们，它使用监狱和专断权力审问一个民族又是怎么回事呢？

篡权者记录下了这些热烈欢呼和夸夸其谈：未来将会根据他所竖起的纪念物对他作出评价。[3]

据说，哪里的人民表现卑劣，哪里的政府就不得不实施暴政。罗马没有拜倒在马可·奥勒留面前，却拜倒在提比略和卡拉卡拉面前。[4]

专制政治压制出版自由，僭主政治拙劣地模仿出版自由。一旦出版自由被彻底粉碎时，舆论便鸦雀无声，但它不会被愚弄。反之，某些被收买的作家染指舆论时，却头脑发昏，好像真有某种对立面，他们破口大骂，好像真有人会反驳他们。他们的荒唐诽谤，是野蛮审判的前奏；他们残忍的幽默，是非法控罪的序幕；他们提出的证据，或许会让我们以为他们的受害者正在进行反抗，这与下面的情形相同：如果有谁远远看到一群原始人围绕正在遭受他们折磨的俘虏狂舞，很可能会以为他们正在和那个就要被他们吞噬的不幸者进行搏斗。

简而言之，专制政治靠沉默的手段统治，并且它留给了人们沉默的权利；僭主政治则强迫人们讲话，它一直追查到他的思想最隐秘的栖身之处，迫使他对自己的良心撒谎，从而剥夺了被压迫者最后这一点安慰。

如果一个民族只是被征服而没有堕落，那么它的处境还有改善的可能；幸运的机会一旦出现，它不会辜负这种机会：专制政治至少给人类留下了这种机会。腓力二世的统治和阿尔巴大公[5]的绞架都没有使勇敢的荷兰人堕落。但僭主政治在压迫一个民族的同时还要使它堕落，它要使它习惯于践踏自己过去尊敬的东西，奉承自己过去瞧不起的东西，它还使它作贱自己，而且，无论僭主政治多么短命，它都会使所有的自由和所有的改良变得不可能——即使在它垮台之后。康茂德[6]被推翻了，但古罗马近卫军把帝国拍卖了，而人民服从了买主。

回想那些被歌颂了千百年的著名僭主，惟一让我感到不解的事情就是人们对他们的赞赏。被称为奥古斯都的恺撒和屋大维就是这种典型：他们从屠杀罗马的所有显贵开始，接着又贬斥仍然保留高贵特征的一切，结果把世界拱手让给了维特利乌斯、图密善、赫利奥加巴卢斯[7]，最后还有哥特人和汪达尔人。

注释：

[1] 第一版和第四版为"亵渎了它"，而不是"亵渎了它们"，单数形式讲不通，明显是印刷错误。——译者注

[2] 第一版为"那些假冒的人民的认可，那些表示支持的演说，……"——译者注

[3] 斯塔尔夫人也曾这样写过："决不能根据那种暂时的成功去评价暴君，那正是授予他们权力的原动力。如果出现这种情况，即他们的国家由于他们的死亡或阵亡而同归于尽，如果这就是他们的统治所留下的后果，那么他们的本来面目也就昭然若揭了。"见《论法国大革命》（Considerations sur la revolution francaise），《斯塔尔夫人全集》（Oearescompletes）第12卷，第2章，第1部分，45页。

[4] 马尔古斯·奥勒留（Marcus Aurelius, 121—180），古罗马皇帝，160—180年在位，斯多噶学派著名哲学家，著有《沉思录》传世。提比略（前42—37），古代罗马第二代皇帝，公元14年继位。后因渐趋暴虐，引起普遍不满，终被近卫军长官杀害。卡拉卡拉（188—217），211—217年在位，嗜杀成性，被近卫军长官刺杀。——译者注

[5] 腓力二世（PhilipII, 1527—1598），西班牙国王。阿尔巴公爵（Duke of Alba）（1507—1582），西班牙将军，腓力二世的大臣，

1567年血腥镇压尼德兰人起义，1580年征服葡萄牙，本名菲南多·阿尔瓦烈斯·德·特莱多·阿尔瓦（Fernando Alvarez De Toledo Alva），称号阿尔巴大公。——译者注

[6] 康茂德（Commodus，161—192），古罗马皇帝，177年即位，残忍暴虐，精神逐渐失常，自以为是大力神赫丘利转世，经常到斗兽场充当角斗士，最后被一摔跤冠军勒死。

[7] 维特纽（Vitellius，15—69），短命的古罗马皇帝，在位不到一年即死于敌手。图密善（Domtian，51—69），古罗马皇帝，专横暴戾，终被其妻及廷臣谋杀。黑利阿加巴鲁斯（Heliogabalus，204—222），221年即罗马皇帝位，荒淫放荡，被近卫军所杀。——译者注

僭主政治不可能在我们这个文明时代幸存

在这幅僭主政治的画面[1]之后，展示一下僭主政治在今天是一个与征服体制同样严重的时代错误，将是一件令人快慰的事情。

共和国的生存有赖于每一个公民深刻意识到他的权利，意识到人类只有获得自由才能享受幸福、理性、安宁与活力；君主制则有赖于过去几代人所耗费的时间、形成的惯例和确立的神圣性；而僭主政治只有通过僭主者个人的霸权地位才能建立起来。

人类历史的某些时期，并不存在那种实现僭主政治所必需的霸权地位。在希腊，从庇西特拉图被驱逐到马其顿的腓力二世就是这样一个时期；在罗马，从塔昆的垮台到内战的头500年也是这样一个时期。

在希腊，人人都能出人头地并领导人民；他们的帝国是天才的帝国：一个辉煌而短暂的帝国，很快就能争取到手，又很快从手中被夺走。伯里克利屡次眼看自己的权力到了从手中滑走的关头，为了握紧权力，只有豁着性命向打击他的灾难开战。米太亚德、阿里斯蒂德、地米斯托克利和亚西比德[2]都是掌握权力之后几乎未经任何动乱就丢掉了权力。

在罗马，不存在任何个人霸权地位的情形更是引人瞩目。有500年时间，在共和国数不胜数的伟大人物中，竟找不到一个统治了相当长时间的人。

但在另外一些时期，对人民的统治看来是属于第一个挺身而出的人。10个野心勃勃的人物，才智过人，富有冒险精神，一直试图征服罗马共和国，但却徒劳无功。凯撒用了二十年时间，历经危难、艰辛和胜利，才迈上帝位的台阶，但在登上宝座之前被人谋杀了。克劳狄乌斯藏在一幅挂毯后面，士兵们在那里发现了他：他成了皇帝，在位十四年。

这个差异不仅是因为人们经过漫长的骚乱之后感到了厌倦，还应归因于文明的进步。

当人类仍然深陷于无知与堕落的环境中时，几乎完全缺乏道德禀赋，在知识上也几乎是一片空白，因而也缺乏物质的手段，各民族像羊群一样，不仅会服从具有某些卓越品质的杰出人物，而且会听从因某种机运而成为人群头领的人。由于启蒙带来的进步，理性使这种机会的合法性受到了怀疑，以比较的方法进行思考，则使人们在个人之间看到了平等，它反对任何排他性的霸权地位。

正是这一点使亚里士多德认为，他那个时代很难存在任何真正的忠诚。他接着说："功绩，在今天总是能找出它的匹敌者，而且没有一个人拥有比其他人更出色的美德，使他可以宣称只有他自己具备天赋的统帅能力。"[3]使这段话更加引人注目的是，它是这位哲人在亚历山大统治年代写下的。

居鲁士在制服野蛮的波斯人时所需要的努力和才华，也许还不如十六世纪意大利最小的暴君维持其篡夺的权力时所需要的多，马基雅维利的忠告证明了这种日益增长的困难。

确切地说，不是开明观念的程度，而是开明观念的平等分布，为个人的霸权地位设置了障碍。这与我们前面说过的每个世纪都期待着一个代表人物并不矛盾，这不是说每个世纪都能找到一个——文明越

二、论征服的精神和僧王政治

是进步，代表它就越是困难。

在这个问题上，二十年前的法国与欧洲的形势接近于上述时期的希腊和罗马的形势。出现了一大批同样开明的人物，但没有任何个人能够从他个人的优势中获得排他性统治权力。因而，在我们动乱的头十年间，没有一个人能成功地使自己脱颖而出。

不幸的是，在任何这样的时期，总有一种危险笼罩着人类。就像把冷水倒入沸水、从而降低了后者的热度一样，当一个文明民族遭到蛮族的入侵，或者当愚昧的大众侵入它的心脏，接管了它的命运时，它的进步就会停滞不前，它就会开始倒退。

例如，希腊的衰落是由于马其顿势力的介入，罗马是由于接连吞并被征服的民族，最后，整个罗马帝国则是由于北方游牧民族的突然闯入。在这种情况下，个人的霸权地位以及随之产生的僭主政治，再次成为可能。皇帝几乎都是由野蛮人的军团造就的。

在法国，当革命的动乱使一个没有受过教育的阶级占据了统治地位而让有教养的阶级失去信心时，这种新式的野蛮人入侵也产生了一种类似但不算持久的影响，因为失衡状态尚不十分突出。我们中间那个立志篡权的人，一度曾被迫离开文明的道路：他求助于那些更愚昧的民族，好像进入了另一个世纪，他正是在那里奠定了他卓越功勋的基础。既然他不能把愚昧和野蛮带到欧洲的心脏，他便带领一些欧洲人去了非洲，看看能否成功地用野蛮和愚昧塑造他们；然后，为了保持他的权力，他竭尽全力拖着欧洲向后倒退。[4]

过去，人们随时准备为个人而作出牺牲并以此为荣。在我们今天，个人却被迫装作一心为了人民的利益和福祉。有时会听到他们试图谈论自己，谈论世界对他们个人的责任，试图恢复自冈比西斯和薛西斯[5]时代就已走向衰微的风气。但是没有人会作出响应，甚至他们的奉承者都会以沉默的方式否认和他们有关系，于是他们不由自主地退回到一种伪善——向平等献殷勤。

如果仔细审视一下那些正在遭受篡权者压迫、表面上服服贴贴的地位卑下的阶层，就会看到他们凭着某种混合的本能，已提前盯住了这位僭主者可能垮台的时刻。他们的热情稀奇古怪地混杂着分析和嘲讽；他们非常缺乏自信，似乎要在喝彩声中麻痹自己、靠戏弄别人减轻自己的痛苦，并且预想着那个荣耀成为过去的时刻。

你们想看到事实已多么清楚地表明征服和僭主政治在现阶段已更不可能吗？回想一下过去六个月来发生在我们眼前的事变吧。作为征服的结果，欧洲许多地区都建立了僭主政治，而那种僭主政治，甚至被那些自己的利益不为这种政治所承认的人所认可并承认为合法，采取了一切有利于长治久安的形式。它时而威胁、时而奉承着各国人民；它成功地集结了大量武力以制造恐怖，拼凑出各种诡辩以迷惑人心，签订了大量协定以消除人们良心上的疑虑；它赢得了几年的时间来掩盖它的本来面目。已被它摧毁的那些政府，无论是共和制的，还是君主制的，都没有明显的希望或者可行的对策；但它们仍然活在它们人民的心中。20次失利的战役并不能把它们从那里驱逐出去；只需一次胜仗[6]就能使人们看到僭主政治的全面溃退。在它的统治并未遭到反对的几个国家，如今旅行者已很难找到它的任何踪迹。

注释：

[1] 第一版为"真实的画面"。——译者注

[2] 米尔西德（Miltiades，约前554—489），希腊名将，在马拉松战役中打败波斯军队。阿里斯蒂德（Aristides，约前530—468），雅典政治家和将军，提洛同盟的创建人之一。特米斯特克勒（Themistocles，约前527—460），雅典执政官。亚西比德（Alcibiades，约前450—404），雅典政治家和将领。——译者注

[3] 亚里士多德《政治学》，第5卷，第10章。

[4] 贡斯当是在强烈否定波拿巴1798—1799年间对埃及的军事远征。有关对埃及战役的评价，见克里斯托弗·让·哈拉德（Christopher J. Herald），《波拿巴在埃及》（Bonarparte in Egypt），纽约，

1962 年。——译者注

[5] 冈比西斯（Cambyses），？—前 522，即冈比西斯二世，古波斯帝国国王（前 529—前 522 在位），居鲁士大帝之子。赫勒克斯（Xerxes），前 519？—前 465，波斯国王（前 485—前 465 在位）。——译者注

[6] 指 1813 年 10 月 16—19 日拿破仑在莱比锡的战败。——译者注

僭主政治不能靠暴力维持吗

僭主政治不能靠暴力而永世长存吗？它不是像所有的政府一样，也有狱卒、镣铐和士兵在为它效劳吗？那么，保证它的长期统治还需要什么东西呢？

因为占据了王位的僭主政治一手握着黄金一手握着斧头，人们便一直以不同方式令人吃惊地重复着这一推论。经验本身似乎也在为它作证；然而，我敢说，这种经验值得怀疑。

因为需要排除无处不在的障碍，这些士兵、狱卒和镣铐，对于正当的统治来说是最后的手段，对篡权者而言却必定是家常便饭。正当的统治只是危机时刻让它们的臣民偶尔体验一下专制统治，而对僭主政治来说，它是一种永恒的状态和日常习惯。

专制政治的学说可以得到作家或演说家的花言巧语的辩解，因为他们的语言能力使他们能够轻易地表达出任何谬论；但是持久地实行专制统治在今天是不可能的事情。专制政治就像征服和僭主政治一样，是第三种时代错误。

我们可以发挥一下这个论断。[1] 首先应当指出，谁也不会相信我们这一代人打算让自己任由专制政治摆布，因为它降临到我们头上时，带来的是愚昧、顽固和粗野，它不再容许各种形式的自由，随后又以自由的名义展示出一种比历史留在我们记忆中的任何暴政都更为可怕的暴政。它会产生一种对自己的盲目的恐怖，使自由沦入最凄惨

的被奴役状态，这是不足为怪的。

所幸专制政治已经尽力纠正了我们这种可耻的错误，我们真该为此而感谢它。它已经证明，它那种不加掩饰和辩解的本相所产生的罪恶，与所谓的自由所产生的罪恶至少是不相上下。如果想对有关这个问题的一些合理观点加以思考，现在正是时候。

上世纪末提供给人类的那种自由

上世纪末提供给人类的自由来自古代的共和国。本书第一部分所展示的若干环境因素，作为古人好战气质的原因，也有助于说明他们能够享有一种已不适用于我们的自由。

那种自由在于对集体权力的积极参与，而不在于和平地享受个人独立。为了确保那种参与，公民甚至必须牺牲大部分这种享受；但是要求现阶段的人民再去作出这种牺牲，不但荒唐，而且是不可能的。

在古代共和国，狭小的领土范围意味着每个公民在政治上都有举足轻重的个人作用。可以说，行使公民权利就是所有人的职业与乐趣。全体人民都在参与立法、宣判、决定战争与和平。个人所分享的那份国家主权，决不像现在这样是一种抽象的虚构。每个人的意志都有真正的影响力；行使这种意志是一种活生生的、能够一再体验到的快乐。因此，古人随时准备去保护他们政治上的重要地位，保护他们在管理国家上的参与权，并随时准备放弃他们私人的独立性。

实际上，这种放弃是必然的。既然要保证一个民族享受尽可能广泛的政治权利，就是说，使每个公民都可能拥有一份主权，必须建立一些制度去维护平等，阻止财富的增长，禁止差别，反对财富、天赋甚至美德的影响。[2] 显然，所有这些制度都在限制自由，威胁着个人安全。

因此，我们今天所说的公民自由，大多数古代民族根本就一无所知。除雅典以外的所有希腊共和国，都是让个人服从于一种几乎不受限制的社会权力。这样的个人服从也是罗马数百年伟大时代的特征；

作为国家组成部分的公民，是以某种方式让自己变成国家的奴隶。他让自己完全服从统治者的决定，服从立法者的决定；他承认后者监督他的行动、限制他的意志的权利，不过理由在于，当轮到他的时候，他本人也是那个统治者和立法者；在一个小到足以使每位公民都可以拥有一份权力的国家，他为自己的参政权所具有的价值而备感骄傲；他的这种自身价值的意识就是对他的丰厚回报。

现代国家的情形完全是两回事。因为它们的领土要比古代共和国大得多，不管它们采用何种统治方式，它们的众多居民都发挥不了任何积极的作用。他们最多被要求通过代议制度，就是说，以一种假定的方式行使主权。

古代人理解的那种自由带给人民的好处，实际上只属于统治者阶层，这是一种真正的好处，是一种奉承盈耳、家产殷实的快乐。自由给现代人带来的好处，是被人代表，是利用自己的选择形成代表。这毫无疑问是一种好处，因为它是一种安全保障；但是直接的快乐并不那么强烈，它没有包含任何权力的快感；它是一种思考的快乐，而古代人的快乐是一种行动的快乐。显然前者并不怎么具有吸引力，不能强求人们为赢得并保持这种自由做出太多的牺牲。

同时，这些牺牲一定会更为痛苦：文明的进步，贸易的时代趋势，各民族间的相互交往，肯定使追求个人幸福的手段日益多样化。为了获得幸福，人们仅仅需要在涉及他们的职业、事业。活动范围及幻想的所有方面获得完全的独立。

古代人在他们的公共生活中会感到更大的满足，而在他们的私生活中感到的满足却较少，所以，当他们为政治自由而牺牲个人时，他们失去的很少，得到的却很多。现代人的所有快乐几乎都寓于他们的私生活之中。绝大多数人始终被排斥在权力之外，他们在公共生活中只能得到一种转瞬即逝的利益。所以，一旦模仿古人的做法，现代人的牺牲将会更多，所获将会更少。

社会的内部关系比过去更为复杂，也更加广泛，即使那些看上去相互敌对的阶级，也被不易觉察但又不可分解的纽带联结在一起。财产同人的生存的相关性更为密切，因此人们对所受到的打击会体验到更多的痛苦。

我们已经迷失在我们从知识中获得的想像力之中，结果，我们甚至没有能力保持一种情感；古代人在他们的道德生活中充满青春活力，我们却已届壮年，也许进入了老年；我们身后总是拖着某种产生于经验、且能击败热情的后顾之忧。热情的首要条件就是不要过于严厉地关注自己。我们如此害怕成为傻瓜，尤其害怕看上去像个傻瓜，以至于我们在思想最为骚动不安的时候也总是在审视自己。古人事事都能表现出完全的自信，而我们几乎对所有事情，只具有微弱而动摇不定的信心，但即使信心不足，我们想把自己弄成瞎子也属徒劳。

幻觉这个字眼在古代语言中根本找不着，因为这个字眼只有在事物已不存在时才会出现。

立法者必须抛弃所有习惯的干扰及所有的试验，[3] 以便对舆论采取强制行动。利库尔戈斯们死了，努马们也死了。

今天，把一个被奴役的民族改造成斯巴达人，可能要比把自由人变成斯巴达人容易得多。过去，哪里有自由，哪里的人们就能忍受艰难困苦；现在，哪里有艰难困苦，哪里的人们就需要被奴役以承受这种艰难困苦。

在现时代，最喜爱自由的人民也是最喜爱快乐的人民。它视自由高于一切，因为它已经开化得足以认识到自由是它快乐的保证。

注释：

[1] 请将本章及随后两章阐述的论点与1806年的《原理》初稿进行比较，见 F·霍夫曼：《政治学原理》，第2卷，417—455页，"论古代社会的权力机关"。——译者注

[2] 因而有了贝壳放逐法、橄榄叶放逐法（用橄榄叶投票方式决定流放）、地权法、检察制度等等。

[3] 孟德斯鸠说:"爱好政治的希腊人,生活在平民政体之下,不承认品德之外的任何其他力量;而今天的希腊人所谈论的仅仅是工艺、贸易、财政、财富,甚至奢侈。"见《论法的精神》,第3章,第3节,《论民主原则》(Du pricipe de la democratie),(《孟德斯鸠全集》,第2卷,152页。——译者注)他认为这种差异分别反映了共和制和君主制的特征,我们则应认为它反映了古代和现代精神的悬殊。无论是共和国的公民还是君主国的臣民,都希望享受快乐与安逸,实际上,无论社会现状如何,没有人不希望快乐与安逸。

古代共和国的现代效仿者

直到上个世纪末,这些真理还完全被那些自信肩负着人类复兴重任的人们所忽视。我不想毁谤他们的意图——他们动机高尚,目标慷慨。有望踏上自己似乎就要打通的道路,我们谁不会感觉到自己心脏在激烈跳动?承认错误并不等于放弃仁爱之友世代相传的原则,凡是没有感到有必要宣布这一点的人,甚至今天也会受到诅咒。但是这些人却把这样的作者视为自己的向导:他们自己没有想到,两千年的时间总会使各民族的气质和需求产生某些变化。

也许有一天我会仔细审视那些作者中最出类拔萃之辈的理论,找出它的荒谬和不可行之处。我相信——这是不言而喻的——《社会契约论》那种狡猾的形而上学,在今天只能用来为各种各样的暴政——一个人的、几个人的或所有人的暴政——提供武器和借口,使之以合法形式或通过大众暴力实施压迫。[1]

另一位哲人,虽不及卢梭雄辩,他的原则却与卢梭同样严酷无情,实际上在运用原则上甚至更为极端,他对法国的改革者们产生了几乎同样的影响,这个人就是德·马布利神父。我们可以把他视为无数善意的或恶意的蛊惑者的代表,他们在高高的讲坛上、在俱乐部里和在小册子中,大谈民族至高无上,结果是让公民更加驯顺,大谈人民的自由,结果是让每个人都陷入彻底的奴役状态。

这个德·马布利神父,像卢梭和其他许多作者一样,误将权力当做自由,对他来说,凡是能将权力扩展到对不服管束的那部分人采取行动的手段,都是值得称道的手段,而人的独立却使他感到懊恼。这种懊恼情绪在他的著作中无处不在,他懊恼的是,法律只能管束人的行为;他还希望它能管束甚至稍纵即逝的思想和感觉,能够毫不留情地追赶着人们,不给他们留下任何可能逃避权力的余地。只要他了解到什么压迫手段,不管是谁在使用它,他会立刻认为那是自己的一个发现,就建议把它作为一个模式。他就像憎恶自己的敌人一样憎恶个人自由,每当他遇见一个剥夺个人自由的民族,甚至是没有政治自由的民族,他就会禁不住对它大加赞赏。他对埃及人心醉神迷,因为埃及人的一切事务都被法律规定好了。小至每一次消遣、每一种需要,凡事都服从立法者的绝对统治。一天中的每时每刻都被某些责任安排得满满的,甚至爱情也要服从这种公认的干预,就连婚床四周的帷帘也由法律来开合。[2]

把共和国形式与个人奴役制度结合在一起的斯巴达,在这位哲学家的灵魂里激起了更加高昂的热情。那种禁欲主义的兵营在他看来就是一个自由共和国的理想。他特别瞧不起雅典,而且乐于像一位博学的大贵族[3]评论法兰西学院一样,评论希腊这个一流的民族:"多么骇人听闻的专制主义!那里每个人都在做他喜欢做的事。"

在法国革命期间,当事变的潮水为那个国家的首脑带来一批满怀哲学偏见和民主狂热的人群时,这些人对卢梭、马布利神父及其学派的所有作者崇拜得五体投地。

前者的狡猾,后者的严酷,尤其是后者的偏执——他对所有人类激情的仇视,奴役他们的渴望,他关于法律权能的极端原则,他提出的建议同以往现实之间的差别,他反对财富乃至财产权的雄辩——所有这一切必然会让那些陶醉于他们近期胜利的人着迷,他们获得了一种被称为法律的权力,他们迫不急待地要把这种权力用于所有可能的目标。对他们来说一种宝贵的权威是,那些对此不感兴趣并宣称王权应予诅咒的作者们,早在王位被推翻以前很久,就已经把在共和国的名义下建立最绝对的专制统治所必需的原则变成了公理。

我们的改革家希望能像他们的指路人所说的古代自由城邦那样行使公共权力。他们认为,凡事都必须为集体权力让路,对个人权利的所有限制,都会通过参与社会权力得到补偿;他们试图通过大批专制法律驯服法国人,而这些法律已经严重侵犯了法国人最为珍视的一切;他们建议一个在快乐中成长起来的民族牺牲所有这些快乐;他们把本应是自愿的东西变成了义务;他们甚至限制对自由的庆祝,他们困惑地发现,人们保存了几百年的记忆竟然没有随着一日内颁布的法令而转瞬即逝。法律作为普遍意志的体现,在他们看来必定胜过任何其他的力量,甚至胜过记忆和时间的力量。儿时印象缓缓产生的影响,长年受想像力支配的倾向,在他们看来都是反叛行为。他们把习俗叫做病态的意志。人们不免会想,那种病态的意志一定具有魔法般的力量,由于某种莫名其妙的奇迹,它经常迫使人们违背自己的意志行事。他们把斗争的困难归咎于人们的反对,好像权力实行激起反对的变革永远是合法的,好像这些变革遇到的困难本身不是对它们的始作俑者的裁决。

不过,他们所有的努力由于他们自己的肆意妄为而不断遭到破坏。在最偏僻的村庄,最无足轻重的圣徒也能成功地抵抗对他摆开战斗架势的全民权力。[4] 社会权力无孔不入地损害着个人独立,这是它毫不讳言的需要。国民并未感到对一种抽象主权的空洞参与值得他们遭受眼前的种种苦难。有人学着卢梭的腔调不厌其烦地对他们说,"自由的法律比暴君的统治还要严酷一千倍。"结果是,国民不想要这些严酷的法律,它只是从道听途说中了解了暴君的统治,因此它想,它还不如选择那种统治为好。[5]

注释:

[1] 我不希望加入卢梭的诋毁者行列。现在这支队伍已经足够

庞大。一批奴颜卑膝的灵魂，由于怀疑一切勇敢无畏的真理而得计于一时，吵吵嚷嚷地要去诽谤他的荣耀：这一点本身就是一个在批判他时要十分慎重的附加理由。他是第一个使我们自己的权利意识深入人心的人；他的声音唤醒了慷慨的心灵和独立的头脑。但是他未能把他感受如此强烈的东西确切地加以界定。《社会契约论》的若干章节使人想起了十五世纪的经院作家。我们享有的权利越多，我们离这些权利就越远，这样的权利有什么意义呢？一个人越是由于自由而无拘无束，就越是要全身心地违背自己的意志去行事，这样的自由又是什么呢？专制政治的支持者们能够从卢梭的原则中得到巨大的好处。我知道他们中间的一位，他和卢梭一样相信，不受限制的政治权力存在于作为一个整体的社会之中，这意味着把它转让给那个社会的代表，他把那个社会代表定义为人格化的人类，个性化的联盟。就像卢梭强调社会团体既不能伤害其成员的整体也不能伤害其成员中的任何个人一样，这位作家强调，那个掌权者——即构成社会的那个人——不可能伤害社会本身，因为既然他本人就是社会，他对社会的任何伤害都会使他自身遭受全部的苦难。类似的还有，卢梭说个人不可能反抗社会，因为他已经把自己的权利毫无保留地让渡给了社会，另一位作家就强调被授予权力的权威是绝对的，因为一个社会中的任何成员都不可能与整个联盟对抗，掌权者无论如何不可能尽职尽责，因为没有任何个人能够要求整体——他是整体的一个部分——对他作出解释，而整体对他的答复也只能是叫他决不应破坏秩序。

不过，为了消除我们的疑虑，他又补充道："这就是为什么他的权力（掌权者的权力）不是专断权力的原因：他已经不再是一个单独的个人，他是整个一个民族。"这种措辞的变化提供了一个多么绝妙的保证！所有此类作家都会指责卢梭在抽象概念上迷失了方向，这不令人奇怪吗？当他们对我们讲述个性化的社会，抑或主权者不再是一个人而是一个民族的时候，他们也许就能避免抽象概念？

马布利论述立法的著作是一个人可以想像的最完整的专制政治法

典。他的三个原则是：（1）立法权不受限制。它必须适用于全体，而全体必须服从。（2）个人自由是一个祸根。即便你不可能消灭它，至少也要尽可能地限制它。（3）财产权是一个罪恶。即便你不可能毁灭它，至少也要采取一切可能的手段削弱它的作用。根据这三个条件，你就可以把君士坦丁堡宪法和罗伯斯庇尔的宪法合为一体了。[见加布里埃尔·博诺·德·马布利（Gabriel Bonnotde Mably）：《论立法或法律原则》，巴黎，1776年；《罗马人与法国人的政府制度对比》，巴黎，1740年，两卷本；《弗西翁对话录——论道德与政治的关系》，译自希腊文原版，阿姆斯特丹，1763年。——译者注]

[2] 我们不时听说，和埃及人差不多的同一类荒唐事在法国也一再发生。我们一直被要求效仿一个民族，那是一个备受奴役的牺牲品，被它的祭司们挡在任何一种知识殿堂的门外。它被划分为种姓等级，其中最低等级所处的社会地位丧失了一切权利；它永远不会长大成人；它是个一成不变的群体，既无启蒙能力又无自我保护能力，不断成为首先侵入它领土的征服者的战利品。但是我们必须承认，这些埃及的新辩护士比那些同样对埃及赞不绝口的老哲学家更始终如一：他们把自由、把我们人性的尊严、把智力活动、把思想天赋的开发看得一钱不值。他们为了能够成为专制政治的工具而对它推崇备至。

[3] 黎塞留公爵。——译者注

[4] 贡斯当本人担任过吕扎尔什公社的社长，曾细致地考察过革命时期的历法和节庆。见俄尼斯特·坦布尔，《圣艾奥西省革命研究》，巴黎，1913年，276~339页。——译者注

[5] 这些措施和法国人的气质之间的不和谐，从一开始——远在它登峰造极之前——就被所有的有识之士感觉到了。但是由于一种奇怪的误解，这些人断定，必须加以改造的是国民，而不是施之于国民的法律。尚福尔在1789年写道："国民议会已经给了人民一部比他们本身更强大的宪法。它必须迅速把国民也提高到同样的高度。立法者们必须像高明的医生治疗筋疲力尽的病人一样，在使用补药的同时

辅之以健胃药物（即催吐剂）。"在这种比喻中，不幸的是，我们那些自称医生的立法者们本身就是病人。你不可能把国民维持在一个它自身气质所达不到的高度上。为了使它保持那个水平，你必须对它实施暴力，而一旦实施了暴力，它就会一蹶不振，最终会比过去更加堕落。（引文见《尼古拉－塞巴斯蒂安·罗克全集》中"准则、思想、性格与轶事"，P. R. 奥基（P. R. Auguis）编，巴黎，1824年，5卷本。）

为现代人提供古代人的自由所采用的手段

掌权者无论犯下什么程度的错误，都不可能像平民个人的错误那样单纯。暴力总是等在这些错误身后，随时准备出借它那令人恐怖的资源。

古代自由的信徒愤怒地看到现代人不愿按照他们的办法实现自由。他们加倍坚持他们的要求，人们就加倍对他们进行抵制，罪行很快随他们的错误接踵而至。

马基雅维里说："为了实行暴政，必须改变一切。"[1]同样，人们也可以这样说："为了改变一切，你需要暴政。"我们的立法者懂得这一点，宣称专制政治是自由不可或缺的基础。

有一些格言因为简短而显得精辟。狡猾的人把它们像食物一样抛向人群，愚蠢的人捡起它们，因为它们可以省去他们思考的麻烦，他们重复这些格言，给人留下他们深谙其味的印象。稍一分析就可以看出，那些荒唐得令人发笑的主张，就是这样渗入了千万人的头脑，被千万张嘴巴重复着，迫使人们不得不一再去解释那些显而易见的道理。

我们刚刚引用过的格言也属于这一种。它已经在法国所有的论坛上回响了10年。然而它的含义是什么呢？自由具有无可估量的价值，只因为它使我们的头脑得以健全，使我们的性格得到力量，使我们的灵魂得以升华。但这些益处不都是要取决于自由的存在吗？如果为了实现自由,你求助于专制政治,最终你将会建立起什么东西呢?只有空洞的形式,内容将永远与你无缘。

要让一个民族明白自由的好处,应该对它说些什么呢?没有自由,你会遭受享有特权的少数人的压迫;许多人会为一小撮人的野心做出牺牲;不公平的法律支持强者,欺凌弱者;你享受的只是不稳定的快乐,虎视眈眈的专断权力随时都可以把它夺走;你不能对法律的制定和地方长官的选举发挥一份作用。有了自由,所有这些弊病都将消失,你的一切权利都将恢复。

但是,那些要求通过专制政治实现自由的人将会说些什么呢?公民不会受到任何特权的压迫,但每天都有受到猜疑的人被悄无声息地杀掉;品德将是首要的、实际上是唯一的荣誉,但那些最为积极地实施迫害和使用暴力的人,将会形成一个采取恐怖手段维护暴政的显贵集团;法律会保护财产,但是受到猜疑的个人或阶级却注定会遭到剥夺;人民会选举他们的官员,但如果他们不按照预先规定的要求进行选举,他们的选择将被宣布无效;言论是自由的,但是任何反对言论——不仅是针对整个体制的言论,甚至还包括微不足道的就事论事——都将会以叛逆罪受到惩罚。

这就是多年来法国改革者所使用的语言,这就是多年来他们的实践。

他们赢得了表面的胜利,但是那些胜利与他们想要建立的制度的精神是矛盾的。他们既然不能使被征服者心悦诚服,他们当然也无法消除征服者的疑虑。为了让人们为自由做好准备,他们用死刑的恐怖笼罩着人们。已被废黜的权力对思想自由的攻击被人牢记并夸大,而对思想的奴役恰恰是新政权的突出特征。他们声称反对暴虐的统治,却建立起了最为暴虐的统治。

他们争辩说,自由必须被推迟到派斗灭亡以后;但是派斗只有在自由不再被推迟的时候才能灭亡。为了推进公益精神而采取专横的暴力措施,却阻碍了那种精神的产生。这是一种恶性循环,人们展望的是一个肯定永远不会达到的时代，因为所选择的手段和想要达到的目的背道而弛。愈演愈烈的暴力使更多的暴力成为必然。愤怒哺育着愤怒。法律锻造得像是兵器，法规成了战争宣言，而那些盲目的自由信徒，认为能够通过专制政治把自由强加于人——将会激起所有人的反对，支持他们的将只剩下那些问权力献媚的卑鄙之徒。

我们的煽动家不得不与之作战的头号敌人，是受益于已被推翻的社会组织的所有阶级，然而，他们的特权——也许被滥用过——却一直是安逸、改良和启蒙的手段。有财产支持的真正独立，是对抗种种卑鄙和罪恶的保证，切实受到尊敬，能够防止人产生浮躁而敏感的虚荣，这种虚荣总在想像自己会受到污辱，猜疑自己会受到轻视：这是一种难以平息的激情，它会以犯罪手段报复现在遭受的痛苦。绅士风度的惯例和优雅精致的习俗，能使灵魂获得细腻的感受力，使头脑变得敏捷而灵活。

这些宝贵的品质应该得到充分的利用。骑士（贵族）精神不允许有任何可以滥用的特权，只允许用它来自由展示自己的优良品质。希腊人监狱中会背诵欧里庇得斯诗句的囚犯也应得到尊重。最微弱的一线知识之光，最微小的一点思想萌芽，最细微的高贵情感或优雅举止，都应受到精心保护。它们是社会幸福不可缺少的元素。必须把它们从暴风雨中拯救出来，这对于正义和自由都是必不可少的，因为它们都为走向自由发挥着或多或少的直接作用。

为了再次点燃仇恨之火并火上浇油，我们狂热的改革者们混淆了不同的年代。正像他们的先辈求助于法兰克人和哥特人以支持暴虐的荣誉一样，他们求助于这些先辈，为自己颠狂的暴虐寻找借口。虚荣心在故纸堆和编年史中搜寻荣誉称号。一种更为激烈，志在报复的虚荣心则利用它们作为控罪的法令。他们拒绝考虑时代变迁，拒绝区分细微的差别，拒绝安抚焦虑，拒绝饶恕一时的社会野心，拒绝平息无用的怨言，拒绝停止幼稚的威胁。他们记住了对自豪感的所有保证。在那些他们本想废除的东西之中又增加了一种新的荣誉——迫害，而且在他们伴随着严酷的非正义的废除行动中,却满怀着某种希望要去伸张正义。

在所有的暴力斗争中,高尚见解的背后都会紧跟着利益,就像战役之前的军队后面都会尾随着食肉鸟一样。仇恨、报复、贪婪、忘恩负义,都在不知羞耻地拙劣模仿着最高贵的榜样,因为被人盲目推荐的都是这些榜样的赝品。不忠实的朋友、不守信的债务人、暗藏的告密者、撒谎的法官,都发现他们的辩辞已被当代的语言写好。爱国主义成了所有罪恶的陈腐辩词。伟大的牺牲,奉献的行为,严酷的古代共和政体对自然倾向的胜利,都成为自私激情大发作的借口。因为过去那些严厉而公正的父亲曾宣告自己犯罪的孩子有罪,于是他们的现代模仿者就把无辜的敌人交给刽子手。即使生活最不引人注目、生存方式最不积极、名字最默默无闻,也起不到什么保护作用。态度消极似乎就是一种罪行,注重家庭亲情似乎就是漠视祖国,追求幸福似乎是一种可疑的欲望。迫于威胁、同时又受到榜样诱惑而堕落的大众,战战兢兢地重复着规定的套话,甚至听到自己的声音都会受惊每个人部是群众的一分子,而由每个人的参与构成的群众,却把每个人吓得惊恐万状。这就是曾经蔓延到整个法国的莫名其妙的狂热,它被称为恐怖时期。[2] 如果人民抛弃这样的目标——他们的统治者打算率领他们通过如此可怕的途径去实现的目标,谁还会感到意外呢?

各种极端行为不但遇到一起,而且还互相促进。一种夸张总是会引起相反的夸张。当某些观念已经与某些字眼结为一体时,再去论证这种联系之谬误就无济于事了,因为在很长时间内,只要一提起这些字眼,就会使人想起同一种观念。正是在自由的名义下,我们曾被赐予监狱、断头台和数不胜数的迫害,有无数令人作呕的暴虐手段以它为名义被采用,因此它必会激起仇恨和恐惧。

不过,能否由此断定,现代人倾向于顺从专制政治呢?他们为什么顽固抵抗给予他们的所谓自由呢?他们有着坚定的决心,既不想牺牲自己的和平,也不会牺牲自己的习俗,更不会牺牲自己的快乐。假如专制政治是所有和平与快乐最势不两立的敌人，从这一点不就可以得出结论，现代人在认为他们憎恶自由的时候，实际上只是在憎恶专制政治吗？

现代人厌恶这种假冒的自由是否意味着他们喜欢专制政治

我所说的专制政治，当然不是指那种权力虽不受明显的限制，但是存在着中介组织的统治，在那里，自由与正义的传统约束着行政机构，权力得体地对待习俗，法庭的独立受到尊重。这样的统治可能并不完善——它们所建立的保障制度越是得不到维护，它们就越不完善——但它们并不是纯粹的专制统治。我所说的专制政治，是指主子的意志是惟一法律的统治；那里的政治团体——如果存在的话——只是他的工具；在那里，主子会自视为帝国的惟一所有者，臣民仅仅被看作享有收益权的人；在那里，公民的自由可以随时被剥夺，用不着掌权者屈尊去解释原因，也用不着公民拥有了解那些原因的权利；在那里，法庭惟权力之命是从，他们的审判可以被宣告无效，那些本来被宣判无罪的人可以被拖到新的法官面前，他们只能被判有罪，因为新法官会接受前任的教训。

仅仅二十年前，欧洲还不存在这样的统治。现在有了，那就是法国的统治。我在这里暂且不谈与它的实际后果有关的一切，我会放在后面讨论。此刻我只想说出事物的原理，我坚信，这个原理和现代人所憎恶的打着自由旗号的统治原理是一样的。这个原理就是专断权力。唯一的区别是：它不再以全体的名义行使，而是只以一个人的名义行使。这可以成为使它更可令人容忍、使人们更愿意顺从的理由吗？

有利于个人行使专断权力的诡辩

专制政法的辩护士说，是的，专断权力集中在单独一个人手中，不会像它受到派别争夺时那么危险。一个被授予巨大权力的人，总是和人民有着相同的利益。

首先，我们此刻暂不考虑经验提供的证据，先简单地分析一下这个断言本身。一个无限权力的拥有者，他的利益必定同臣民的利益一致吗？我可以很清楚地看到，这两种利益将在它们前进道路的尽头会合，但是它们不会在中途分道扬镳吗？就税收、战争及治安措施而论，在必不可少的公正和主子本人明显将要面临的危险之间，存在着一条鸿沟。如果权力不受限制，行使权力的人——假定他是理智的——将不会逾越危险的界限，但他会经常超越公正的界限，而超越公正的界限就已经是一种罪行了。

其次，让我们假定这些利益是完全一致的，这就能给我们提供一个永不出错的保证吗？我们每天都被告知，当人们正确地认识到自身利益时，这些利益会引导他们尊重正义的原则。但是，法律是为那些侵犯法律的人制定的，因为众所周知，人们经常偏离自身的利益，不管他们是否正确理解了那些利益。

最后，无论什么形式的统治，实际上都属于最高权力的拥有者吗？权力不会分解吗？它不是由成千上万的下级代理人分享吗？无数统治者的利益和被统治者的利益还是一致的吗？毫无疑问，不一致！他们每个人的身边都有同僚或下属，此人的利益受损会使他致富，此人蒙受耻辱将使他的虚荣心得到满足，此人被排挤将使他摆脱一个竞争对手、一个碍手碍脚的监督者。

为了捍卫人们希望建立的体制，必须加以证明的不是利益的一致，而是脱离利益的普遍精神。

在政治等级制度的顶端，一个人没有激情或狂想，不为诱惑、仇恨、偏爱、愤怒和嫉妒所动，积极、警醒、虚怀若谷，不会固执地重犯已经犯过的错误，全神贯注于某种美好愿望，知道如何保持耐心，等待最佳时机；在下一个权力等级，具有同样品德的大臣们，无需低三下四地仰人鼻息，对于专断权力，既不会出于恐惧而屈从，也不会出于私心而滥用；最后，在其他各个下层等级，人们同样融合了这些杰出品质、同样热爱正义、同样自律自制。这就是一个人必须作出的假设——你认为这可能吗？

在这条超自然的品德链条中，只要有一个环节断裂，一切都将处于危险之中。要想让这根断成两半的链条继续不犯错误是不可能的：真相再也不会原原本本地传达到人民的最下层，仅仅一次不真实的传达，就足以使权力失望，使它拿起武器攻击无辜。

那些夸耀专制政治的人们，总是只从专制君主一人的角度理解专制政治，而实际上一个人不可避免地要与他所有的下级打交道。仅仅将超人的天才和不偏不倚的公道赋予一个人是不够的，还必须假设世上生活着一两万名天使，他们超越了人类的全部弱点和缺陷。

因而，当人们这样告诉法国人时，他是在欺骗他们：你们主子的利益和你们的利益是一致的；不要担心，专断权力将无损于你，它仅仅打击那些因过于鲁莽而激怒了它的人，而服服帖帖和保持沉默的人在任何地方都是安全的。

人们相信这种愚蠢的花言巧语，不再挺身反抗压迫者，反而发现了被压迫者的错误。甚至当精明之心要求勇气时，也没有人能鼓起勇气。人们为暴政开路，却自以为受到了善待。每个人都埋头走在能使他安全抵达坟墓的羊肠小道上。如果专断权力得到容忍，它就会以这种方式蔓延——连最卑微的公民也会突然发现它把武器对准了自己。

无论那些胆怯的灵魂抱有什么希望，所幸人类道德还不致于袖手旁观而让其他人被打倒在地。千万条纽带把我们和同胞联结在一起，即使最急切的利己心也不可能把它们全部割断。你以为自己会靠自愿退隐而免受伤害，但你有一个儿子，青春年少、血气方刚；你有一个不像你那样谨小慎微的兄弟，会在无意中发出某些牢骚；你有一个旧敌，过去你曾冒犯过他，他已经成功地获得某些权势；你的乡间别墅注意引起了一个暴君帮凶的目光。你会怎么办呢？你曾激烈地指责一切反抗、驳斥过所有的抱怨，如今该轮到你来抱怨了吧？你已经提前受到自己的良心和你参与形成、但遭到低毁的舆论的双重谴责。你还会逆来顺受？然而你会得到允许吗？你会不会被推到一边，并且作为一个令人厌恶的目标和非正义的标志而受到追捕呢？一些无辜的人失踪了；你曾判定他们有罪；你开辟了这条小道，现在该轮到你走上去了。

专断权力在人类生活不同方面造成的影响

不管是以一个人还是以全体的名义行使专断权力，都不会让人类平静地度过他的闲暇和欢乐时光。

它毁灭道德，因为缺乏安全感就不会有道德，如果情感的主体不能确信凭着自己的清白无辜可以享有安全和庇护，那就不会有高尚的情感。当专断权力毫无顾忌地打击对它产生怀疑的人时，那不仅是某个人受到了迫害，而是整个民族在受到迫害和随之而来的羞辱。人们总是企求摆脱痛苦。当他们的所爱受到威胁时，他们要么是抛弃它，要么是保卫它。德·波夫说，在受到瘟疫袭击的城镇中，道德会出现突然的堕落：垂死的人掠夺垂死的人。专断权力对道德的影响，就像瘟疫对人的影响。每个人都会抛弃同命相连的受难伙伴。每个人都会公开放弃他们过去生活中的契约。他会与世隔绝以求自保，把弱者和朋友的祈求仅仅视为自身安全的障碍。只有一件东西保留了它的价值：它不是舆论，因为对强者的赞颂和对受害者的敬意都已不复存在；它不是正义，因为正义的法律已无人理会，正义的形式已受到侵犯。它是财富。财富能解除暴政的武装；它能使暴政的一些代理人腐化堕落，能使禁令做出让步，能使逃跑变得容易，能在长期处于威胁之下的生活中传播一点暂时的快乐。人们为了享受而聚敛财富，他们纵情享受以忘却在劫难逃的危险；他们对别人的不幸麻木不仁，对自己的不幸漫不经心；他们看着节庆之后就是鲜血横流；他们或是像极端的禁欲主义者一样压抑自己的同情心，或是沉湎于贪图酒色的骄奢淫逸之中。

当一个民族冷漠地注视着一系列暴政行为，当他们无言地注视着监狱人满为患、流放令激增的时候，面对这些可憎的事例，谁还会相信，几句陈词滥调就能使诚实而慷慨的感情得到复苏？父权的需求始终受到维护，但是儿子的首要责任是保卫他被压迫的父亲。如果你把父亲从孩子身边带走，如果你强迫这些孩子保持懦弱的沉默，那么，你的格言和你的准则、你的雄辩和你的法律会起到什么作用呢？人们对婚姻的神圣充满敬意，仅仅根据含混不清的告发、单纯的怀疑，就能用所谓的治安措施把一对夫妻强行拆散，这不等于是让夫妇间的爱情按照权力的好恶生生灭灭吗？人们赞美家庭的纽带，但保护着家庭纽带的是个人自由，是在正义给予公民的庇护所内创造共同生活、自由生活的希望。如果这种家庭纽带确实存在，那么受到专断权力压迫的人们，其父亲、孩子、丈夫、妻子、朋友和亲戚还会服从它的约束吗？人们谈到了信用、贸易和工业。但是一个被逮捕的人会有些债权人，他们的财产取决于他的财产，与他的企业利害攸关。他被逮捕的后果不仅是他暂时失去了自由，而且还打断了他的投机事业，也许他会就此倾家荡产。这种倾家荡产将波及到所有与他利害攸关的人。它甚至会波及得更远：它会打击所有人的言论，粉碎所有人的安全感。一个并未被判加罪的人遭受惩罚，其他任何有点头脑的人都有充分的理由相信，自己也受到了威胁，因为所有的保障已被摧毁。人们保持沉默是因为他们害怕，而所有的交易都会受到影响。地球在瑟瑟颤抖，没有人走路时会无所畏惧。

在我们庞大的社会里，在如此复杂的关系中间，一切事物都有着千丝万缕的联系。那些所谓局部的非正义，是社会灾难的无尽源头。权力并不能把它们约束在一个有限的范围内。一个人永远不可能完全控制住不义的尺度。个别野蛮的法律，就能决定整个立法的性质。个别非法的措施，就能使任何公正的法律失去不受侵犯的保证。一个人不可能拒绝给予某些人自由而把它给予另一些人。可以想像，对未被证实有罪的人采取一次惩治措施，所有的自由都将成为不可能的事情。出版自由？它可以用来动员人民支持可能是清白无辜的受害者。

二、论征服的精神和僭王政治

个人自由？那些被你追捕的人可以利用它逃之夭夭。创业的自由？它能给流放者提供财源。因而，有必要全面禁止它们，彻底摧毁它们。人们也许喜欢在某一天里放弃正义，摆脱它的限制去对付某种障碍，然后再去恢复秩序。他们既喜欢有保障的统治，也喜欢例外的成功。大自然与此格格不入：它的体系是完整而规则的，个别偏差就能使它毁于一旦，就像数学计算一样，一个错误和一千个错误同样会导致错误的结果。

　　法兰西民族的最大错误之一，就是从来没有给予个人自由足够的重视。[3]当我们成为专断权力的牺牲品时，我们多把它作为一个错误来抱怨，而没有把它视为一种非正义。在我们经历的各种漫长的压迫中，几乎没有任何人可以因为捍卫并非属于自己党派的个人而轻松地获得荣誉。一位我不知道名字的作者已经注意到，针对国家利益而极力捍卫私人财产权的孟德斯鸠，论述个人自由的问题时就不怎么起劲，似乎人并不像物那样神圣。在一个粗心大意而又自私自利的民族中，个人自由的权利为什么没有得到像对财产权那样的保护，原因非常简单。被剥夺了自由的人正是由于这一事实而丧失了自卫能力，而被剥夺财产的人却还保留着要求归还财产的自由。因此，自由只能由被压迫者的朋友们来捍卫；财产则是由被压迫者本人去捍卫。显而易见，捍卫的强度在这两种场合是有差别的。

专断权力对知识进步的影响

　　人类不仅需要安宁、勤奋、家庭幸福及个人美德。自然还给予人类其他天赋，即便算不上更高贵，至少也是更卓越。专断权力对这些天赋的威胁，要比对其他一切事物的威胁更严重：专断权力如果在迫使其为自己效力时遇到了反抗，它就会恼羞成怒地窒息它们。

　　孔狄亚克说："有两种野蛮：一种是过去的，一种是文明世纪以后的。"两相比较，前者倒是一种可取的状态，但那个专断权力在今天却只能使人退化到后一种野蛮。在这种情况下，人们的退化甚至更加迅速；事实上，使人们退化的不是缺乏某种天赋，而是放弃这种天赋。

让我们想像一个靠几代人的勤奋劳动富裕起来、在科学和艺术方面都取得了巨大进步的文明民族。如果权力在思想表达和精神活动方面设置障碍，那个民族在一段时间内，还可以靠它过去的老本生活，也就是说，靠继承下来的文明成果生活，但是将不再有观念的更新，它们的再生能力将会枯竭。用不了几年，虚荣心就会取代对知识的热爱。那些想起了以往文学作品所赢得的荣耀和敬意的诡辩家，将会致力于写作徒有其表的同类作品。他们会以自己的作品反对其他作品表现出的优点；而且只要哪里还有自由主义原则的踪迹，哪里就会出现某种文学运动，出现反对这些作品和原则的斗争。但这种运动本身也是已被摧毁的自由的遗产。一旦这种自由的最后痕迹和最后传统销声匿迹，战斗就会结束，因为作战者将再也看不见任何敌人，而胜利者和被征服者会同样保持沉默。的确，谁知道权力会不会断定强制沉默是有好处的？实际上，它们不愿意看到逝去的记忆得到复活，放弃的怀疑再被挑起。它们将压制过于热情的追随者，就像曾经压制它们的敌人一样。它们会禁止所有人——即使按照他们的观点——以人类为主题进行写作，就像某个虔诚的政府禁止任何人谈论上帝，无论坏话好话都不许说一样。它们会宣布人们在哪些问题上可以使用自己的头脑。它会获准自我消遣，但要处在监督之下，并在规定的范围之内。如果它试图偏离对它的限制，如果它拒不与自己的神圣起源断绝关系，继续从事受到禁止的思考，如果它鲁莽地认为，自己的最高贵的目的不是对琐碎题目做精巧的修饰，不是圆滑的阿谀奉承，不是毫无内容的夸夸其谈，而是上天和它的本性要它成为一个永恒的法庭，在这里对一切事物进行分析、检验并做出最终的判断，它就会惹来诅咒。因而，名副其实的思想历程肯定会被终止。文明的一代将逐渐消失，随之而来的一代，由于看到追求知识没有任何好处，甚至从中看到了威胁，将会不可挽回地远离知识的追求。

你会说，人的头脑仍然可以在消遣文学中发光，可以专注于精密的自然科学，还可以致力于工艺。然而这都是废话。大自然在创造人类的时候并没有向权力请教，它规定我们所有的天赋应当紧密地结合在一起，其中任何一个受到压制都会损害其他，甚至对消遣文学、科学和工艺而言，独立思考就像空气对自然界的生命一样，也是必不可少的。有人大可把人们置于一台气泵下劳动，争辩说他们没有被迫呼吸，只是在运动自己的胳臂和双腿，让头脑只运用于规定的目标，阻止它去思考那些能够唤起自己的尊严，从而给予它活力的许多重要事物。于是，被压抑的作家开始歌功颂德，但是，他们甚至连阿谀奉承的能力都会逐渐衰退，文学最终会丧身于字谜游戏和藏头诗之中。博学之士变成了纯粹的古董收藏家，而即使是这些古董，也会在被镣铐束缚着的手中退化和贬值。艺术家天才的源泉会同哺育自由的唯一手段——对荣耀的向往——一起日渐枯萎，由于他们以为可以孤立存在的事物之间有着某种神秘但却无可争辩的联系，那么人的灵魂一旦受到贬损，他们也就不再具有高尚地描绘人类面貌的天赋了。

不仅如此。贸易和最为必需的职业与行业一起，很快也会了无生气。贸易本身并不足以成为行动的动机；个人利益的影响通常总是被夸大；个人利益要想变成行动，需要意见的支持；一个人的意见遭到窒息，就会使他萎靡不振，他甚至不会再为自己的利益而长时间兴奋，他将陷入一种麻木状态。就像麻痹感会从人体的一部分向另一部分蔓延一样，它也会从我们的一种天赋蔓延到另一种天赋。

利益在不受意见左右的时候，它的需求是有限的，对它的享受也很容易满足：它只是满足于眼前的需要，并不为将来做什么准备。因此，那些想要扼杀舆论而鼓励利益的政府，会发现自己做了一次双倍笨拙的手术，把两者一同扼杀了。

毫无疑问，有一种利益是不会被专断权力碾碎的，但它不是激励人们付出劳动的那种利益，而是诱使人们乞讨、抢劫、依仗权力的恩惠和掠夺弱者而致富的那种利益。这种利益和劳动阶级的必然动机毫无共同之处，它能激发暴君追随者的巨大活力，但它既不能刺激工业的努力，也不能刺激商业的投机。

独立思考甚至对军事成就也有影响，人们最初并未看到民族的公益精神和军队的纪律或士气之间的关系，而这种关系是经久不衰的，也是必不可少的。现在我们喜欢把士兵仅仅看作一种驯服的工具，熟练地用好他们就足够了，从某些方面说，这一点倒也千真万确。然而，这些士兵需要看到，至少一部分舆论在支持着他们，他们会在几乎不知不觉中被舆论赋予生气，舆论就像音乐一样，这种乐声将陪伴着他们向敌人进军。没有人特别注意它，但所有的人都将受到它的激励和鼓舞。多亏了普鲁士的公益精神——就像它的军团一样——胖特烈大帝才赶走了欧洲联盟。这位君主始终允许思想天赋的独立发展，从这种独立中才产生出了公益精神。在七年战争期间他屡屡受挫，他的首都被占领，他的军队被解散，但是他向自己的人民、人民也向他传达着一种乐观精神。他的臣民的愿望影响着他的保卫者，它们形成了一种温暖人心的舆论环境支持着那些保卫者，使他们深受鼓舞，力量备增。

写下这些文字时，我很清楚，某些作者在其中看到的只是一个笑柄。他们极力希望统治人类不应当用什么道德感；他们运用自己具有的天赋，是为了证明这些天赋的无用和无能。他们只用几个十分简单的要素来构筑社会形态：用来欺骗人们的偏见，用来恐吓人们的刑具，用来腐蚀人们的贪婪，用来羞辱人们的轻浮，用来操纵人们的专断权力，以及必然能使这种权力更为机敏的实用知识和精密科学。我无法相信，辛勤努力了4000年，就是为了这样的目的。

思想乃万事之本：工业，兵法，以及所有的科学和艺术，都需要运用思想。它是它们进步的原因，通过对这种进步的分析，它也开阔了自己的眼界。如果专断权力试图束缚它，道德观念就会不再健康，[4]实用知识就会不再精确，科学发展就会不再活跃，兵法就会不再进步，工业也不会再有新的发现而繁荣。

人类生活最高尚的部分如果受到攻击,很快就会感觉到这种毒害作用逐渐向最遥远的地方蔓延。你以为你只是剥夺了它某些多余的自由,或者删除了某些无用的虚饰,实际上你那有毒的武器正好戳到了它的心脏。

我知道,我们经常听到一种人类精神不断循环的说法。据说,无可逃避的命运会使它启蒙之后再复愚昧,文明之后再度野蛮。对于这种规律来说,不幸的是,在这些周期的交替之间总会悄悄地挤进专制政治,所以,不谴责它在这次革命中扮演的某种角色是困难的。

各民族历史变迁的真正原因是,人类的思想不可能保持静止不动。如果你不阻挠它,它就会前进;如果你阻挠它,它就会倒退;如果你使它失去信心,它将不再为任何目标进行不知疲倦的操劳。几乎可以说,人类的思想看到自己被排挤出适得其所的地方而感到愤慨,它要通过一次高贵的制裁,为它所蒙受的耻辱复仇。

任何权力都没有力量根据自己的方便或一时的奇想,让一个民族安静或激动起来。生活不是一个人能够随意拿走,然后又随意送回的东西。

即便政府希望以自身的能动性替代被禁锢的舆论的天然能动性,但这就像在受围困的堡垒中,被拴住的骏马只能在立柱间蹬蹄子一样,这对政府来说无异于自找麻烦。

首先,维持一种完全人为的能动性,代价极大。当人人都处于自由状态时,每个人都会兴致勃勃地去做、去说、去写。但是当大多数国民成为被迫保持沉默的旁观者时,为了诱使这些旁观者鼓掌欢呼,或者只是简单地观望,指挥演出的人必须依靠戏剧性情节和场景的转换来刺激他们的好奇心。

同时,这种人为的煽动比现实更煞有介事。一切都在运动,但只是迫于命令和威胁;一切都不顺畅,因为没有什么是自发的。人们对政府不是追随,而是服从。所有的车轮遇到最微小的阻碍都会停止转动。这就像下棋一样:权力之手伸向棋子,没有一粒棋子会进行反抗；但是如果那条胳臂停止挥舞，所有的棋子都会呆在原地一动不动。

最后，如果一个民族死气沉沉，那么无论政府有什么作为，都不会得到舆论的响应。它不能使国民保持清醒，只好与国民一起进入梦乡。因而，在一个思想被禁锢的民族中，一切都无声无息，一切都在沉沦，一切都在退化和堕落。这样一个帝国早晚会出现埃及平原上的景象，在那里，人们会看到巨大的金字塔静立于贫瘠的地面，统治着寂静的沙漠。我们这里所提示的演变决不是凭空猜测，它是历史。它是希腊帝国的历史，是它的继承者罗马帝国的历史，后者获得了前者的大部分力量及其所有的文明成果，专断权力则从中获得了最有利于它巩固自身的一切条件，不过它还是走向了衰亡，因为所有形式的专断权力必定会走向衰亡。如果专制政治坚持那种导致万马齐喑的压迫——长期以来它一直被掩盖在对外胜利的虚假辉煌之下——那么这历史就会成为法国的历史，成为这个依靠天性和机遇获得特权的国家的历史。

我们还应想到最后一个重要问题。如果专断权力粗暴对待思想，就会堵塞自己获得天才的最佳途径，但是它无法阻止天才的诞生，他们的才智一定会找到用武之地。然后会发生什么事情？他们将会一分为二。其中一部分人会忠于自己的天职，对权力发起攻击；另一部分人则会陷入自私自利，他们将运用自己超群的秉赋去积累所有可能的享乐手段，这是他们能够得到的惟一酬报。因此，专制政治[5]将会把这些出类拔萃的智力分成两类：前者具有煽动性，后者具有腐蚀性，只要落下无法摆脱的罪名，两者都将受到惩罚。如果它们的抱负能为自己高贵的希望和努力找到自由的空间，那么，前者仍将是和平的，后者仍将是正直的。只有在被赶出他们有权追求的比较自然的道路时，它们才会走上罪恶的道路。我说它们有权，是因为体面、声望、荣誉属于人类，没有人能够拿出正当理由剥夺他们的体面、声望和荣誉，或剥夺使人类不同凡响的一切，使他们的生命枯萎凋零。

大自然让人类把报答置之度外，在他心中燃起难以言状的荣誉感，这真是一个好主意。这种荣誉感以希望为动力，是所有伟大行为的源泉，它可以抵制一切罪恶，它使人类世代相连，使个人与宇宙相连，它反对粗俗的欲望、鄙弃肮脏的享乐。愿灾难降临于扑灭这种神圣激情的人！他在这个世界扮演了罪恶原则的化身，他用他的铁腕把我们的额头接向地面，而上帝创造我们，是为了让我们昂首阔步，以便凝视星空。

注释：

[1] 艾蒂安·博诺·孔迪拉克：《〈历史研究〉引言》，收录在《帕马王子教程课本》中，日内瓦，1725年，12卷本，第4卷，2页。——译者注

[2] 这些观点形成于八年前（1806），从那时以来，这些可靠的原则取得了决定性的胜利，这给我提供了有力的证据。普鲁士——我把它看作具有道德力量的文明民族的典范——似乎失去了它的活力和所有尚武精神。耶拿战役之后，那些读过我的著作的朋友问我，公益精神与胜利之间的关系发生了什么变化。几年过去了，普鲁士已经从它的失败中复苏。它在一流的民族中占据了一席之地；它赢得了被后人感激的权利，赢得了被所有人类之友尊重的权利，并且激起了他们的热情。

[3] 巴罗（Barrow）对中国的远航可能有助于说明，如果统治着一个民族的权力使那个民族变得静如死水，道德观念将会发生什么问题。参见约翰·巴罗爵士：《远航中国》（Voyage to China），伦敦，1804年。贡斯当可能引用了法文版本《远航中国——劳尔·马尔特尼旅行见闻补充》J. 卡斯特尔编（J. Castere），巴黎，1805年，3卷本。——译者注

[4] 为了使论据更加充分，我还是愿意再次谈到中国。那个国

家的政府成功地禁锢了思想,把它完全变成了一种工具。就连修习自然科学也只能在政府的指示和绝对统治下奉命行事。没有一个人胆敢开设一门新课程,或以任何形式偏离成规。因此,中国虽然不断遭到外国人的征服,但远不如中国人对自己的征服那么多。为了控制这种精神的发展,就必须破坏能够使人民自卫并保卫他们的政府的手段。边沁中指出,愚昧民族的领袖终将成为他们狭隘区又懦弱的政策的牺牲品。国民从小到大所接受的教育,都是在加深他们的愚昧,以使他们更易于统治,事实表明,他们总是很容易成为第一批侵略者的牺牲品。(见勒米·邦塔姆(Ueremy Bentham):《民法和刑法论文》,载《立法普遍原则及法规汇编的方法论》,E. 杜蒙(E. Dumont)编,巴黎,1802年。——译者注)

[5] 第一版为"因此,专断权力"。——译者注

专断权力统治下的宗教

人们也许会想,即使在最残暴的政府统治下,也会有一个始终对人类开放的避难所——宗教,在这里他可以卸掉自己内心的负担,在这里他可以寄托自己最后的希望,任何权力都不会机敏到如此程度,能到这个庇护所来追击他。然而专制政治却会到那里追击他。一切独立的事物都会使它发怒,因为一切自由的事物都威胁着它。过去它曾试图支配宗教信仰,而且认为可以随意给它们安排一项义务或罪行。如今,它从经验中学乖了,不再直接迫害宗教,但是它在注意寻找一切可以羞辱宗教的机会。

有时它把宗教说成是人民的唯一需要,它清楚地知道,人民通过对发生在他们头上的事情的一种可靠直觉的引导,决不会去尊敬自己的上司所不屑的东西,每个人都会通过模仿或出于自尊而把宗教推下台阶。有时暴政会突发奇想,把宗教变成权力的奴隶;宗教不再是从天堂上下来警醒或者改造俗世的神圣力量;宗教这时会拜倒在权力的脚下,成为卑躬屈膝、百依百顺、胆小如鼠的工具,留心权力的一举

一动，听候权力的吩咐；它对那些鄙视它的人阿谀奉承，只向各民族传授权力认可的永恒真理。它的牧师们在受着奴役的圣坛脚下，结结巴巴地讲述着断语残篇，他们不敢以无畏而自信的语调发出那种古老的天籁，他们远远不是在表达现世的伟大，像波舒哀谈论那位评判国王的严厉的上帝一样，他们在主人轻蔑的目光面前，诚惶诚恐地寻找着谈论他们上帝的字眼。不过，假如他们没有被迫用宗教去支持不人道的法律和掠夺的命令，他们还算是幸运的。无耻啊！我们看到他们以和平宗教的名义下令侵略和屠杀，让政治诡辩玷污圣经的庄严，把他们喋喋不休的说教伪装成宣言，祈祷上苍保佑罪行得逞，这等于指控上帝是罪行的同谋，从而亵渎了上帝的意志。

然而，不要以为如此奴颜婢膝就能使他们免受屈辱：那个不作任何让步的人，有时会被突然的谵妄所支配，正是因为没有人挺身反抗以使他恢复理性。康茂德有一次带着安努毕斯雕像出席庆典，突然心血来潮，用塑像作棍棒，把那位陪同的埃及祭司打昏在地。这就是我们眼前发生的事情的确切象征，是那个目中无人而又反复无常的保护人的确切象征，他在虐待宗教和发出侮辱性命令时便会暗自得意。

宗教不可能承受如此之多的贬斥和侮辱。疲倦的目光将不再关注它的浮华；枯萎的灵魂将不再对它寄予希望。

必须承认，在经历了启蒙的民族看来，专制政治是否定上帝存在的最强有力的理由。我说在经历了启蒙的民族看来，是因为对于愚昧的民族，不必消灭它们的宗教信仰就可以压迫它们。然而，一旦人类精神踏上理性之路，一旦出现了怀疑，暴政的登场亮相似乎就要用可怖的证据支持那种怀疑的权利。

怀疑提醒人类，他的命运得不到正义之神的关注，实际上已经被抛给人类中最残忍、最卑鄙者的狂想。这种怀疑精神说，善有善报、恶有恶报和对失落的信仰的效忠，都是懦弱而胆怯的想像引起的幻觉，因为实际上是恶有善报、善有恶报。它会说，在这转瞬即逝的生命过程中，在这既无过去也无未来、像怪异的灾星一闪而过的时刻，最好的作为就是抓住每个机会捞取好处,闭眼不看等着吞没我们的深渊。专制政治用它的全部实际行动宣扬着同样的信条:它鼓励人们在危险包围中骄奢淫逸;他应当抓住每一分钟及时行乐,因为无法确定下一分钟会发生什么。在切实可见的愚蠢而残酷的统治下,若想仍然对不可见的贤明与仁慈的统治抱着希望,非得有真正的坚定信仰才成。

这种强烈而坚定的信仰不可能出现于古代民族。他们当中有教养的阶层,会以不敬神的态度为自己所受的奴役寻求些许补偿。他们会抱着溢于言表的勇气,鄙视他们不再惧怕的权力,他们会觉得自己的卑劣程度远比不上那种曾经使他们惧怕的权力。人们可能会说,由于今世的声名狼藉,确实没有来世反而对他们是一种安慰。

我们为时代的开明、神权的毁灭和政教斗争的停息而感到自豪。但是就我来说,我承认,如果必须要我作出选择,我宁愿接受宗教统治也不要政治专制。在前者的统治下,至少在奴隶当中还存在着名副其实的信仰,只有暴君是腐败的;但是在脱离了宗教思想的压迫之下,奴隶会像他们的主人一样腐败和卑鄙。

我们必须怜悯一个被迷信和愚昧的重负压弯了腰的民族,不过也可以对它表示尊重:这样一个民族还保持着某种真实的信仰,尽管它犯下了错误;它仍然怀有某种责任感;它仍然拥有某些美德,尽管那些美德受到了误导。只有那些疑神疑鬼的走狗们在驯服地爬来爬去,热心地忙前忙后,拒绝接受上帝,只在某个人面前瑟瑟发抖,除了恐惧,没有任何东西能够打动他们,除了压迫者从高高的王位上甩给他们的薪俸,没有任何目的。一个自甘堕落的人种,没有直起脊梁的希望,没有可以原谅的错误,这种人种已经从上帝指定的人类行列中倒下,他们残存的天赋和展示的智力,无论对他们还是对世界来说,不过是一种额外的罪恶与耻辱。

人们不可能甘愿顺从任何形式的专断权力

如果这就是专断权力的后果，不管它以什么形式出现，人们都不可能心甘情愿地顺从它。所以，他们也不可能甘愿顺从专制政治，因为它是专断权力的形式之一，而在法国，被称为自由的政治则是专断权力的另一种形式。即使说这种假冒的自由是一种有别于专制政治的专断权力的形式，我也不敢苟同，因为它纯粹就是专制政治，只是名称不同而已。

有人在描绘法国的革命统治时把它称为无政府状态，即没有统治，真是犯了一个极大的错误。毫无疑问，在革命的统治下，在革命的法庭上，在惩治嫌疑犯的法律中，统治不但没有缺席，而且持续表现为普遍的残暴统治。

确凿无疑的是，这种表面的无政府状态就是专制政治，法兰西的现任主子以专制政治为榜样，学来了它的全部手段，保存了它颁布的所有法律。他经常允诺废除这些法律，却又总是推托回避。他不时地自夸中止了它们的效力，但却把它们留为己用。他否认自己是它们的始作俑者，但却成了它们的继承人。那是一个有毒武器——他可以随时予取予夺——的军火库。这些法律笼罩在每个人的头上，就像悬在空中的云层和待命出击的伏兵。

我写下这些话的时候，收到了1813年12月27日的法令，在上面我看到了这样三项条款："4. 特派员被授权根据形势和维护公共秩序之要求，采取任何严厉的治安措施。5. 同样，他们被授权组成军事法庭，亲自或由特别法庭审判任何受到指控的亲教者、通敌者或图谋作乱者。6. 他们有权发布公告和签署命令，此等命令对所有公民均具强制性，凡司法、民政和军事机构均须一体遵行。"难道这些特派员不像国民公会派出的总督吗？我们不是在这个法令中再次看到了毫无限制的权力和革命法庭吗？如果罗伯斯庇尔的统治是无政府，那么拿破仑的统治也是无政府。但是错了——拿破仑的统治是专制政治，而且我们必须认识到，罗伯斯庇尔的统治也是地地道道的专制政治。

无政府状态和专制政治有一个共同点，它们两者都破坏安全感，践踏法律保障。但是，在这两者中，专制政治盗用了它所亵渎的形式，给它所指定的受害者戴上枷锁。无政府状态和专制政治都把野蛮引入文明，但无政府状态是让所有的人都回归野蛮，专制政治则专为自己保留了野蛮，并打击它的奴隶，用它所摆脱了的镣铐束缚他们。

因此，说今天准备顺从专制政治的人要比过去多，这绝对不是事实。一个被二十年动荡折磨得精疲力尽的民族，确实已经疲惫不堪，可能会在一个暴君的压迫下酣睡片刻，就像一个精疲力尽的旅行者可能会在一片森林中睡倒而不顾强盗的出没：这种暂时的昏睡不能被视为一种常态。

那些主张专制政治的人实际上是在说，他们既想做被压迫者，又想当压迫者。如果是第一种情况，那么他们并未理解自己在说些什么；如果是第二种情况，那么他们就不能指望别人理解他们。

你想用不同阶层的眼光判断什么是专制政治吗？对于知识阶层来说，可以想一想特拉西斯和塞内加；对于人民来说，应该想一想罗马的大火和对各省份的蹂躏；至于主子本人，则应记住尼禄和维特利乌斯之死。

我认为，为了检验僭主政治是否能够用专制手段予以维持，展开谈谈这些观点是必要的。那些指出这种手段之可靠性的人，不停地谈论着各民族所要求、所希望、所热爱的，就是压迫他们并给他们戴上镣铐的专制权力，只有让它保留自己的特权，才能防止各民族犯错误，以免这些错误对他们造成伤害。也许有人会说，完全可以公开宣布，不以自由的名义使我们遭受践踏，我们就应当高兴地接受践踏。我要驳斥这些荒谬奸险的主张，揭露以它们为根据的胡言乱语。

我们必须坚信，尽管人类最近经历了一次不幸的虚假自由，但实际上并没有更倾向于支持专制政治，因此，我将研究一下，僭主政治能否通过运用所有的暴政手段，避开它的诸多敌人，化解包围着它的重重危险。

作为维护僭主政治之手段的专制政治

借助专制政治维护僭主政治，必然会使专制政治经久不衰。我要问，现代欧洲的哪一个文明民族中间能够看到持久不衰的专制政治。我已经解释过我说的专制政治的含义。回顾历史，我看到所有走向专制的政府都在自己脚下打开了一个它们最终会堕入其中的深渊。专制权力总是在经过长期努力清除了障碍，成功地戴上了王冠，似乎看到了持久和平的时刻土崩瓦解。

在英国，这种权力建立于亨利八世统治时期，又被伊丽莎白进一步加强。这位女王不受约束的权力受到普遍羡慕；由于她只是有节制地使用这种权力，因而更加令人羡慕。然而，她的继承人由于无休止地同那个据认为已被制服的民族进行斗争而受到谴责。而那位继承人之子，一个著名的牺牲品，以他的死亡给英国革命染上了血迹，不过血迹换来的一个半世纪的自由和荣誉，勉强能够使我们感到宽慰。

路易十四在自传中得意地罗列了他为摧毁国会的、教会的及一切中立机构的权力所做的一切。他为自己在将要取代他登上王位的国王们之前做了这一切而庆幸。他的自传大约写于 1666 年。123 年之后，法国的君主制度被推翻。

事物的这种不可避免的进步，其原因简单而又明了。那些对权力构成障碍的制度，同时也在支持着权力。它们引导着它的进步，维护着它的成就，使它对暴力行为有所节制，并在它麻木不仁时刺激它。它们把不同阶级的利益集合在它的周围。如果它与这些阶级发生对抗，它们则会迫使它考虑降低所犯错误的危险程度。但是，如果这些制度遭到毁灭，权力就会失去引导、失去束缚，就会开始一意孤行，它的步伐就会开始跌跌撞撞、反复无常，因为它不再遵守固定的准则，时而前进时而倒退，时而激动时而不安，它根本不知道自己的所作所为究竟是得体还是过分。有时它头脑昏乱,却没有任何东西能够予以阻止;有时它心灰意懒,却没有什么东西能够使它振奋。它在打算除掉敌人时却除掉了自己的盟友。它行使的专断权力是一种使它悔恨交加、备感烦恼和备受折磨的责任。

我们经常听说,自由国家的繁荣都是昙花一现,但是专制权力的繁荣更是有过之而无不及。没有一个专制国家——即便竭尽全力——持续时间能像英国的自由那么经久不衰。

专制政治面临三种可能性:它可能引起人民造反,这样一来,人民就会推翻它;它可能激怒人民,这时,如果外国人进攻它,它将被外国人推翻;如果没有外国人进攻,它会自行衰败,虽然缓慢一些,但会更耻辱,更不体面。

一切都在印证孟德斯鸠的箴言:权力越大,安全越少。

不对——专制政治的支持者说——政府垮台总是因为它们软弱。政府必须做的事情就是监督、惩罚、囚禁、镇压,不能允许无用的形式束缚自己的手脚。

为了证实这个信条,他们提出了两三个粗暴而非法措施的先例,这些措施看上去拯救过求助于它们的政府。不过为了使这些先例能派上用场,一个人必须明智地把自己限制在三年两载的时间内。假如此人眼光长远,他就会看到,采取这些手段的政府,非但得不到巩固,反而是死路一条。

这一点至关重要,因为有时连正当统治都会受到这种理论的诱惑。如果我有点离题,希望能得到谅解,因为我只是想揭露它们的危险和虚妄。

正当统治本身使用非法和专制措施的后果

如果正当的统治也求助于专横措施,那么它所采取的维护生存的手段就会牺牲自身生存的真正目标。我们为什么希望权力能够镇压那些侵犯我们财产、自由和生命的人?因为我们想要确保享有它们。但是，如果专断权力有可能毁掉我们的财产，威胁我们的自由，打断我们的生活，那么权力的保护又能给我们带来什么好处呢？我们为什么希望权力能够惩罚那些密谋反对国家宪法的人？因为我们害怕这些阴谋家可能会用一种压迫性权力取代一个合法、中庸的组织。但是如果权力本身行使这种压迫性权力，它又会提供什么好处呢？也许暂时会有点实际好处。一个既定政府的专横措施，在数量上总是比那些仍然需要获取权力的宗派的专横措施要少一些，甚至这点好处也会因专断权力而丧失。一旦专断权力所采取的措施被全面接受，它们将显得如此经济和便利，再使用其他办法就会显得太不合算。专断权力开始还被当做一种最后手段，仅在极为罕见的情况下使用，最后则会变成处理所有问题和日常事务的不二法门。由此，不仅权力的敌人会随着权力受害者的数量而增多，权力的猜疑心也会与敌人的数量成比例地膨胀。任何对自由的侵犯都将导致对同类的其他侵犯，而任何踏上那条道路的权力，最终都将把自己等同于一个小宗派。

为了不给煽动分子留下重整旗鼓的机会，人们很容易想到使用非法手段和超越法律的权宜之计，以便重建秩序和维护和平。由于人们会举出一些确有其事的事实，我们还是来看看那些事实，看看这种做法是否像人们所说的那么顺理成章。我们被告知，格拉古兄弟把罗马共和国置于危难之中，所有的合法程序都对他们不起作用，元老院不得不两次求助于可怕的紧急法，共和国得救了！就是说，从那时起，它的垮台就指日可待了。所有的权利都被忽略，所有形式的宪法都被颠覆。人民仅仅要求对等的权利：它发誓要惩罚杀害它的保卫者的凶手，于是残忍的马略赶来指挥它的复仇。

吉斯家族的野心破坏了亨利三世的统治。看来吉斯家族是不可能循规蹈矩了，亨利三世谋杀了其中的一人。但这使他的统治更和平了吗？恰恰相反，二十年内战使法兰西帝国四分五裂，而在四十年后，善良的亨利四世很可能是替瓦卢瓦王朝的最后一人遭了报应。

在这类危机时刻，被惩罚的罪犯总是少数，其他人则会保持沉默，蓄势待发。他们会利用暴力已经在人们心中激起的愤慨；他们会利用非正义现象在踌躇不决的人们心中激起的惊恐。权力由于摆脱了法律的束缚而丧失了它那独特的性质和适得其所的杰出地位。当那些宗派使用同它一样的武器攻击它时，公民大众可能就会产生分裂，因为在他们看来，在两个派别之间只有一个选择。

我们将被要求认识到国家的利益，认识到慢腾腾的程序所带来的危险，认识到公共安全的需要。我们在最可憎的政权统治下，不是也会听到有人喋喋不休地使用这些说法吗？它们永远都会用之不竭吗？如果你承认这些冠冕堂皇的借口、似是而非的口号，那么每个党派都会把消灭对手等同于国家利益，都会认为调查工作哪怕拖延一小时也是危险的，都会认为不经审判、没有证据就宣判有罪才会保证公共安全。

毫无疑问，政治社会存在着一些靠人类的谨慎难以驱除的危险关头，但并不是凭借暴力——即使是正义的压迫——就可以防止这种危险，恰恰相反，要比以往更一丝不苟地坚持既定法律，坚持保护性程序，坚持维护保障措施。勇敢坚持这样的合法性道路将会带来两个好处：政府把侵犯最神圣法律的臭名留给了敌人；他们显示的镇定自若将会更多地赢得胆小怕事的、至少是犹豫不决的群众的信任。

任何稳健的政府，任何建立在规则与正义基础上的政府，都会由于阻碍正义和背离规则而毁于一旦。实际上就其本性而言，它迟早会遭到削弱，它的敌人可以一直等到那个时候，利用回忆武装起来反对它。暴力有时看上去会使他得到援救，其实只会使它更加不可避免地走向灭亡，因为暴力在把它从对手那里解救出来的同时，也使对手对它的仇恨遍及四方。

我将始终不懈地劝告掌握权力的人们，要主持正义，不管发生什么事情都要主持正义。因为，如果你不能主持正义，你连非正义都主持不了多久。

在我们漫长而悲惨的革命时期，许多人坚持到以前的行为中寻找当今事件的原因。每当暴力引起一次短暂的惊奇，接踵而来的便是破坏这一结果的反动，他们认为之所以出现这种反动，就是因为暴力措施受到了压制，剥夺过于吝啬，权力过于宽纵。

而这就是不知不觉遭到削弱的权力的本性。预防措施变得令人厌恶而被忽略，舆论甚至在沉默中也施加着压力；权力屈服了它在由于软弱而屈服的时候，就再也不能凝聚人心了。阴谋诡计重新出笼；仇恨情绪日益增长。一直遭受专断权力打击的无辜者携带着新的力量重新出头露面；一直遭受谴责的罪犯已听不到谴责，看上去那么清白无辜，而推迟了一小段时间的罪恶会以更加可怕的面目重新出现，由于添上了新犯下的罪恶而更加骇人听闻。

凡是对所有的意图和所有的目标都同样适用的手段，凡是既可被诚实的人用来反对强盗，也可以再现于拥有诚实人的权力。以必要性为托辞、以公共安全为借口的强盗之口的手段，是不存在什么正当理由的。瓦利略·巴布利克拉的法律允许对任何追求暴政的人先斩后奏，轮番服务于贵族和平民的复仇目的，从而导致了罗马共和国的灭亡。

几乎所有的人都迷恋于显示自己不同凡响。作家们最着迷的事情就是自诩为政治家。结果，几百年来，违法暴力的所有重大进展，危难之时诉诸非法手段的所有榜样，一直被人世世代代地满怀敬意或洋洋得意地说个没完。舒适地坐在书桌旁的作家们，咬牙切齿地鼓吹全面采用专横手段，极力想让自己的风格同他所推荐的手段本身的简单明了结合起来。一时间他会自以为已经大权在握，只因为他正在宣扬的是权力的滥用。他使自己的思辨生活因妙笔生花地全面展示了暴力和权力而充满活力，由此给自己创造了某种权力的快感；他尽可能响亮地重复着公共安全、最高法律、公共利益等等大言阔论；他对自己的深刻思想充满敬意，对自己的勃勃生气感到惊奇。可怜的低能儿！他对着那些极度兴奋地听他讲话的人喋喋不休，而这些人只要碰上第一个机会，便会在他身上检验他的理论。

这种虚荣心使那么多作家的判断力误入了歧途，它在我们的内乱期间引起的麻烦，远比人们所想像的多。一切平庸的头脑和一时征服了些许权力的人，脑子里充满了这样的公式，因为它们可以将那些解不开的绳结一刀两断，因而更能迎合那些愚蠢的头脑。他们念念不忘的惟有公共安全措施和国家的神机妙算；他们自以为智慧超群，因为他们的每一步都那么异乎寻常；他们自称拥有伟大的心灵，因为对于他们来说正义不过是一种狭隘的偏见；他们每犯下一次政治罪行，你都可以听到他们在宣布："我们又一次拯救了国家！"无疑，我们由此完全可以相信，一个每天都以这种方式得到拯救的国家，一定是个行将灭亡的国家。

前述有关专制政治思考的含义

与专制政治不同，即使没有招致所有人类利益反对的正当统治，它的非法措施也不但无益于、反而会损害并危及它的长治久安。显而易见，完全依赖非法措施的专制统治，就更不可能在它自身内部产生任何稳定的萌芽。它会活一天算一天，它将挥动斧头像打击罪犯一样打击无辜；它会组织一批同谋，向他们讨好，让他们发财，又在他们面前瑟瑟发抖，只有依靠专断权力自保，直到这种权力被抓到别人手，利用其亲信的帮助把它推翻为止。

对心怀不满的舆论进行血腥镇压，是某些精明强干的政治家特别喜爱的手段。然而舆论是压不住的：即使鲜血横流，舆论仍会流传，仍会向前冲锋并将大获全胜。它越是遭受压制，就越会变得令人畏惧；它会随着人们呼吸的空气渗入他们的头脑；它会成为人人都习以为常的情感，人人都为之着迷的信念。人们不会集合起来策划阴谋，但所有相互碰面的人都会成为阴谋家。

无论一个民族表面上显得多么卑下，高尚的情感总能在几个离群索居的灵魂中得到庇护，它们将在那里慢慢地酝酿义愤。议会的拱顶下，可以回响起狂怒的说辞，王宫的大墙内，可以回响着蔑视人类的腔调；暴君的献媚者则向他们告发勇敢。但是，任何一个世纪都不会被上苍如此彻底地遗弃，以至于全体人类都变成专制政治需要它变成的那种样子。对压迫的仇恨会以个人或所有人的名义代代相传。未来不会辜负这一高尚的事业。总会有些人一如既往，对他们来说，正义是一种激情，保护弱者是一种需要。大自然早就在坚决维护这种连续性，从未有谁能够打断它，也永远不会有谁能够打断它。这些人将始终保持他们高尚的冲动，许多人会遭受苦难，许多人可能死去，但是，融有他们骨灰的世界，将会因他们而崛起，并且迟早会再现于世。

专制政治在我们这个文明时代尤其不能得逞的原因

以上道理适用于所有文明民族和所有时代，但是还有其他几个原因是现代文明特有的，并在我们的时代为专制政治设置了新的障碍。

在很大程度上说，这些原因与好战倾向被和平倾向取代的原因相同，也与古代人的自由不可能被移植到现代人中间的原因相同。

人们不可动摇地眷恋着他们的安宁与享受，总是会以个人方式或者集体方式，反对所有打算对他们进行骚扰的权力。我已说过，我们远不像古代人那样热中于政治自由，这一事实可能会使我们不在乎那些徒有其表的保障，但是，我们远比古代人更热爱个人自由这一事实，却能够使我们在自由本身的基础受到攻击时，采取所有我们能够采取的手段来保卫它，而且，我们拥有古代人所无法使用的保卫手段。

我已经指出，商业使得专断权力对我们生活的干预远比过去更为麻烦，这是因为，我们的经济活动更为多样化了，专断权力也必须成倍地膨胀才能追得上它们。但在同时，商业也使逃避专断权力的影响变得更为容易，因为它改变了财产权的性质，使财产权在实际中不可能被夺走。

商业赋予财产一个新的特性：货币的流通。没有货币，财产只是一个用益权。权力总是可以影响用益权，因为它可以阻止对用益权的享受，而货币的流通给这种社会权力的行使设置了一个既看不见又不可克服的障碍。

商业的影响所及甚至更为深远——商业不仅解放了个人，由于产生了债权，它也使权力本身受到了约束。

一位法国作家说，货币是专制政治最危险的武器，但也是对它最强有力的限制。信用服从意见：对付意见，暴力毫无用处；货币可以隐藏或者抽逃；国家的一切活动将会陷入停顿。信用在古代人中没有这样的影响，他们的政府比平民强大，而我们时代的平民比政治权力强大。财富是一种随时都能更有效发挥作用的权力，对所有的势力都更为适用，因而能够得到远更真实、远更充分的服从。权力是在发出威胁，财富则是发出酬劳：人们可以靠欺骗权力来逃避权力，但是为了获得财富的好感，人们必须为它服务。这就是说，财富必胜。

由于一系列类似的原因，如今个人生活已不再完全被政治生活所湮没。个人可以带着自己的财富远走高飞，他们可以带着它享受私生活的一切快乐。商业已经使各民族之间更为亲密，实际上给他们带来了共同的习俗和惯例；君主可能仍然相互为敌，但各个民族却已成为同胞。流放对古代人而言是一种惩罚，对现代人来说则很容易忍受，不但毫无痛苦，往往还相当惬意。

专制政治仍然可以禁止移居国外，但是，为了防止人们移居国外，仅仅禁止是不够的。一个人只是因为怀有更大的希望才会离开那些禁止移民的国家，因此必须追捕那些抛弃自己国家的人，必须强迫最近的邻国、然后是遥远的国家把他们驱逐出境。于是，专制政治又回到了奴隶制度、征服体制和普遍君权。这是试图以一件不可能之事来克服另一件不可能之事。

我这里谈到的事情恰恰发生在我们的眼前。法国的专制政治一直对自由穷追不舍，它在自由已经深入人心的每个地方都曾取得了压制自由的一时成功。但是由于自由总是随处都能找到庇护，专制政治不得不跟在自由身后疲于奔命，直到最后它自己厄运临头。人类的智慧正在世界的尽头等待着它，将使它的溃退更为丢人现眼，使它遭受的惩罚更加令人难忘。

僭主政治不可能靠专制政治来维持

如果专制政治在我们的时代是不可能的，那么，依靠专制政治支撑僭主政治，无异于支撑某种必定崩溃的事物，因为支撑物本身也注定会崩溃。

如果正当的统治打算实行专制政治，会把自己置于危险的境地，但是惯例仍然与它站在一起。想一想吧，长期国会耗费了多么长的时间，才摆脱了那种对所有——无论是共和制的还是君主制的——古老而神圣权力的顶礼膜拜。你认为篡权者统治下的社团在冲破他的控制之后，也会感受到同样的道德障碍、同样的良心顾虑吗？那些社团可以被奴役，但是它们受到的奴役越严重，一旦它们突然获得自由，它们就会变得越残忍，因为它们想要补偿它们遭受的长期奴役。曾经投票赞成举行公众庆典，祝贺阿格丽品娜之死并赞美尼禄杀母的元老们，也会判决尼禄遭受鞭笞，并把他扔进台伯河。

正当的统治在变为暴虐统治时遇到的困难，恰恰来自它的正当性。这些困难妨碍了它的成功，并且减少了这种企图给统治造成的危险。僭主政治不会遇到这种系统的反抗，它立刻就会获得比较彻底的成功，但是最终引起的反抗会更加混乱——那是以乱抗乱。

正当的统治只要在试图滥用权力之后重返中庸与正义的实践，所有的人都会向它表示感谢。事实上那是它重返早已为人熟知的位置，这将消除人们的疑虑，因为它又唤回了人们的记忆。篡权者的半途而废却只能证明他的虚弱。他停下脚步的地方，可能和他希望到达的地方一样难以说清，他将遭到更大的鄙视，对他的仇恨将丝毫不减。

可见，没有专制政治就不可能维持僭主政治，因为所有的势力都会奋起反对，有了专制政治也不可能维持僭主政治，因为专制政治本身并不能持久，因而僭主政治不可能持久。

无疑，法兰西为我们展示的景象令人大失所望。在那里，我们看到僭主政治洋洋得意，它装备了一切可怕的回忆，继承了所有邪恶的理论，自以为凡是既成事实都能为它提供辩护，擅长利用过去的一切暴行、一切错误，显示它对人类的蔑视和对理性的玷污。在它周围聚集了所有卑鄙的欲望、所有精明的算计、所有挖空心思的堕落。那些在革命暴力中已被证明是破坏性的激情，又以其他方式再次亮相。过去，恐怖和虚荣拙劣地模仿着党派精神中最不宽容的态度，现在，它们的愚蠢表演超过了最卑下的奴才。无处不在的利己心看到，只有卑鄙无耻——恐怖寻求它的包庇——才能大功告成。贪婪已不加掩饰，以它的寡廉鲜耻为暴政提供保障，诡辩拜倒在暴政脚下，热情得令它惊诧不已，喧嚣得让它忘乎所以，它混淆了一切概念，把所有试图批驳自己的声音都称作蛊惑人心。智慧本身也开始提供服务，而智慧一旦与良心分道扬镳，将是一种最令人作呕的工具。所有背信弃义的人聚集一堂，在他们过去的教条中，只保留了他们对声名狼藉的手段的爱好。狡猾的变节者依靠传统的邪恶出人头地，昨天有多么富足，今天依然多么富足。宗教成了权力的喉舌，理性只是在为暴力增光添彩。所有古往今来的偏见，每一块土地上的非正义，都被集中起来用作新社会秩序的原料。通过追溯以往的世纪，通过漫游遥远的国家，它们以千百种稀有元素构成了一种堪称典范的奴性。一个耻辱的字眼，口口相传却又找不到真正的出处，不能给任何地方带来信念；一种讨厌的喧嚣，无聊而又荒唐，没有给真理和正义留下任何未受玷污的表达方式。

这种状况比最暴烈的革命更具灾难性。我们有时可能憎恶罗马的煽动性论坛，但对我们形成压制的，是我们感受到的悄撒统治下元老院受到的蔑视。我们可能会认为查理一世的敌人严酷无情，理应受到谴责，但是我们也会深深憎恶克伦威尔的奴才们。

当社会中的愚昧势力犯罪时，知识阶层仍会完好无损，他们身处逆境会使他们免遭腐蚀。事物的力量迟早会使权力回到他们手中，所以他们能够比较容易地修复舆论遭受的破坏，因为舆论只是被误导，并未腐败。但是，如果这些阶层抛弃了自己的古老原则，把惯常的谦逊置诸脑后，屈从于令人憎恶的榜样，那还能有什么希望？我们还能到哪里去寻找荣誉的萌芽、美德的踪迹？只有污秽、血迹和尘埃。

在所有的时代，仁爱之友的命运都是那么悲惨！不被承认，受到怀疑，周围全是些不相信勇气和无私信念的人，轮番受着义愤感和怜悯感的折磨——为压迫者更为强大而愤慨，为这些压迫者成了牺牲品而同情，他们始终在这个地球上到处徘徊，不为一切党派所容，在时而喧闹、时而堕落的几代人中间一直形单影只。

但是，人类的希望总是寄托在他们身上。我们应当把跨时代的伟大的共同感情归功于他们，他们留下了不可磨灭的文字，反击一切使暴君得以复活的诡辩。多亏了这种感情，苏格拉底的文字才在群氓的迫害中活了下来，西塞罗的思想在臭名昭著的奥克塔维厄斯放逐令之后没有完全死去。但愿他们的后来人永远不要泄气！愿他们再次提高他们的嗓门。他们所做的任何事情都不会被人忘却；他们不需要赎罪或抵赖；他们拥有清白无暇的声望，这是一笔完好无损的财富。让他们大胆表达对崇高思想的热爱吧，这永远不会使他们遭到明目张胆的指责。当专制政治鄙弃它所认为无用的矫饰、标榜自己的立场、厚颜无耻地炫耀早已众所周知的旗帜时，时代已经得到了自己的补偿。与其为盟友的暴行而羞愧，还不如遭受敌人的压迫！在那种情况下，一个人会得到世间一切有识之士的认可。在全世界面前为一项崇高事业辩护，所有好心人的善意都会与他为伴。

一个民族决不能抛离真正的自由，如果抛离了这种自由，那就等于说它喜欢屈辱、苦难、贫困和悲惨，等于说它会毫无痛苦地任人夺其所爱，打断其活力，吞噬其财产，摧残其心志，把它最隐秘的思想拖入地牢和推上断头台。建立起保障自由的制度，恰恰是为了反对这些罪恶，这使我们追求自由的时候不至于遭到惩罚，那都是人民所害怕、诅咒和痛恨的惩罚。无论在哪里，无论是什么样的统治，人民面对这些惩罚都会胆战心惊、畏缩不前。那是人民所厌恶的奴隶制，而压迫者却称之为自由权。如今奴隶制已经原形毕露，如果说人民已不再对它十分厌恶，谁又能够相信呢？

如果道路受阻，真理的传播者会来重振你们的热情，强化你们的努力。要让光明普照四方。如果它被遮挡，就要让它再现；如果它被塞蔽，就要让它复原。要让它再生、增殖、改进。要让它坚持不懈，因为迫害也会坚持不懈。要让一些人勇猛前行，其他人则相机渐进。要让真理本身四处传播，有时大张旗鼓，有时窃窃私语。让所有的理性都联合起来，让所有的希望都苏醒过来，让每一个人都尽心尽力、整装待发。

专横暴虐、道德败坏、戕害正义，是如此与自然背道而驰，以致一个人的单独努力、一个人发出的勇敢声音，都足以把人类从这个深渊里营救出来。他将回归道德——他曾因忽略道德而遭受不幸；他将回归自由——他曾因忽略自由而遭受苦难。没有一个民族的事业会真地毫无希望，英国的内战提供了不人道的榜样，而这同一个英国看来已从只能导致奴役的狂乱状态中恢复了过来，而且，它已经重返明智、公正与自由国家的行列，在我们这个时代，我们已经认识到它既是这些国家的楷模，也是这些国家的希望。

* ———————— * ———————— *

自去年11月本书开始印刷以来，接二连三发生的事件作为有目共睹的证据，使我打算证实的真理得到了支持，这使我不禁想利用一下这些事例，尽管我本来的愿望是尽可能谈论一般原则。

那个12年来不断自称注定要征服世界的人，已经体面地修正了他的主张。他的言论、他的打算、他的所有行为，都比我所能够汇集起来的一切论据更加有利于否定征服体制。同时，他的举止很少让人联想到那些经受过类似逆境的合法君主，在我所强调过的、使僭主政治不同于君主政体和共和政体的所有那些差别上，又增添了一种非常强烈的差别。看一看康布雷联盟时期的威尼斯或遭受路易十四威胁的荷兰吧，人民是多么充满自信，地方行政官又是多么的镇定自若、坚韧不拔。事实是这些统治都是合法的统治。看一看晚年的路易十四本人吧，他不得不向整个欧洲开战，他被时间蹂躏得虚弱不堪，他屈尊承认了需要向命运低头，然而他的语言仍然十分高尚。他不顾危险，确定了他不会做出让步的界限。他在身处逆境时的高贵表现，几乎让人原谅了他在顺时所犯下的错误。而且，就像以往常见的那样，既然他的错误受到了惩罚，他的心灵的高尚也会得到报偿。一次体面的和平拯救了他的王位和他的人民。当代的普鲁士国王曾丢掉了他的一部分领土，他不可能经得起一场并非势均力敌的斗争，他顺从了命运，但他在逆境中保持了一个男人的坚定和一位真正国王的姿态。欧洲尊重他，他的臣民同情和爱护他，来自四面八方的由衷祝愿和他自己的心愿汇合在一起，只要他一发出信号，一个慷慨的民族立刻就会为他复仇。对于那个即使放在各民族的编年史中也是无可匹敌的伟大榜样，我们还能说些什么呢？我们这里谈论的不再是几个被敌人占领的边远省份，而是正在侵入一个庞大帝国心脏的敌人。你听到过一声令人泄气的喊叫吗？你能察觉到一点软弱的迹象吗？侵略者在前进，所有的人都保持沉默。他发出威胁，却无人屈服，他把他的旗帜插上了那个首都的高塔，得到的答复是这个首都被化为灰烬。

与此相反，他甚至在自己的领土受到侵犯之前，就受着无法平息的焦虑的折磨，他返抵自己的国界之时，他的所有征服成果便已丧失殆尽，他强迫自己的一个兄弟退位，批准把另一个兄弟驱逐出境。没有人提出要求，他便声明要放弃一切。

我们怎样才能说明这种区别？既然国王们甚至在被征服时都不会公开放弃他们的尊严，为何全球的征服者遭到第一次挫折就会屈服呢？这是因为这些国王知道，他们王位的基础建立在臣民心中。而僭主者心怀恐惧地坐在非法的王位上，就像坐在孤零零的金字塔上一样。没有人同意支持他。他已经把一切都化作尘土，而且那松散的尘土被狂风卷着向他扑去。他告诉我们，他的家人的哭泣撕碎了他的心。那些在俄罗斯死于创伤、寒冷和饥饿三种痛苦的人们，不也都是同样家庭的成员吗？但在他们垂死之际，却被自己的统帅，那个自以为安然无恙的统帅抛尸荒野。现在，他面临的同一种危险却突然恢复了他的情感。

恐惧是个拙劣的顾问，对于那些没有良心的人来说尤其如此。无论逆境还是顺境，只有道德观念能够衡量，没有道德观念的约束，就会因愚蠢而丧失顺境，就会因堕落而陷入逆境。

这种与我们所经历过的所有风暴无法比拟的盲目的惊恐、突然的懦弱，它们必然会给一个勇敢的民族造成什么后果？那些因为严重的暴行而受到了公正谴责的革命者，至少还能意识到自己的生命属于他们的事业，意识到没有做好对抗欧洲的准备就不能向它挑衅。无疑，法兰西在沉重而残酷的暴政压迫下已经遭受了十二年苦难。最神圣的权利遭到侵犯，一切自由都被蚕食。不过还有一种荣耀。民族的自豪感只是从一个战无不胜的领袖的压迫中发现了（尽管是不恰当的）某种酬报。如今还剩下什么？不再有威望，不再有胜利，只剩下一个支离破碎的帝国，全世界的诅咒，还有一个御座——它的壮观景象已黯然失色，它的胜利纪念碑已被推翻，它的全部侍从只是在昂吉安公爵、皮什格吕以及众多为建造御座而被屠杀的人们的阴影里徘徊。自豪的君主制保卫者们，难道你们会忍受圣路易王室的军旗被一面沾满罪恶血迹的旗帜取而代之，所有的成就都被劫掠一空吗？你们这些希望建立共和国的人们，对于这个辜负了你们的希望，摧残了那些桂冠，用自己的身影掩盖了你们的国内纷争，甚至于使你们的错误也令人羡慕的主子，你们又能说些什么呢？

三、再论征服的精神和僭主政治

(一) 论革新、改革及制度的一致性和谐与稳定

有些人似乎认为,我是在建议人们尊重过去,同时又谴责一切革新,拒绝观念的进步,没有认识到时间必然会给舆论,从而也必定会给人类制度带来不可避免的变化。然而,我所尊重的过去并不包括所有非正义的制度。我承认没有任何传统可以使非正义合法化。但是,如果事情只是有待完善,如果预期的变革并非严谨的衡平法所急需,而只是受到想像中的功利性目标的刺激,那么我认为毫无疑问的是,人们只应缓慢而有节制地进行那些革新。

如果权力告诉舆论,就像赛义德告诉穆罕默德那样:"我已经提前执行了你的命令。"舆论则会回答,就像穆罕默德回答赛义德:"你应该等待命令。"如果权力拒绝等待,舆论就会采取报复行动。

希望提前行动的人——也许没有意识到——将会陷入一种奇特的矛盾之中。为了证明他们早产的企图合情合理,他们告诫自己,一定不能让现在这一代人失去得自新体制的利益,而当现在这代人抱怨成了这个体制的牺牲品时,他们却又打着未来几代人的利益的旗号,为这种牺牲进行辩护。

任何改良,任何改革,任何弊端的清除,只有在它们符合国民愿望的时候才有益处。如果它们超前于国民的愿望,它们就会变

成邪恶，它们将不再是善举，而是暴政。平心而论，重要的不是如何迅速完成善举，而是制度是否合理。如果你忽视这一规则，你将永远不会明白应当在哪里止步。所有的弊端都息息相关，个别弊端甚至与社会大厦的基础紧密相连。如果舆论尚未把它们识别出来，你在攻击它们的时候，将会摧毁整个大厦。

有人可能会反对说，很难精确了解舆论的动态以及它的要求，把选票数得一清二楚也不可能，往往是采纳了一项看来符合民意的措施之后，反对意见这才露面，但要往回收缩已经为时太晚。

我的回答是，首先，如果你允许舆论自由表达，你就不难了解它的感情。不要煽动舆论；不要用各种希望去刺激它，怂恿它表达你所喜欢的观点。如果你这样做，舆论为了讨好权力，就会采取阿谀奉承的表现形式。如果让敌视宗教的君主统治一个虔信的民族，那么最驯顺的奉承者将是最怀疑宗教的人。如果让狂信宗教的朝廷重新骑到一个文明民族的头上，朝廷中的无神论者也会换上苦行僧的装束刻苦修行。但是，如果权力只是沉默不语，个人就会畅所欲言，思想的碰撞就会带来启示，而误解舆论将不复可能。你这里拥有一个既可靠又便宜的手段——出版自由；我们必须一劳永逸地恢复这种自由；它对政府就像对人民一样必不可少。在这个意义上说，侵犯出版自由无异于叛国罪。

其次，舆论实际上会不知不觉地修改那些妨碍它的法律和制度。让它自行其事吧。培根说，时间是个伟大的改革家。不要拒绝时间的帮助，让它走在你的前面，它将为你铺平道路。如果你想建立的东西还缺乏时间的准备，你将白费力气。你的后人将会轻而易举地废除你的法律，比你当年废除别人的法律还要省劲，而被你废除了的法律所留下的，只有那些法律所产生的罪恶。

回顾一下18世纪的欧洲，随意选取一些有目共睹的事实，在在都能证实我的判断。

我看到，约翰五世驾崩后，葡萄牙陷入了愚昧，屈服于神权的扼

三、再论征服的精神和僭主政治

制。一个天才人物成为这个国家的首脑，他没有想到，为了打破那种扼制并驱除愚昧，必须到民族感情中寻求某种支持。他犯了一个掌权者常犯的错误，仅仅寻求权力的支持。他击打岩石，希望从那里涌出喷泉。他的鲁莽把绝大多数潜在的支持者迅速变成了自己的反对者。对神父的迫害只能扩大他们的影响。贵族们奋起反抗，可怕的惩罚引起了普遍的沮丧。这位大臣遭到所有阶级的仇恨。经过二十年的暴虐统治，国王之死使他丧失了保护人，他几乎被送上了断头台，而国民则因为摆脱了冒充要对它进行启蒙的统治而感恩不尽，它又能在迷信和冷漠中得享安宁。[1]

在奥地利，约瑟夫二世接替了玛利亚·特雷萨。他发现臣民的启蒙程度不及邻邦。他急于克服使他感到恼怒的差异，于是求助于他的权力所能提供的一切手段，也没有忽略那些指望从他那里得到自由的人。他给那些揭露弊端的作家们提供暴力支持。于是，自知受到忽视的舆论便一动不动、漠不关心。卑微的僧侣和享有特权的利己主义者无不抵制这位哲学家皇帝的规划。他的统治变得令人憎恶，因为它打着人民利益的旗号，却违背了人民的习俗和成见。

令人失望的良好意图引起的懊悔，因被人误解而产生的悲痛，使约瑟夫早早地进了坟墓，而他最后的遗言就是承认自己的软弱无能，讲述自己的痛苦。[2]

我们立宪会议的历史甚至更有启发意义。舆论似乎早就要求实行立宪会议试图实行的若干改良。那些开明而急躁的人们过于热情地讨好舆论，没想到会走得太远或者太快了。舆论被它的解释者们的草率所激怒。它退却了，因为那些解释者催促着它发生变化。它的特点就是变幻莫测，如果把它含糊的愿望错当成命令，它会因此而发怒，原因在于，它抨击某些事物，未必等于想要毁灭那些事物。这就像国王们往往会因为他们随口嘟囔的每一个字都被热情的随从立即予以颁布而发怒一样，舆论常常会无拘无束地脱口而出，它往往只是说说而已，未必就想带来什么后果。立宪会议那些最大众化的法令，其正确性却遭到大部分人民的否认。毫无疑问，虽然反对那些法令的呼声日益高涨，但许多发出反对声音的人们此前也曾为它们的出笼尽了一份力量。只有在心怀不满的舆论看到被它强烈抨击的改革所带来的利益受到威胁时，只有在舆论的独立性不再受到伤害时，它才会重新投入那些曾经由于过分热情而受到怀疑和谴责的改革。

再看一看亚历山大开始统治时的俄罗斯。那里的改良在平缓地循序渐进；人民受着全面而自由的启蒙；法律得到了详细的改善，没有人想要颠覆整个制度。由于理论先行，实践便做好了精神准备。理论仅仅是在表明大势所趋，时机一到，它就会更加深入人心，因为它所说的不过是一些既成事实。荣誉属于那位君主，他在深谋远虑地大踏步前进时，支持一切自然的进步，尊重一切必要的休整，知道如何防止人们由于猜疑而阻止他的脚步，由于急躁而试图抢先行动。

为了消除弊端，要允许人民从弊端中自我解放：让他们自行其是，不要强迫他们。如果让他们自行其是，你会把所有的进步力量都吸引过来成为你的助手；如果强迫他们，你就会把许多势力武装起来反对你。

让我们试举一例。压制修女院有两种方式：你可以开放它们的门户，也可以把它们的主人扫地出门。如果你采取第一种办法，你就是做了件没有造成任何伤害的好事，你打碎了锁链却没有侵犯庇护所。如果你采取第二种办法，你就会搅乱基于公共信仰的个人打算，你是在凌辱古老的传统，你把忧虑而无助的人拖进了一个陌生的世界，你将侵犯社会中所有个人的这种无可争辩的权利，这是一种选择生活方式、拥有共同财产、一起信奉同样的教义、享受同样的快乐、体验同样的安宁的权利。这些不义之举会激怒舆论，人们将反抗你现在下令进行的改革，尽管事实上他们曾呼吁并投票赞成过改革。

这些原理也适用于那种全体一致的情况，一直有人指责我对它的抨击过于严厉。我不想否认，全体一致——我揭露过它的缺陷——在某些方面也有其长处。所有的社会制度，都不过是为了共同的目标而追求更大幸福的形式，尤其是追求人类更大进步的形式，其中总有一种要比其他所有形式更有价值。如果这种形式能够被和平地引进，而且赢得普遍自愿的赞同，那就没有人怀疑这是一项真正的收获。但是，如果你为了引进这种形式而求助于强制措施，求助于禁止这样做的法律，以及同法律分不开的刑法手段，那么，恶就会压倒善。

从一个村庄到另一个村庄，最直的路线无疑就是最短的路线。两个村庄的村民如果走这条路，将会既省时又省力。但是，假如你只有靠拆除民宅、荒废农田才能拉直这条道路；假如你这样做了之后需要动用警察手段才能防止人们回到老路上去；假如你需要宪兵去逮捕擅入者，需要监狱容纳他们，需要狱卒看守他们，这不是更加费时费力吗？如果权力能够在不侵犯私人财产和个人权利的情况下开辟一条直路，那真是善莫大焉。但是，他们在开辟那条道路时，最好不要封闭那些由来已久的道路——尽管比较漫长且多有不便。但愿他们放弃同习俗作战的爱好，一旦得到人们的普遍关心，预期的变革就会以更小的代价获得成功，并将证明更为彻底，而且不可逆转。

这也适用于名称、计算方法及度量衡，简而言之，适用于所有那些简化日常业务、简化个人交易的方法。这些方法本身就是改进措施。要让权力接受、颁布并使用它们，但要制止权力调查平民是否仍在使用不完善的旧方法。要让权力对其中的误差忽略不计。如果改进措施名副其实，也就是说，如果这种方法实际上更明确而便捷，它很快就会被人接受，即使接受得晚了一点，那也不是什么大错。如果你使用暴力，问题就走了样。对你的激烈做法感到不快的人们将不再认真考虑你的建议，而是要反抗你对他造成的伤害。他将不再理会你的目标——尽管你的目标可能很好，你的手段却使它变得很坏，你要建立的东西就会让人憎恨。

法律上整齐划一的问题则更为棘手。你不可能给一个国家——它的各个省份都有着互不相同的古老法律——提供一部整齐划一的法律，除非你对那些古老法律进行变革。为了克服变革的震荡，仅仅宣布新的法律没有追溯效力是不够的。法律的变革会把昨天的违法者与明天的违法者置于不同的地位，而且，因为昨天的执法方式是今天执法方式的依据，因为前者早已是司空见惯，人们将会认为后者也是基于相同的前提，显而易见，你的革新将使希望落空，并使安全感遭到破坏。

当我看到伏尔泰和其他许多作家面对众多与法兰西共存的相互对立的习俗而义愤填膺时，我为他们因迷恋对称美而导致的这类错误感到惊讶。"什么？"他们喊道，"同一个帝国的两个地方服从着不同的法律，仅仅是因为它们隔着一座小山或一条小河！难道山的两侧与河的两岸有着不同的正义吗？"但法律不是正义，它们只是伸张正义的形式。如果把两个长期各立门户的相邻部落合并在一起，你会发现他们仍将保留不同的体制，而评价这种差异的根据，决不是地理上的远近或者名称上的异同，而是与世代相传的法律的精神联系，那是他们分析一切事物的基础。

在我们过去的世界中，最自由的国家——大不列颠[3]——恰恰是由多样化的法律统治着。每个郡县都有着不同于相邻郡县的习俗，[4]但是，那里的财产却得到更多的保护、个人权利得到更多的尊重、正义得到更多的伸张。[5]

这种多样性很难作为一种理论模式加以使用。随意给一个全新国家——即完全居住着新人的国家——的不同地方提供不同的法律，那将是荒唐可笑的（不过，假如那些人带着习俗和记忆来到那个国家，提供给他们的法律就不应侵害他们的习惯和记忆）。但是，当我们利用业已存在的环境时，我们必须尊重旧制度所创造和保障的所有利益。[6]

道德生命不可能服从于算术规则与机械规则。"过去"已在它们身上留下了深深的烙印，而铲除烙印不可能没有痛苦。你要把它们赶出家园，就得让它们遭受珀利多尔的折磨。没有一个人会不进行反抗，如果把他们赶出家园，则必会流血。

简单思考一下这个原理，我们就会确信，它不赞成那些夸大其辞的稳定观，认为人们都十分系统而固执，连必需的改良也要加以反对。这是另一个极端，或者更确切地说，这是以不同方式表现出来的同一种错误。这里涉及到的总是舆论的的权利问题：某些人不想等待舆论的支持，另一些人则不想跟着舆论前进。

某些制度建立起来的时候，由于符合知识的发展水平和通行的惯例，它们会产生某些功效，带来某些相应的利益。随着人类智力的进步，这些好处将会逐渐衰减，制度也在不断修正。在这种情况下，想按照所谓本初的纯正性重建那些制度，将是一个重大错误，人们会发现那种纯正性完全与当代的思想背道而驰，最易于产生罪恶。

这是大多数政府和许多小册子作者常犯的错误。他们看到，在某些时代，某些法律、某些惯例是有益的，而现在它们是可恨的。他们认为，那是因为它们退化了，但是，恰恰相反，那是因为制度原封未动，而思想已经发生了变化。产生罪恶的原因——他们想要为此寻找克服的办法——决不是前者的退化，而是它与其他制度之间逐渐形成的不和谐。结果，他们的解决之道只能加重罪恶。

由于人类的发展是渐进的，因此，给它带来强烈震荡的一切革新都是危险的，但由于那种发展又是进步的，因此反对它进步的一切做法也同样是危险的。如果这种反对奏效，人类的天赋将会停滞并迅速退化；如果反对无效，后果将是斗争、冲突、骚乱和灾难。

我们害怕天翻地覆，这合乎情理，但有时我们却在诱发天翻地覆，因为我们不是盲目而固执地依恋一种夸大其辞的稳定观，就是莽撞地进行革新。避免它们的惟一办法，就是支持那些有形与无形中发生的细小变革。不幸的是，我们很容易受到某些话语的诱感，由于我们——一般来说——思想多于想象，于是我们就特别关心什么东西能够激发我们所缺少的想象，然后使想像成为一种责任，这使我们显得热衷于想象。"革新"一词率领我们破坏了一切;"稳定"一词又领导着我们恢复一切。而在这种情况下,复辟不过是创新的另一种方式。如今当局想要恢复封建制度、奴役制度、宗教偏执、宗教法庭和严刑峻法,却又宣称他们只是在重建古代的制度,这是徒劳的。对我们来说,那些古代制度不过是一些荒谬、恶毒的新花样。

它们甚至不能提供它们过去可能提供过的好处,因为"过去"已经由于麻木不仁而沉睡不醒。这个世纪的所有道义力量都会奋起反抗它们,它们的重建不会长久。如果它们的重建已经造成了危害,它们被推翻的时候将会造成更大的危害,这是不可避免的。复活这样的制度,等于鼓励所有跃跃欲试的人们去推翻所有的制度。

应当服从时间的安排,每天都要做好当天该做的事情,不要固执地维护行将崩溃的事物,也不要过于急切地建立似乎是一厢情愿的东西。要忠于正义,它属于所有的时代;要珍重自由,它会带来种种益处;要让许多事业没有你也能发展,让"过去"来保护它,让"未来"去完成它。

注释:

[1] 我并不想议论葡萄牙民族的现状,我只是在谈论五十年前蓬巴尔侯爵试图发动的那场革命。

[2] 约瑟夫二世要求在他的墓碑上标明,他的事业无不背运。

[3] 我这样说并不是想否认瑞典也享有极大的自由。我很乐意颂扬我们所熟知的这个高尚民族,这是它应得的颂扬。它在一位伟人的指引下,在其他各民族或政府仍然犹豫不决的时候,出现在我们解放者的前列。我知道,在瑞典,在衡平法、独立的代议制度和高贵的民族精神保护之下,个人可以免遭各种专横行为之害。但我也看到,在瑞典议会最新颁布的法令中,出版自由受到了限制。我还看到了一种审查制度,它确实把裁决权交给了一位开明人士。在把瑞典列人真正自由的民族之前,我期待着限制出版自由的法令从她的法律口被清

除出去。

[4] 见威廉·布莱克斯通（William Blackstone）：《英国法律评论》（Commentaries on the Laws of England），4卷本，牛津，1765—1769。——译者注

[5] 英国人坚持维护每个地区的古老惯例，证明了如果把真正的自由视为危险的瓦解因素，这是对它多么严重的诋毁。奴隶打碎自己锁链的时候只能造成危害；毫无疑问，那时他们会因为自己的巨大不幸与耻辱而大肆为害，而且这种危害经常是无缘无故的，结果，他们在结束暴行之后总是倾向于返回奴役状态。

[6] 请注意，这一点仅适用于当下的现实，而不适用于追溯既往。破坏经常证明是错误的，但复旧可能同样是错误的。它可能会引起加倍的麻烦：那将不是一种革新，而是会出现两种。尽管法国为了使全国服从于统一的法典而不加考虑地废除了各省的地方惯例，但这并不意味着我们现在为了恢复地方惯例而必须废除统一的法典。已经发生的变革，即使它是鲁莽行事，也仍然属于过去，它必须受到尊重，因为经过二十五年的时间，人们已经对它习以为常。

（二）对僭主政治的进一步思考

我就僭主政治所表述的思想遇到了两种反对者。有些人谴责我把所有那些不是建立在世袭制基础上的统治一概视为篡权者；另一些人则拒不承认我所指出的僭主政治的那些完全不可避免的后果。

我可以断定，前一种反对意见抓住了一个我的著作中并不存在的漏洞，因为我相信我已经清楚地表明，我不想追溯各种统治的起源。就这个问题来说，我不可能认识不到，任何根据国民的意志建立起来的权力都不会被怀疑为僭主政治。华盛顿当然不是篡权者；腓力二世时代的奥兰治王子不是篡权者；威廉三世不是篡权者。篡权者是指没有得到国民意志的支持而攫取了权力的人，或者是被授予有限的权力

之后超越规定权限的人。

我不想否认，对旁观者来说，很难确定国民意志何时存在，何时不存在。这就是我不相信那些在一场革命中爬到人们头上去的人物的原因，也是新王朝令我反感并产生了几乎难以消除的成见的原因。但是，揭示真理时的困难并不能改变真理本身。当一个民族被迫表达并非自己的意志时，她完全知道这个意志名不副实。当有人强迫一个民族表达与他们的真实情感背道而驰的情感时，那个人不大可能对他操纵下的情感信以为真。如果人们受到了篡权者的统治，他们完全能够辨认出来。而僭主政治本身恰恰也有这种认识，那些服从僭主政治的人也会表现出这种认识，我要说，正是这种认识决定了僭主政治的性质，导致它产生了我所描述过的后果，这可以用来回答我的第二种反对者。

接受我现在的答复的人们一定会认识到，归根结底我们有着相同的见解。我承认两种合法性：一种是名正言顺的，它源于自由选举；另一种是心照不宣的，它源于世袭制。我要补充的是，世袭制是合法的，因为它所产生的惯例和它所保障的利益使它成为国民的意志。至于其他人，我不想同他们讨论这些问题：我在另外的场合已经说过，当它们是些多余的问题时，它们是危险的；当必须提出这些问题时，它们已经变得相当清楚。另一方面，复制那些由于文明的进步而变得毫无价值的体制，确实有点鲁莽。

小册子作者们应当想起波拿巴本人的例子，他的历史给我们提供的教训近在眼前，实在不该被人忘记。没有人比他更加不遗余力地复活神权的教义。他让那位教会首脑给他罩上神圣的光环，每一次惹人注目的宗教盛典都围绕着他的御座进行。他的高高在上似乎成了超自然的现象：从教义问答手册到高谈阔论的长篇演说，所有独具匠心的诡辩都在为他效劳；千百个作家的著作都在连篇累牍地展示着幼稚的卑贱，履行着绝对服从的义务，为权力的神秘化尽心尽力。然而，这一切努力的结果是什么呢？说出真相的时候到了：12 年来一直发誓服从并接受灌输的那个民族,已经不再发出任何能让人想起信奉某种政治信仰的声音了,它曾被众多不知疲倦的雄辩家们注解和阐发,曾被反复灌输给驯顺的青年,曾被一个庞大的民族以无比热情的样子赞许过千百次。确实,论证那种信仰所依据的理由,要么所言过分,要么空无一物。如果它们是立足于自己的严酷性,它们的所言就太过分,因为它们使任何打击别人抬高自己的家族丧失了合法性。如果它们屈从于环境,它们就会空无一物,因为在这种情况下,只有权力才是合法性的来源,而权力属于夺取权力的无论什么人。最后,如果在一个民族中,人人都真诚希望在一个庄严的王朝统治下享有澄明的自由,享有安宁的保障,并且反对一切新的煽动,我们还要那样的论证干什么?

我所确认的两种合法性,源自选举的那种合法性在理论上更具诱惑力,但是它也会碰上麻烦,那就是它可以被伪造:就像英国的克伦威尔和法国的波拿巴伪造的那样。

历史只给我们提供了两个由选举取代继承并获得有益结果的范例。第一个是英国1688年的选举;第二个是今天瑞典人的选举。但是,在这两个例子中,世代相传的合法性也帮助了选举。瑞典人召唤来的那位君主已经被皇室接纳;而英国人则在国王的近亲中找出了已被那些人决定废黜的威廉三世。这种结合,在两个例子中的结果都一样:由国民自由选举出来的君主,发现他的新称号就像古老的封号一样坚固。他满足了人们的想像,因为记忆使它迷人;他还满足了人们的理性,因为国民选举使他得到了支持。没有人谴责他标新立异。他始终能够信心十足地部署国民的一切力量,因为他并不掠夺国民的任何政治遗产。先前存在的制度和他毫无抵触;他和它们息息相关,它们则联合起来支持他。

需要补充的是,威廉三世所处的环境,使他抱有的志向不同于通常激励和指引着君主们仅仅去大力扩张自己权力的志向。为了维护他的权力以对抗一位争夺权力的竞争者,他必须和自由的朋友联合起来，而他们在维护他应得的权利的同时，并不希望这些权利继续膨胀。希望拓展王室特权的人，同时也有将其授予其他人的目的。因此，威廉三世、安妮女王、乔治一世这三朝君主，都在防备专制政治的学说，因为它可能会掉过头来反对他们。他们认为自己必须强调那种学说的危险性。如果说服从的原则有利于国王作为国王所拥有的权力，那么自由的原则则有利于国王作为个人所享有的安全。安妮女王就认为起诉萨谢弗雷尔符合她的利益，因为他一直鼓吹被动服从的信条及神权学说。由此可见，王权可以发挥它的影响，培育出有利于自由的公益精神。

还应注意的是，即使在英国历史的那个重要阶段——包括1625年以后发生的最近这次革命——人民的倾向仍然是支持世袭的合法性。克伦威尔一死，英国人便欣喜万分地召回了斯图亚特家族。他们希望证明自己对斯图亚特家族的眷恋之情，向他们表示自己的悔悟，以无限的信赖围绕在他们身旁。只是在有了第二次可怕的经验之后，在经历了专横行为的复活与加剧、财产被侵犯、审判被废除、公民遭到非法判决的打击、出版自由被践踏之后，简而言之，在所有的承诺被撕毁，所有的社会保障被打乱之后，不列颠民族才决定摆脱王室的直系成员，心满意足地选出一位新君主并承认他的合法性。这无疑证明了世袭制对人民具有的魅力，证明了他们乐于对它保持忠诚，并没有感到多少不方便！

我发现自己在做出这些解释时，由于我只是阐述了自己的一部分看法，因此我好像同那些指责我的看法的人意见一致。我还应当对这样一些人做出答复——他们指责我以偏概全，把那个压迫我们的征服者和篡权者视为所有征服者和所有篡权者的典型。但这必须对波拿巴和人类的所有这种祸根之间做一番详细的比较，这种需要大量历史论述的比较，不能放在本书的最后进行。

我不应当受到这样的指控，即试图为某个我从不想给予承认的人进行辩护，但是我相信，有些人把波拿巴的冒险、罪行与灭亡归因于他所特有的刚愎或愚蠢，这是错误的。相反，在我看来，对他产生了强烈影响的，是他的篡权者地位和他那个时代的潮流。当然，他的本性使他比其他任何人更多地受到了这些因素的影响，而他的性格特征就是没有任何道德意识，即没有任何同情心和人类的情感。他是自私自利的化身，如果说那种自私自利造成了尤为惨重的后果，那是因为它所依赖的两个条件是相互对立、不可调和的：一个是必须求助于专制的僭主政治，一个是使专制成为不可能的文明程度。由此产生的结果就是自相矛盾、杂乱无章，以及被误认为个人怪癖的加倍狂热的反动。

毫无疑问，像斐洛波曼、华盛顿、科斯丘什科那样的人是不会因循同样的路线或者犯下同样的错误的，原因在于菲洛波曼、华盛顿和科西丘什科都不是篡权者。但他们也是非常罕见的人物，他们都是例外。

波拿巴的罪行确实比野蛮时代的征服者严重一千倍，因为那些征服者统治的是野蛮人，这在他们的时代无可非议。他和他们不一样，他选择了野蛮状态，他喜欢野蛮。他试图把文明拖进黑暗；他宁愿把一个温文尔雅的民族改造成贪婪、嗜血的部落；他的罪恶就在于这种图谋，在于他不遗余力地掠夺我们历代开明的前辈留给我们的遗产。但是，我们为什么要赋予他进行这种谋划的权利呢？

他最初登场时还是孑然一身，一贫如洗，籍籍无名，直到24岁，他仅仅是用贪婪的目光扫视着眼前这个国家。我们为什么要向他展示这个任何宗教思想都成了笑柄的国家？当他倾听我们这个社会的自白时，为什么严肃的思想家们却告诉他，人类除了自己的利益没有其他动机？如果他轻而易举地发现，这个原理一旦得到明言，我们借以回避其含义的所有花言巧语便都成为无稽之谈，那是因为他有健全的直觉和敏锐的判断。我从来没有把他并不具备的美德赋予他，不过我也没有必要否认他所拥有的天赋。如果人们的心中除了利益之外便一无所有，那么暴政就只能以恐吓或诱惑去控制他们。如果人们的心中除了一己私利之外一无所有，那就意味着道德——即崇高、高尚、反对非正义——寓于现实的一己私利之中，但这并非实情。如果正确地理解一己私利，在人必有一死的前提下，它不过是指一种享受，而生命不管长短总有一定的时间，因此它也同能让这种享受延续一段时间的精明结合在一起。当法国终于四分五裂，厌倦了苦难与悲伤，要求有统治者的时候，他出现了，成了那个统治者，为什么芸芸众生那么急切地请求他来奴役自己？当民众愉快地表示喜欢奴役时，那就不要指望它的主子还会坚持认为应当给它自由。

我知道，这个民族曾经自我诋毁，或者说让自己遭受不诚实的解释者的诋毁。尽管有那些模仿怀疑精神的令人讨厌的矫揉造作，但并不是所有的宗教情感都被摧毁。尽管有那种公开赞扬自己自私的昏庸愚昧，但利己主义并没有独霸天下；而且，无论空中回荡着什么样的欢呼声，民族也不可能有受奴役的愿望。但是，波拿巴肯定在这个问题上欺骗了自己，他的理智没有得到情感的照耀，他的灵魂不可能由于高尚的冲动而升华。他用法兰西自己的语言审判法兰西，用他所设想的未来的法兰西审判世界。因为僭主政治唾手可得，所以他相信它也能持久，而一旦他成了僭主者，他就把我们这个世纪的僭主政治责令一个篡权者去做的事情一一做尽。

必须窒息国内的一切思想生活：于是他禁止了讨论，剥夺了出版自由。

国民可能为鸦雀无声而震惊：于是他规定、逼迫或收买了听上去像是国民发出的欢呼声。

如果法国能够保持和平，那么她那些处在和平中的公民，那些悠闲的士兵，就会监视这个专制君主，对他作出评价，并将把他们的评价传达给他。真理将会传遍人民的各个阶层，篡权政治经不起与真理的长期对抗。因此，波拿巴不得不穷兵黩武以分散公众的注意力。战争把法兰西民族仍然有些真正活力的成员抛向遥远的土地。它鼓励警察折磨那些不能强行派往国外的胆怯者；它让人心中充满恐怖，在那

三、再论征服的精神和僭主政治

里只留下了一种让命运去承担解救责任的希望。这是一种甘于恐惧和便于苟且偷安的希望。我不知多少次听到人们把反抗暴政的时间一拖再拖，从战时拖到和平时期的到来，从和平时期又拖到战争时期！

因此，我可以很有把握地说，篡权者的惟一谋略就是连续不断的战争。有人会反对说：假如波拿巴一直爱好和平呢？假如他爱好和平，他就决不会维持12年时间。和平会在欧洲各国的交往中得到重建。这些交往将使思想重获它的表达手段。海外出版的著作将被偷运到国内。法国人将会看到，他们并没有得到欧洲大多数国家的认可，他们的声望并没有得到承认。波拿巴非常清楚这一事实，所以他断绝了同英国的关系，以便逃避英国的报纸。即使这样还不够。只要还有一个国家保持着自由，波拿巴就永无宁日。能动、灵敏、不易觉察、不屈不挠的贸易活动，能够克服任何距离上的障碍并以千百种迂回方式进行渗透，迟早会把那些由于事关重大而被流放出境的敌人重新送回帝国。于是就发生了大陆封锁与对俄战争。

请注意，毫无疑问的是，要想维持僭主政治就离不开战争，这是我们时代的特点。一个半世纪以前的克伦威尔没有这种需要。各民族之间的交往既不频繁也不容易，英国人对大陆文学几乎一无所知，反对他们的篡权者的作品，都是用拉丁文写成的，那时不存在不厌其烦的报道会使每一天都变得更加危险的外国报纸，因此他也不会受到这种报纸的致命打击。克伦威尔并没有为了防止英国人的仇恨情绪得到外国人的同情而把战争强加于人，他没有像波拿巴统治下的法国那样，把他们同世界上的其他人隔离开。后者需要到处发动战争来制造奴隶："Semotos penitus orbe Gallos."

如果我想对波拿巴的全部作为加以分析，我会在所有这些方面提出一种类似的证明。他的许多残暴行为在我们看来似乎是枉费心机，但是，疑神疑鬼是僭主政治一个不可分割的组成部分，而那些本身可能毫无益处的罪行，会变成立本性的组成部分。无论是喧闹的赞成还是沉默的服从，都不会使波拿巴重新获得信心，他之所以犯下最令人发指的罪行，是因为他自信可以通过强迫他的代理人参与一件滔天大罪为自己找到一种荒谬的安全感。

我就僭主政治的手段所说的话，我也可以用来谈论它的灭亡。我可以肯定，由于它需要战争，而战争不可避免的结果就是它的灭亡。有人反对说，若不是波拿巴犯下这样那样的军事错误，他不可能被推翻。他或许不是这时被推翻，但他说不定什么时候还是会被推翻；今天不被推翻，就是明天被推翻。一个每天都要面对新风险的赌徒，总有一天会碰上一次灭顶之灾，这完全是自然而然的事情。

有些人非难我说，当整个欧洲已经成为一场巨大征服的战利品时，我却说这样的征服是办不到的，当僭主政治已经大获全胜时，我却说它在我们这个世纪不可能站得住脚。但这种非难话音未落，所有被征服的领土便都得到了光复，僭主政治土崩瓦解。

我已经说过，和平符合我们现代文明的精神，虽然所有的民族都参与了战争，但它们是以和平的名义挺身而起。团结和领导它们无须利用强制和威胁。而法国国民却是被迫不是为和平而是为征服去打仗，那些仆从、宪兵和刽子手们，好不容易才迫使公民拿起了武器。

由此可见，我并没有把一个特定概念变成一般性概念。我只是拒绝接受一种本质上排斥一切一般性概念的逻辑，因为总是可以设想一些情况，它们不同于已经存在、伪装成自然法则之例外的情况。坦率地说，我认为揭示这一点尤为重要，即法国蒙受苦难的原因就是波拿巴的权力堕落为僭主政治。因此，应当加以谴责的是僭主政治本身，而不是某个独特的、并非由于必然性或者利己心而作恶或犯罪的个人。第一个视角使我们在面对未来时记住一些重大教训；第二个视角则把历史变成了对孤立现象的无效研究和对无因之果的简单罗列。

（三）以威廉三世为例可能会引起的异议之辨析

乍看上去，威廉三世的例子可以非常有力地反驳各位刚刚读过的所有论断。难道我们不应该把威廉三世看成是从斯图亚特家族那里攫取了英国王位的僭主者吗？但他的统治是辉煌而和平的，而且英国的繁荣与自由年代也产生于他的统治时期。这难道不能证明僭主政治在现代并非总是不可能，而且它的后果并不总是极坏吗？

然而，僭主者的名分决不适用于威廉三世。一个希望享受和平自由的民族向他发出召唤，来行使一种他已经驾轻就熟并已被另一个国家授予过的权力，他获得王位并不是依靠那些常见的篡权手段：阴谋或暴力。

为了更好地理解他那与众不同的有利地位，可以把他与克伦威尔作一比较。后者确实是一个僭主者。他原来并不具有能够给他以支持的显赫的荣耀地位，因此，尽管他有个人优势，他也只能赢得夺取来的短暂成功。他的统治具有僭主政治的所有特征。像僭主政治一样，他的统治也是短命的，幸亏死得其时，才使他免于亲身经历迫在眉睫的必然灭亡。

威廉三世干预1688年的革命完全不是一次篡权行动，它可能使英国摆脱了一个新的僭主者的控制，同时也使她摆脱了一个遭到大多数国民明确反对的王朝。

当正当的权力交替因剧烈的动荡而中断，中断的时间又漫长得足以使所有的利益脱离那种侵夺而来的权力时，我们便无需再去检验那种权力是否还有保留的价值，它的重建肯定是一种不幸。

在这种情况下，一个民族将会面临不同的命运，其中有两种好运，两种厄运。

或者是权力失而复得，这是一种作出极端反应、复仇和剧变的机会。由此产生的反革命只能是一场新的革命。这就是英国在查理一世的两个儿子统治下发生的事情，而且非正义的现象在这两个时期随处可见，这是一个令人难忘的教训，希望各民族都将从中受益。

或者，某个没有合法权利的人攫取了权力，人民将遭到僭主政治的所有恐怖行径的袭击。这就是英国在克伦威尔统治下的情形，在当代法国则以更可怕的形式发生过一次。

要么就是国民成功地为自己建立起了共和制度，有充分的智慧保证自己的宁静与自由。我们当然不会认为这是不可能的，因为瑞士人、荷兰人和美国人已经相继做到了这一点。

或者，最后，国民把一位已经在其他地方声名卓著的人召到王位上，他接受了王冠并服从某些约束。这就是英国人在1688年做的事情，这也是瑞典人在当代所做的事情。他们都对自己的选择。心满意足，因为在这种情况下，权力的受托人有着扩张他的权力之外的兴趣，他所关心的是确保作为权力保障的那些原则获得胜利，而这些原则就是自由的原则。

这样一场革命与僭主政治毫无共同之处。由国民自由选择产生的君主，他的新称号与他的古老封号一样稳固。他满足了人们的想像，因为记忆使它着迷；他也满足了人们的理性，因为他的权力是以国民的选择为依据。他决不会仅仅依靠新创造出来的手段行事，他能够信心十足地部署国民的一切力量，因为他并未剥夺她的任何政治遗产。过去的制度对他并无敌意：他和它们息息相关，它们则为他提供支持。

让我们补充一下，英国人非常幸运地找到了威廉三世，他正是一个民族在类似情况下需要的人物，一个不仅熟悉权力、而且习惯自由的人，还是一个共和国的第一位执政官。他的性格在暴风雨中成熟，而经验已经教会他不必担心总是与自由制度形影不离的那种躁动。

从这个角度来看，威廉三世的例子非但不会反对我的论点，恰恰相反，它非常有利于我的论点。因为他的出现不是僭主政治，不能证明僭主政治在今天仍有可能。在他治下的英国安享幸福与自由，决不意味着僭主政治也有益处。最后，他的长治久安丝毫不能证明僭主政治也会长治久安。